◈ 2009年10月27日，中国再生资源产业技术创新战略联盟在北京成立

◈ 中国再生资源产业技术创新战略联盟成立大会现场

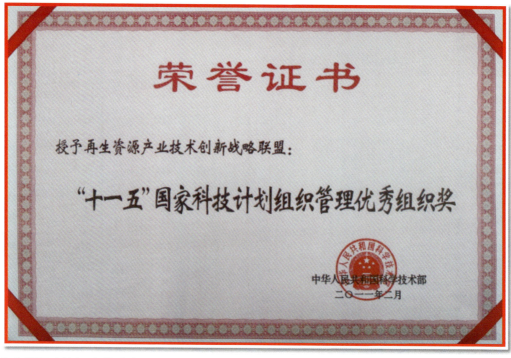

▶ 中国再生资源产业技术创新战略联盟获得"十一五"国家科技计划组织管理优秀组织奖

科学技术部办公厅文件

国科办政〔2010〕37号

关于选择部分产业技术创新战略
联盟开展试点工作的通知

各省、自治区、直辖市、计划单列市科技厅（委、局），各有关单位：

▶ 中国再生资源产业技术创新战略联盟于2010年正式被确定为国家试点联盟并于2012年被认定为国家A级产业技术创新战略联盟，获得国家科技计划项目推荐权

联盟理事长李士龙在第四次全国社会发展科技工作会议上做典型交流发言

时任科技部副部长王伟中（现任广东省委副书记、深圳市委书记）视察2013年澳门国际环保展联盟展台，对中国再生资源产业技术创新战略联盟工作给予高度肯定

◈ 中国再生资源产业技术创新战略联盟应邀参加科技部试点联盟健康发展交流座谈会

◈ 时任科技部社会发展科技司副司长邓小明（现任中国农村技术开发中心主任）一行莅临联盟秘书处考察指导工作

中国再生资源产业技术创新战略联盟第一届理事会二次会议在湖南长沙召开

中国再生资源产业技术创新战略联盟第一届理事会三次会议在天津召开

中国再生资源产业技术创新战略联盟第一届理事会四次会议在云南昆明召开

中国再生资源产业技术创新战略联盟第二次成员代表大会在北京召开

中国再生资源产业技术创新战略联盟第二届理事会二次会议在云南大理召开

中国再生资源产业技术创新战略联盟第二届理事会三次会议在河北保定召开

☯ 中国再生资源产业技术创新战略联盟组织召开"十二五"废旧有色金属领域产业技术路线图研讨会

☯ 中国再生资源产业技术创新战略联盟联盟组织召开"十二五"废旧电子电器领域产业技术路线图研讨会

◇ 中国再生资源产业技术创新战略联盟组织召开"十二五"废旧高分子材料领域产业技术路线图研讨会

◇ 中国再生资源产业技术创新战略联盟组织召开"十二五"再制造领域产业技术路线图研讨会

科技部委托联盟承办"废物资源化科技工程十二五专项规划"专家咨询论证会

中国再生资源产业技术创新战略联盟应邀出席国家重点研发计划重点专项启动会

⊙ 中国再生资源产业技术创新战略联盟组织承担国家科技支撑计划"废旧机电产品和塑胶资源综合利用关键技术与装备开发"项目启动会

⊙ 中国再生资源产业技术创新战略联盟组织召开国家科技支撑计划"典型废旧金属产品循环利用关键技术与应用研究"项目可行性专家论证会

▶ 中国再生资源产业技术创新战略联盟组织召开国家 863 计划"废旧稀土及贵重金属产品再生利用技术及示范"项目验收会

▶ 中国再生资源产业技术创新战略联盟组织召开国家科技支撑计划"电子废弃物清洁化处理与利用技术研究及示范"项目启动会

☞ 中国再生资源产业技术创新战略联盟组织召开"第一届全国稀贵金属及电子废弃物综合利用科技创新高层论坛"

☞ 中国再生资源产业技术创新战略联盟多次组织召开"中国再生铅与铅酸蓄电池产业协同创新发展高层论坛"

中国再生资源产业技术创新战略联盟组织召开"国家科技计划项目经费管理培训班"

中国再生资源产业技术创新战略联盟组织召开"稀土及稀贵金属等战略金属二次资源循环利用科技创新成果现场交流会"

中国再生资源产业技术创新战略联盟组织召开"首届全国再生有色金属行业科技成果推广交流会"

中国再生资源产业技术创新战略联盟组织召开"有色金属二次资源循环利用与环境保护论坛"

◈ 中国再生资源产业技术创新战略联盟组织召开"十三五"再生金属产业技术路线图研讨会

◈ 中国再生资源产业技术创新战略联盟组织召开"十三五"废旧高分子材料资源化产业技术路线图研讨会

◎ 中国再生资源产业技术创新战略联盟组织召开"十三五"再制造领域产业技术路线图研讨会

◎ 中国再生资源产业技术创新战略联盟组织召开"十三五"废旧电子电器领域产业技术路线图研讨会

中国再生资源产业技术创新战略联盟牵头发起成立京津冀蓄电池环保产业联盟

中国再生资源产业技术创新战略联盟"长三角科技服务中心"揭牌成立

⊙ 中国再生资源产业技术创新战略联盟"废弃电器电子产品资源化联合创新平台"揭牌成立

⊙ 中国再生资源产业技术创新战略联盟"再生资源富氧熔池熔炼技术创新中心"揭牌成立

> 中国再生资源产业技术创新战略联盟"长三角资源环境研究院"揭牌成立

> 中国再生资源产业技术创新战略联盟组织赴美国考察交流

▷ 中国再生资源产业技术创新战略联盟组织赴意大利、法国考察交流

▷ 中国再生资源产业技术创新战略联盟组织赴德国、比利时考察交流

◇ 中国再生资源产业技术创新战略联盟组织赴德国、瑞典考察交流

◇ 中国再生资源产业技术创新战略联盟组织赴日本考察交流

▷ 中国再生资源产业技术创新战略联盟组织赴江西开展现场考察暨技术合作对接活动

▷ 中国再生资源产业技术创新战略联盟组织赴湖南开展现场考察暨技术合作对接活动

沈保根院士与内蒙古科技大学签署稀土矿产资源平衡利用院士工作站建设协议

宁波长振铜业有限公司－邱定蕃院士工作站成立

京津冀再制造产业技术研究院－徐滨士院士工作站签约仪式

中国再生资源产业技术创新战略联盟组织策划申报"十三五"国家重点研发计划"退役动力电池异构兼容利用与智能拆解技术"项目启动会

◈ 中国节能环保集团有限公司火法处理废电路板项目现场

◈ 天能集团国家级示范项目再生铅循环产业园

◈ 科技部社会发展科技司邓小明副司长考察调研中国瑞林稀贵金属资源化项目

◈ 国家环境保护铅蓄电池生产和回收再生污染防治工程技术中心自主开发的电池全生命周期物联网监管系统

赣州江钨新型合金材料有限公司废杂铜直接制杆项目现场

江西保太有色金属集团有限公司机器人自动叠锭系统

◈ 江西省科学院应用物理研究所自主研发的大型叶轮修复装备

◈ 中北大学自主研发的 SLM-250 金属激光选区熔化 3D 打印设备

◈ 北京百慕合金有限责任公司高温合金返回料产品
真空级屑料压块、真空级块料、重熔母合金锭

◈ 湖南江冶机电科技股份有限公司废铅酸蓄电池清洁再生系统技术与集成设备

◎ 天津理工大学自主研发再生漆包线铜米脱膜精制装备

◎ 华中科技大学新型有机酸湿法工艺制备高性能铅炭复合材料示范线

◎ 安阳市岷山有色金属有限责任公司协同处置 CRT 含铅玻璃富氧底吹熔炼系统

◎ 北京科技大学张深根教授团队
获得国家技术发明奖二等奖

◎ 河南金利金铅有限公司获得
国家科学技术进步奖二等奖

China's Renewable Resources Industry Innovation Decade

中国再生资源行业创新十年

中国再生资源产业技术创新战略联盟　组织编写

化学工业出版社

·北京·

本书回顾了中国再生资源产业技术创新战略联盟十年发展历程，介绍和解读了国家对产业技术创新战略联盟应该发挥的作用和承担的使命，以及顶层设计和政策部署，并围绕废旧有色金属循环利用、电子废弃物综合利用、机电产品再制造、废旧高分子材料资源化、工业固废与危废协同处置等领域，从产业变迁、科技研发、成果转化、平台建设、人才培养、标准建设、政策汇编、"十三五"产业技术创新路线图等多层面、多角度回忆过往事件，分享感悟，记录产业转型升级足迹以及展望新时代再生资源产业的未来发展和创新驱动方向。

本书具有较强的知识性和指导价值，可供生态环境保护、再生资源循环利用、能源节约等领域的科研人员、技术人员和管理人员阅读，也可供高等学校环境工程、资源循环科学与技术、能源工程及相关专业的师生参考。

图书在版编目（CIP）数据

中国再生资源行业创新十年／中国再生资源产业技术创新战略联盟组织编写．—北京：化学工业出版社，2019.7（2020.1重印）
ISBN 978-7-122-34386-4

Ⅰ.①中⋯ Ⅱ.①中⋯ Ⅲ.①再生资源行业-经济发展-研究-中国 Ⅳ.①F259.2

中国版本图书馆CIP数据核字（2019）第081049号

责任编辑：卢萌萌 刘兴春　　　　　　　　　　装帧设计：王晓宇
责任校对：王素芹

出版发行：化学工业出版社（北京市东城区青年湖南街13号　邮政编码100011）
印　　装：北京虎彩文化传播有限公司
787mm×1092mm　1/16　印张22¾　彩插28　字数305千字　2020年1月北京第1版第2次印刷

购书咨询：010-64518888　　　　　　　　　　售后服务：010-64518899
网　　址：http://www.cip.com.cn
凡购买本书，如有缺损质量问题，本社销售中心负责调换。

定　　价：198.00元　　　　　　　　　　　　　　　　　版权所有　违者必究

《中国再生资源行业创新十年》

编委会

顾　　问：徐滨士　黄崇祺　钱　易　张文海　邱定蕃　马燕合
　　　　　李新男　邓小明　金奕名　徐　俊　康相武
主　　编：李士龙　沈保根
执行主编：尚辉良
副 主 编：张雪峰　周全法　邹结富　王景伟　马　帅
编　　委（以姓氏笔画排序）：
　　　　　王　智　叶逢春　白培康　刘　刚　刘　芳
　　　　　刘志峰　王成彦　李光明　李迎春　张　伟
　　　　　张天任　张正洁　张深根　陆德平　陈中华
　　　　　胡　彪　曹宏斌　彭保太　程会强　蹇祝明
编写人员（以姓氏笔画排序）：
　　　　　丁　鹤　卜玉涛　马　帅　马鸿昌　王　智　王文生　王永如
　　　　　王成彦　王光谦　王景伟　叶逢春　叶培建　白培康　包为民
　　　　　朱合威　刘　刚　刘　伟　刘　芳　刘　璐　刘光富　刘志峰
　　　　　齐　让　林　红　江博新　孙　峙　孙　涛　李士龙　李光明
　　　　　李迎春　李和平　李佩君　李学勇　李宝磊　李新男　杨华锋
　　　　　杨家宽　何志刚　佟永顺　邱晓燕　邹结富　沈保根　宋文龙
　　　　　宋家慧　张　伟　张　娜　张天任　张文达　张正洁　张海孝
　　　　　张雪峰　张深根　陆德平　陈中华　陈永强　林惠民　欧阳钟灿
　　　　　尚辉良　周伟江　周全法　周宏春　赵小勇　赵进才　赵洪亮
　　　　　郝硕硕　胡　彪　钟　良　饶勇平　施利霞　娄可柏　秦大河
　　　　　袁文辉　袁亚湘　贾润礼　顾秉林　徐　新　徐滨士　高云芳
　　　　　郭朋辉　郭淑梅　黄　腾　黄圣彪　黄崇祺　曹宏斌　曹国庆
　　　　　曹效业　崔玉亭　章　琳　彭保太　程会强　程津培　蹇祝明

序
——依托联盟平台创新驱动我国再生资源产业高质量发展

为纪念中国再生资源产业技术创新战略联盟（以下简称联盟）成立十周年，总结联盟过去十年推动产学研结合、发挥行业引导和推进作用的宝贵经验，充分展示再生资源行业十年来取得的科技创新成果和发展成就，中国再生资源产业技术创新战略联盟组织编著了《中国再生资源行业创新十年》，并邀请我写一篇序言。提笔之时，百感交集，思绪万千。

2013年，习近平总书记考察再生资源企业时指出，"变废为宝、循环利用是朝阳产业，使垃圾资源化，这是化腐朽为神奇，既是科学，也是艺术，希望企业再接再厉"。党的十八大以来，中国共产党关于生态文明建设的思想不断丰富和完善，发展再生资源产业是生态文明建设的重要内容，是实现绿色发展的重要手段，也是应对气候变化、保障生态安全的重要途径。大力发展再生资源产业，对全面推进绿色制造、实现绿色增长、引导绿色消费具有重要意义。当前，生态文明建设是破解我国资源环境问题的必由之路，这条道路能够实现永续发展，通向绿色发展、生活富裕、生态良好的美丽中国，我想再生资源产业就是一块重要的路基石和重要环节，需要不断地探索和创新。

中国再生资源产业技术创新战略联盟自2009年成立以来，围绕国家战略性新兴产业的发展需要，以构建再生资源产业技术创新链为主线，推动废旧有色金属循环利用、电子废弃物综合利用、机电产品再制造、废旧高分子材料资源化、工业固废、危废协同处置等领域的科技创新工作，整合我国再生资源领域优势企业、科研机构、大专院校等相关单位专家的创新资源，集聚技术、人才、资金、信息等创新要素，在战略层面建立紧密连接的共同体，高效推进再生资源领域的关键技术、核心装备和重大产品创新，整体推动我国再生资源产业的跨越式发展。

联盟成立十年来秉承"合作、共赢、创新、发展"的原则，围绕技术研发、行业服务、国际合作等方面组织开展了大量卓有成效的工作。一是围绕行业科技创新需求做好顶层战略规划实施工作，积极参与《废弃物资源化科技工程"十二五"专项规划》《"十三五"国家重点研发计划"固废资源化"重点专项实施方案》等一批规划编制工作，完成多项国家部门委托咨询课题；二是编制发布联盟产业技术路线图，凝练了再生资源产业重大技术发展方向和具体科技创新任务；三是受科技部委托组织四项国家科技计划项目，多项成果转化推广应用，为再生资源产业发展提供强有力的技术支撑，成功推荐国家重点研发计划"退役动力电池异构兼容利用与智能拆解技术"项目；四是进一步优化组合科技资源，搭建联盟创新平台，先后组建了"京津冀蓄电池环保产业联盟""废弃电器电子产品资源化联合创新平台""再生资源富氧熔池熔炼技术创新中心""长三角资源环境研究院"等一批联盟创新研发平台;五是积极推动行业科技成果与企业需求精准对接合作,推进科技成果转化,实现创新链与产业链有效对接;六是强化与地方政府产业集聚区战略合作,推动浙江、安徽、江西、广东、湖南、湖北等重点区域产业结构调整和产业升级;七是加强国内外交流合作提升国际影响,推动先进技术装备"引进来"和"走出去"良性互动,提高我国再生资源行业国际化水平;八是开展行业技能培训,提升从业人员专业化水平;九是发起筹建科技部联盟联络组和联盟协同发展网,协助科技部等相关部委推动试点联盟健康规范发展。

十年来,联盟致力于支撑政府决策、构建产业发展环境、促进企业资源整合,得到了国家有关部委,以及再生资源行业产业界和学术界的高度认可。联盟陆续被科技部认定为国家试点联盟、国家A级产业技术创新战略联盟、国家科技计划组织管理优秀组织单位、"十三五"国家重点研发计划重点专项项目组织申报的推荐单位,已成为再生资源等战略性新兴产业提供全方位创新服务的新型技术创新组织。

中国再生资源产业技术创新战略联盟成立十周年,这既是联盟发展史上的重要里程碑,也是联盟迎接新挑战、开启新征程的新起点。作为中国再生资源行业创新十年来的亲历者、参与者、推动者,中国再生资源产业技术创新战略联盟有能力也有义务承担起记录者的角色,做一个阶段性的回顾总结。我认为联盟组织编写这本回顾总结十年成果的专著很有意义,希望回望过去有迹可循,面向未来有史为鉴。在此，我衷心希望全国再生资源行业产业界、学术界充分利用和积极发挥中国再生资源产业技术创新战略联盟平台作用，加强资源整合共享、协同创新合作、扩大成果应用，为建设我国再生资源行业技术创新体系贡献力量。当前，产业技术创新战略联盟作为实施国家技术创新工程的三大重要载体之一，在加快技术创新体系建设，为科技支撑经济发展方式转变、提升产业核心竞争力方面具有十分重要的作用，我相信中国再生资源产业技术创新战略联盟会有更加辉煌的第二个十年。

是为序并以此感谢全社会对资源循环利用产业的关心和支持。

沈保根

中国科学院院士、发展中国家科学院院士

中国再生资源产业技术创新战略联盟专家委员会主任

顶层规划篇　　　　　　　　　　　　　　　　　　　　/ 1

产业技术创新战略联盟要担当起新时代产业创新脊梁的使命　　/ 2

构建产业技术创新战略联盟，提升我国自主创新能力　　　　　/ 5

我国再生资源利用技术发展回顾　　　　　　　　　　　　　　/ 14

发挥联盟协发网平台，推动跨领域跨行业协同创新　　　　　　/ 20

加强再生资源行业科技创新能力建设　　　　　　　　　　　　/ 24

绿色发展谋求中华民族永续发展　　　　　　　　　　　　　　/ 29

再生资源行业升级创新促进绿色发展　　　　　　　　　　　　/ 35

联盟回顾篇　　　　　　　　　　　　　　　　　　　　/ 42

十载华章共谱写，科技创新引蝶变　　　　　　　　　　　　　/ 44

协力同心共创新，再生资源谋发展　　　　　　　　　　　　　/ 54

目 录

十年风雨路，绿水青山行	/57
中国废杂铜火法精炼直接再生制杆（FRHC）的前世今生	/62
新兴产业形成中的产业技术创新战略联盟标准	/68

企业风采篇 /76

突破关键技术难题，开辟再生资源新路	/78
践行"两山"理念，打造"绿色智造"的行业样板	/82
漫漫四载开创路，电池回收喜迎春	/88
自主创新结硕果，强基聚力创品牌	/93
绿色发展是企业高质量发展的重要保障	/98
科技创新赋能未来发展	/104
饮冰十年，难凉热血，伯乐识马，点石成金	/108
谱时代精神，领事业新航	/112

时移世易，秉志前行 /115

合作共赢，踏实前行 /123

一朵绽放在韶山的绿色产业之花 /127

发挥联盟平台作用，推动固废资源化重点专项实施 /130

不忘初心，知始得终 /133

专家视点篇 /136

内蒙古科技大学再生资源高效利用成果十年回顾 /138

既仰望星空，又脚踏实地 /143

融入中国再生资源产业技术创新战略联盟，
　为发展再生金属产业做贡献 /149

机械化拆解是我国五金电器类废物拆解业的必由之路 /153

合肥工业大学绿色设计与制造工程研究所与联盟共发展 /158

依托联盟平台，推进再生资源产业技术创新 /164

目录

十年磨一剑，谋篇铸伟业 / 169

扬帆起航，创新不止 / 172

大道至简，实干为要 / 175

近十年我国铅蓄电池及再生铅行业发展概况 / 180

我的再生资源情结 / 191

观《流浪地球》有感 / 194

展望我国再生资源产业技术创新精细化机制设计 / 197

回顾我国废电池处置与回收的发展脉络 / 200

中国再生铅行业管理与技术取得辉煌佳绩 / 204

技术交流篇 / 216

直接利用废杂铜生产黄铜合金的关键技术及对策 / 218

聚烯烃废料再生利用实践探索 / 226

电子电器用塑料的高值化回收再利用　　　　　　　　　　　　　　/ 230

电子废物回收与资源化关键技术研发的探索与思考　　　　　　　　/ 237

短流程有机酸湿法技术，推进铅酸蓄电池清洁回收　　　　　　　　/ 242

再生铅行业铅污染物减排控制及高效铅回收先进工艺　　　　　　　/ 246

铅冶炼协同处置废弃阴极射线管（CRT）含铅玻璃技术　　　　　　/ 251

废旧塑料聚碳酸酯的回收再利用与生命周期评价　　　　　　　　　/ 257

连续熔盐式废轮胎环保裂解综合解决方案　　　　　　　　　　　　/ 263

成果展示篇　　　　　　　　　　　　　　　　　　　　　　　　/ 272

国家科技计划项目介绍　　　　　　　　　　　　　　　　　　　　/ 274

代表性科技成果展示　　　　　　　　　　　　　　　　　　　　　/ 276

目录

政策法规篇 /304

再生资源产业技术创新战略联盟成立十年大事记 /330

"十三五"废旧有色金属循环利用产业技术路线图（见文后拉页）

"十三五"电子废弃物综合利用产业技术路线图（见文后拉页）

"十三五"机电产品再制造产业技术路线图（见文后拉页）

"十三五"废旧高分子材料资源化产业技术路线图（见文后拉页）

顶层规划篇

科技部、财政部、教育部、国资委、全国总工会、国家开发银行等六部门在2007年启动国家层面的产业技术创新战略联盟工作的考虑是什么？

产业技术创新战略联盟的功能、目标和内涵是什么？

如何发挥"物联网+"优势，做好产业技术创新战略联盟尤其是中国再生资源产业技术创新战略联盟工作？中国再生资源产业技术创新战略联盟成立十年来，在推动我国生态文明建设方面取得了哪些令人瞩目的成绩？

从"歃血为盟"的原始契约精神到今天的"产学研合作"，如今的产业技术创新战略联盟与政府、行业协会、企业之间的职能如何界定？

什么是我国再生资源产业1.0版、2.0版和3.0版？

实现再生资源行业可持续发展的路径何在？

本篇从战略顶层设计、创新资源配置、重大技术创新三个角度回顾了我国再生资源技术的发展进展。

产业技术创新战略联盟要担当起新时代产业创新脊梁的使命

李学勇

产业技术创新战略联盟是我国改革、开放和创新实践的产物,是产业技术创新的新型组织形态。2007年,科技部、财政部、教育部、国资委、全国总工会、国家开发银行等六部门,为贯彻落实党中央、国务院加快建立以企业为主体、市场为导向、产学研相结合的技术创新体系,建设国家创新体系的战略部署,开始启动产业技术创新战略联盟的构建工作,并把其作为"国家技术创新工程"的重要载体之一。2007年6月首先启动了钢铁循环流程、煤化工、农业装备、煤炭开发利用等4个产业技术创新战略联盟构建。之后,科技部等部门组织了146家联盟开展试点建设工作,带动地方、行业部门建立了数千家联盟,成了各行、各业、各地方实施创新驱动战略的生力军,为产业创新发展探索了新路径、新模式。

习近平总书记指出要切实提高我国关键核心技术创新能力,把核心技术掌握在自己手中,才能真正掌握竞争和发展的主动权,才能从根本上保障国家经济安全、国防安全和其他安全。十八大以来,党中央、国务院发布了一系列有关文件都提出了发挥产业技术创新联盟作用的要求。如《中共中央、国务院关于深化体制机制改革加快实施创新驱动发展战略的若干意见》第七条强调"鼓励构建以企业为主导、产学研结合的产业技术创新联盟",《中共中央关于制定国民经济和社会发展第十三个五年规划的建议》提出"深化科技体制改革,引导构建产业技术创新联盟"的要求,《十三五科技创新规划》要求发挥产业技术创新战略联盟在集聚产业创新资源、加快产业共性技术研发、推动重大科技成果应用等方面的重要作用。我觉得这些都是新时代对产业技术创新战略联盟发展提出的要求,也是时代赋予产业技术创新战略联盟的历史使命。

十多年来,产业技术创新战略联盟从试点起步,在探索中不断成长,在创新中不断发展,着力推进产学研深层次结合,增强企业创新主体地位,围绕产业链构建创新链;突破产业关键核心技术和前沿技术,提升产业核心竞争力;打通成果转化的通道,实现了科技成果快速向现实生产力转化,促进重点产业的调整振兴,培育带动战略性新兴产业发展,形成支撑和引领产业创新发展的"联合舰队"等诸多方面发挥了不可或缺的重要作用。同时,联盟作为产业技术创新活动的新型组织模式,对政府优化资源配置,改革管理体制机制也产生了积极影响。

当前发达国家已经开始进入后工业化时代,工业发展日益呈现信息化、网络化、智能化趋势。新一轮科技革命和产业变革正在孕育兴起。学科交叉融合加速,新兴学科不断涌现,基础科学领域正在或有望取得重大突破性进展。信息技术、生物技术、新材料技术、新能源技术广泛渗透,带动几乎所有领域发生群体性技术革命。科技创新链条更加灵巧,技术更新和成果转化更加快捷,产业更新换代不断加快,也为后发国家带来诸多机遇。问题在于如何应对挑战,把握机遇,突破关键核心技术,增强自主创新能力和协同创新能力十分重要!

我国经济正处在转变发展方式、优化经济结构、转换增长动力的攻关期。推动产学研用协同创新是建设现代经济体系、产业体系、技术创新体系的重要措施,也是提升我国自主创新能力的关键。产业技术创新战略联盟作为已被实践证明了的协同创新有效组织模式,在攻克产业关键技术短板、围绕产业链构建创新链,集聚产业创新资源等方面已彰显作用。衷心希望，产业技术创新战略联盟担当起新时代产业创新脊梁的使命，着力构建和完善产业技术创新链，形成产业重大关键技术的突破能力、相关技术创新资源的集成能力、成果转化应用能力和面向行业的服务能力，促进现代化经济体系、产业体系建设和创新型企业建设，为支撑经济高质量发展、国家的创新驱动战略的实施做出更大贡献。

备注： 本文是李学勇同志在2018产业协同创新发展交流大会暨产业技术创新战略联盟培训会上的致辞节选

作者简介

李学勇，现任第十三届全国人民代表大会教育科学文化卫生委员会主任委员。曾任科学技术部党组书记、副部长，江苏省委副书记、省长、省政府党组书记，第十二届全国人民代表大会财政经济委员会副主任委员。党的十六大、十七大、十八大代表，十七届、十八届中央委员，十一届、十三届全国人大代表。

构建产业技术创新战略联盟，提升我国自主创新能力

李新男

在《礼记·曲礼下》中记载了结盟的过程："莅牲曰盟。""盟者，杀牲歃血，誓于神也。盟之为法，先凿地为方坎，杀牲于坎上，割牲左耳，盛以珠盘，又取血盛以玉敦，用血为盟书，成，乃歃血而读书。"这表明古人以社会公认的形式，以日月天地为见证，建立有约束的合作关系。这是最古老的契约。"产业技术创新战略联盟"，是借鉴古人智慧，在新的历史条件下，对产学研结合模式的创新。

一、"产学研结合"的再认识

产学研结合的历史可以追溯到世界工业化进程的前端。这种形式随着新技术革命的兴起日益活跃，在技术创新实践和创新成果产业化过程中，普遍得到了各国政府的政策支持。

我国在实施自主创新战略、推进国家创新体系建设过程中，明确提出要把建立以企业为主体、以市场为导向、产学研相结合的技术创新体系作为突破口。其根本目的在于增强国家自主创新能力，其关键在于确立企业技术创新主体的地位，

而实现的路径又在于以市场为导向、采取产学研相结合的方式。这既是基于"企业创新能力普遍不足"国情的必然考虑，也是借鉴国际成功经验的选择。

企业在技术创新活动中不能发挥主导作用，直接制约了我国自主创新能力的提升。国家整体创新不足、自主创新成果少；国家战略产业发展的关键技术难以突破，大量的科研成果无法直接转化为现实的生产力。大多数企业发展仍处于依靠资源消耗进行外延式扩张状态，使我国经济发展无法突破人口、资源和环境三大制约，无法转变经济增长方式，走上依靠创新的发展道路。企业技术创新活动的不足，导致我国在全球经济分工体系中处于劣势地位，无法在全球竞争中获得优势和主动权。所以，只有促进企业成为技术创新主体才能从根本上解决我国自主创新能力的提升问题。

确立企业技术创新主体的地位，并不意味着排斥其他社会技术创新要素的作用。而是要以企业为中心，组合各种技术创新要素，聚焦到社会财富的创造过程。技术创新活动需要有各种技术创新要素互相影响配合。企业作为技术创新主体，需要吸收大学、科研机构和社会其他技术创新要素，才能不断更好、更快地增强创新能力。世界工业化、现代化历史都表明，新产业的兴起、新兴国家的强盛，都依赖于一批企业在技术创新上的突破和商业化的运用。但这些企业成功的背后也都可以看到学和研的要素。我国现实中由于体制的原因，大量的创新力量游离在企业之外，企业拥有的创新能力较为薄弱，因此确立企业的技术创新主体地位更须运用产学研相结合的思路。

实践中，"产学研相结合"会有各种层次的需求。政府要加强这项工作，必须遵从市场经济规律，从自身的功能定位出发，把产学研相结合作为国家战略性措施予以部署。因此，加强产学研结合工作，必须加强顶层设计和统筹协调，创新体制机制，发挥各部门作用，形成合力；必须突出重点，着眼国家重点产业技术创新需求，集聚和整合技术创新要素，以达到提升产业及国家核心竞争力的目的；必须坚持以企业为主体，以市场为导向的推进产学研结合的思路，牢牢抓住确立企业技术创新主体地位这个核心,把产学研结合的基点放在企业技术创新的需求上,放在企业生存与发展的需求上,运用市场经济机制,引导社会技术创新要素聚焦到产业持续创新链上。以实现行业乃至国家核心竞争力提升的目的。

二、国际产学研发展趋势与借鉴

(一) 技术创新的深入发展呼唤新的风险分担机制

随着科学技术的日益交叉和融合,技术创新的复杂性、艰巨性、长期性在增大,企业所需的投入成本在增大,面临的技术创新风险也越来越大。一方面,企业追求技术领先,如只注重内部的研发活动,就会降低对突破性技术及市场发展的敏感性和反应。另一方面,一旦突破性技术出现,往往使通过其他技术路线开展的创新活动陷入困境,或毁于一旦。如个人PC机的出现导致王安电脑公司破产,IBM曾一度陷入困境。从而建立有效的创新风险与成本分担机制,已成为企业技术创新过程中的新趋势。

(二) 为应对技术及市场快速变化,合作创新成为主流

随着全球知识产权竞争的加剧,技术创新的规模、速度与范围不断扩大,技术与市场的复杂性与不确定性不断提高,企业技术创新面对的技术、经济问题越来越复杂,企业很难完全依靠自身力量有效地把握技术创新的不确定性。企业面临着巨大机会的同时,也面临着巨大的风险。摩托罗拉"铱星计划"的失败在于市场的风险,而与日本投资几十亿美元开发基于模拟信号的高清晰电视失败的例子,则在于技术发展方向上的把握错误,都说明了这一点。这导致企业积极寻求建立多种协作创新的模式,通过合作提高技术创新的效率与有效性。合作创新正在为欧洲、美国、日本企业应对创新的技术不确定性与市场不确定性的主要措施之一。

（三）企业技术创新外源化要求建立更为持续有效的产学研创新联盟

在知识多样化、分散化及知识产权市场有限的条件下，创新者从相同技术源获得收益的能力不同。内部研发不再是唯一的技术源。在内部研发能力基础上，有效吸收和利用外部技术源，可以实现低成本与高收益的创新。国际经验表明，先进技术不是企业成功的充分条件，只有在有效的战略框架下，建立有效的制度与组织结构，维持有效的外部联系，才能保证企业的持续创新。

总之，技术创新活动对技术创新要素组合方式不断提出创新要求。需要各自结合国情在实践中不断完善和创造。

三、推动产业技术创新战略联盟构建的目的

产业技术创新战略联盟是我国产学研结合实践和探索中产生的一种新型的技术创新组织形态。凝练提出"产业技术创新战略联盟"这种模式，是科技部、财政部、教育部、国务院国资委、中华全国总工会、国家开发银行等六部门在做了大量调查研究的基础上，总结国内产学研结合实践，借鉴国外经验而形成的结果。联盟前冠以"产业技术创新"，这六个字是一个完整的定语，缺一不可，既表明了联盟工作任务的定位，也表明了这一组织模式的创新，是为了适应通过产学研结合来有效整合技术创新资源、构建产业技术创新链、提升国家自主创新能力的需要。

多年来，在部门、地方的积极推动和社会有关方面的共同努力下，我国产学研结合工作在促进科技与经济结合，推动企业技术进步等方面取得了良好成效。实践表明，产业技术创新是一项复杂的系统工程，更需要产学研之间建立长期、持续和稳定的合作关系。我国技术创新能力总体上较弱，需要产学研各方发挥各自优势，形成技术创新合力。推动产业技术创新战略联盟构建要着重解决三方面突出问题：一是产学研结合缺乏战略层面的持续合作问题；二是产学研结合组织

形式松散，合作过程缺乏利益和信用保障机制问题；三是技术创新成果商业化的渠道还不畅通的问题。发布《关于推动产业技术创新战略联盟构建的指导意见》（国科发政〔2008〕770号，以下简称《指导意见》），推出联盟这种契约型组织形式，是促进产学研之间在产业技术创新层面建立具有法律约束力的合作关系，解决信用和利益保障问题；通过围绕产业技术创新链这种合作关系的建立，打通技术创新成果大规模产业化应用的渠道，实现科技与经济紧密结合；通过对优势企业、大学、科研院所的有效组合，打造拥有自主知识产权、知名品牌和具有较强国际竞争力的，并能够引领产业技术创新的航空母舰和联合舰队，支撑国家核心竞争力。

纵观国内外产学研结合的发展实践，产学研结合根据不同的需求，方式有多种多样，采取联盟的方式是产学研结合的一种方式；联盟基于不同的目的和需要，也存在各式各样的类型，六部门提出的产业技术创新战略联盟应该说是众多联盟中的一类。六部门提出的联盟的定位是产业技术创新，是由企业、大学、科研机构或其他组织机构，以企业的发展需求和各方的共同利益为基础，以提升产业技术创新能力为目标，以具有法律约束力的契约为保障，形成的联合开发、优势互补、利益共享、风险共担的技术创新合作组织。与其他类型联盟相比，具有几个显著特点：一是有明确的技术创新产出目标（技术、产品、工艺生产线、标准等等），任务分工和责、权、利清晰，而非停留在意向性的合作；二是联盟成员以法人身份依据合同法及有关法规建立契约关系，受到法律的约束和保障；三是联盟以成员的共同技术创新需求为基础，主要解决的是产业技术创新的问题，不是个别企业技术问题。

四、战略意义与政府工作定位

推动产业技术创新战略联盟构建和发展对建设创新型国家有着十分重要的意义。通过联盟这种有效形式可以把活跃的企业技术创新需求和高等院校、科研机构的科技资源、人才资源有机结合起来，并引导产学研的技术创新方向与国家战略利益相结合。第一，有利于集成产学研各方优势，针对国家重点产业发展的紧迫需求和技术瓶颈，实现共性关键技术与核心技术的突破，加快技术创新成果的商业化运用，直接推动产业结构优化升级，提升产业核心竞争力，支撑国家整体的自主创新能力。第二，组建战略联盟有利于促进政府对企业技术创新支持方式的转变，改革和完善科技计划实施机制的需要。在新的形势下，政府对企业技术创新的支持方式必须符合WTO规则和市场经济的要求，符合公共财政的要求。产业技术创新战略联盟是产学研利益共同体，引导得当，更能体现国家重点产业长远发展的利益，符合国家战略目标，可成为政府支持企业技术创新活动的重要载体。第三，创建产业技术创新联盟有利于深化科技体制改革，充分发挥转制院所和高校在行业技术创新中的支撑和引领作用。应用开发类院所在完成企业化转制、改制之后，如何在提升产业核心竞争力和国家自主创新能力中持续发挥技术优势，是深化科技体制改革有待破解的关键问题。组建产业技术创新战略联盟，将为转制院所在支撑和引领行业技术进步中，发挥技术和人才优势提供重要舞台；为其以市场为导向，整合社会创新要素，取得产业核心技术的突破，确立在行业中的技术引领地位提供可能，同时也将为技术创新成果的大规模快速商业化运用提供保障，从根本上解决科技与经济脱节问题。

政府在促进产学研结合，以及产业技术创新战略联盟构建工作上要定位于"推动"。一是立足于联盟各方的共同需求，遵循市场经济规则，不搞行政干预、不搞"拉郎配"。只有关乎共同的生存发展，联盟成员才会有内在的合作动力机制。二是考虑到当前我国正处于计划经济向市场经济转轨阶段，为弥补市场缺陷，政府有必要发挥协调引导、牵线搭桥的作用，并通过营造政策环境、资源配置等方式推动联盟构建，所以"发挥政府引导作用"作为推动联盟构建的基本原则之一。三是联盟应运用市场经济规则，也就是以合同法可以保护的契约形式建立合作关系。《指导意见》中提出的构建联盟应具备的六个基本条件实际上都是强调契约的合规性，提出了联盟协议所应具备的基本内容。

五、推动产业技术创新战略联盟构建的主要方式

基于上述考虑，推动产业技术创新战略联盟构建的方式可概括为两个方面和三项措施。

两个方面，一方面，是通过规范联盟协议加以引导。提出了构建的基本条件，编写联盟协议参考文本等，引导产学研各方在联盟的组织形式下建立长期、持续和稳定的合作关系；另一方面，发挥科技计划资源配置的引导作用。

三项措施，一是依托各类科技计划中产学研结合有基础的项目，推动联盟的形成；二是根据国家重点产业和战略性产业以及区域支柱产业发展需求，通过新的资源配置，积极引导产学研各方按照《指导意见》精神构建联盟；三是鼓励各地方围绕区域支柱产业积极构建联盟。

今后国家重大产业科技创新活动将会更多地委托符合《指导意见》所规定条件的联盟承担。"十一五"后两年，将调整资源配置结构，形成推动联盟的计划资源，"十二五"期间，还将修改完善科技计划管理办法，明确对构建联盟的推动力度。

推动产业技术创新战略联盟构建中要把握好几个关系，并需在实践探索中明确和完善。

（一）关于联盟与政府的关系

联盟由企业、大学、科研机构或其他组织机构等独立法人，根据自愿原则，立足共同需求，按市场经济规则，以契约形式结成的合作开发共同体，不需要政府批准。以其符合国家利益的行为争取政府支持。政府主要发挥协调引导作用，营造有利的政策和法制环境，推动产学研组建的联盟符合国家战略目标或区域支柱产业发展的需要，而不行政干预联盟的组建和发展。

（二）关于联盟与行业协会的关系

首先，联盟与有关行业协会在产业技术创新工作方面可能会存在许多共同点，但行业协会是非营利性组织，追求的是行业交流与合作的广泛性，成员之间的关系松散；协会可牵头组织联盟，在推动构建上发挥积极的作用，但不等同于联盟。而联盟作为产业技术创新组织，技术创新产出目标（技术、产品、工艺生产线、标准等），任务分工和责、权、利清晰。具有很强的经济活动属性，不能以非营利性来约束；其次，联盟在国家创新驱动战略中，肩负着支撑和引领产业技术进步的使命。建立的契约合作关系有法律约束。第三，按现行社团管理法规，社团活动有区域、行业范围及活动内容、服务对象限制，而联盟的技术创新活动要求不受区域、行业限制，以技术创新需求为导向。

（三）关于联盟与企业的关系

首先，企业是具有独立法人地位的经济实体，而联盟是多个法人组成的利益共同体，是一个有明确的合作目标，以契约关系为保障、分工合作关系紧密的合作创新组织。其次，企业以资本为纽带，联盟则以技术创新为纽带。有人把若干产学研单位合资成立的公司看作是联盟实际上是对联盟含义的误解，那只是产学研合作的一种形式，也是公司资本结构的一种模式。联盟本质上强调"共同体"，而不能成为一个"个体"。试想一下，古今中外的实践中，有大量的"盟"存在，如欧盟，春秋战国时的联盟等，为什么不叫作"国"呢？说明"联盟"有特定的内涵。当然，联盟成员单位在联盟的框架下，可以根据需要共同投资成立企业，作为联盟合作的内容之一；当联盟发展到一定阶段后，也可能会演变成以资本为纽带的实体，但此时的联盟将不再是原有意义上的技术创新共同体组织。

总之，产业技术创新战略联盟是历史新时期，产学研结合体制机制创新的新形态。

作者简介

　　李新男，现任中国科学与科技政策研究会技术创新委员会主任，中国产业技术创新战略联盟协同发展网理事长，科技部试点联盟联络组领导小组副组长兼秘书长，中国工程院创新研究室主任。曾任科技部政策法规司正司职，国务院八部门推进产学研工作指导小组办公室副主任，国家技术创新工程领导小组办公室副主任、全国高新技术企业认定工作领导小组成员、办公室副主任，中国科技促进发展研究中心副主任，国家科技评估中心主任。长期从事科技与经济结合理论、决策科学化理论及技术创新政策研究，是许多国家重大软科学研究项目、创新发展的战略性项目的策划者、组织者、领军研究者，研究成果多次为宏观决策部门所采纳。

我国再生资源利用技术发展回顾

黄圣彪

再生资源是建立健全绿色低碳循环发展经济体系的关键环节，在解决资源环境瓶颈问题和实现可持续发展中具有举足轻重的地位。再生资源利用技术研发虽然起步较晚，但顺应全球绿色发展和产业变革的大潮流，在科学家、企业家、政府官员及社会各界的共同推动下，技术发展能力和产业支撑引领作用越来越突出，在再生资源产业发展壮大历程中的作用不容忽视。《中国再生资源行业创新十年》编委会多次邀约帮助撰写再生资源利用技术创新方面的总结，但由于资历、经历和水平所限，很难做到全面回顾，仅仅从再生资源利用技术发展的战略顶层设计、创新资源配置、重大技术创新三个角度写起。

不同阶段创新战略方向的研判和选择决定了再生资源利用技术的发展态势。第一阶段（2002～2006年），国家中长期科学技术发展战略研究小组提出在重点行业和重点城市建立循环经济的技术发展模式，为建设资源节约型和环境友好型社会提供科技支撑，被列入《国家中长期科学技术发展规划纲要（2006～2020年）》，作为未来十五年科学技术发展战略目标之一，解决了循环经济技术创新在国家科技发展中的地位问题，标志着循环经济技术创新任务需求在国家层面"从无到有"。这一阶段，国家对固体废物处理技术研发布局更多侧重在生活垃圾和危险废物等领域，强调无害化技术方向的环境属性，对于资源属性强调不多，对原生资源开发产生的废物技术创新关注程度也不高。第二个阶段（2009~2014年），科技部将循环经济技术创新模式列入社会发展十大科技创新战略研究课题，明确循环经济技术创新路径和重点方向选择，将资源循环利用作为循环经济技术模式的主路线，突出了减量化、无害化、资源化的梯次路径，将金属资源再生利用、固体工业废物循环利用、生活垃圾生物质燃气利用等作为重点支持方向，解决了各方面关于"循环经济是个筐，什么技术都能装"的质疑，找到了在国家科技计划中落实中长期规划相关目标的切入点和途径。2012年，科技部、国家发改委、工业和信息化部等七部门联合发布了《废物资源化科技工程"十二五"专项规划》，指导全国科技力量加强研发投入，不仅从顶层设计上促进了重大技术创新与国家循环经济宏观制度实施的有机结合，也带动了人才队伍、创新基地的快速发展，为循环经济发展和再生资源利用发挥了重要战略支撑作用。第三个阶段（2015年至今），随着科技计划管理制度的改革，为适应解决科技计划"碎片化"和科技资源配置目标聚焦的要求，对循环经济技术方向再次进行调整，将资源属性提到更高的位置，技术研发范畴进一步扩大，突出资源开发与环境治理的交叉融合，提出了废物资源化国家重点专项实施方案建议，成为新时期国家重点支持的科研创新领域优先方向之一。回顾发展历程，以钱易、左铁镛、金涌、邱定蕃、张懿、徐滨士、黄崇祺等一批院士为代表的战略专家们发挥了重要作用，带领多个团队深入研究分析，提出不同阶段不同领域科技发展战略选择、重大技术方向研判、重大问题咨询解决。培养了一支具有战略视野、管理经验、创新能力的专业人才队伍，形成了循环经济技术创新和再生资源利用技术创新的战略科技力量。回顾循环经济建设和再生资源产业发展的十年，老一辈科学家所做出的奠基性作用不能忘记。

资源整合与优化配置实现再生资源利用技术创新能力"从无到有"和"从有到强"的历程。基于循环经济技术从源头解决环境污染问题的认识,"十一五"期间对循环经济相关内容的支持仅仅局限在国家科技支撑计划中。最早的项目是"清洁生产与循环经济技术研发与示范",基本是首次将环境领域和资源开发领域的科研单位和生产企业整合到一起开展研究,最大的贡献就是开启了工业生态设计理论、标准及物质能量流动的研究,尝试开展了循环经济技术模式探索与实践。再生资源领域第一个国家科技计划项目应该是"废旧机电产品及塑胶资源综合利用技术与装备开发",对于再生资源利用技术发展具有里程碑式的意义。到了"十二五"期间,2011年启动了"废物资源化科技创新工程",系统梳理废物资源化基础理论问题、关键共性技术问题、重大工程示范问题等,集中973计划、科技支撑计划、863计划等相关资源支持攻关。

2013年,科技部又正式启动了"城市生物质燃气利用创新工程",重点开展城市有机废弃物燃气化利用技术开发与产业化,尝试完善技术产业化配套政策和激励机制,支撑解决城市垃圾围城和清洁能源开发利用不足问题。也正是在这个时间,一批再生资源利用为主要方向的创新平台先后成立。如,2009年再生资源产业技术创新战略联盟发起组建并发挥积极作用,围绕再生资源重大技术攻关和产业发展需求,构建了国内创新能力较突出的"产-学-研"创新联合体,成为推动再生资源创新与产业发展的重要社会力量之一,已发展成为再生资源等战略性新兴产业提供全方位创新服务的新型技术创新组织。2012年格林美公司成立电子废物循环利用国家工程技术研究中心,这是全国首个国家级创新平台。再生资源创新人才培养也取得长足进步,江苏理工学院、常州工学院先后设立了资源循环相关研究院,清华大学、北京工业大学先后成立了循环经济相关研究院,开展了本科生、硕士研究生、博士研究生的系统化培养。随着科技部与宏观经济部门及行业管理部门等在循环经济相关领域技术创新协同发展机制不断深化,科技创新与重大需求紧密结合,创新成果快速应用。例如,国家发展改革委与科技部建立协调机制，共同开展了循环经济试点示范、循环经济示范县等工作，联合推动出台了《循环发展引领行动》《国家鼓励的循环经济技术、工艺和设备名录》等。工信部与科技部等部门联合制定《关于加快推进再生资源产业发展的指导意见》，科技部还参与了商务部制定的《关于建立完整的先进的废旧商品回收体系的意见》，与住建部制定了《关于进一步加强城市生活垃圾处理工作意见》，与水利部还建立了推进节水型城市创新示范等工作。在科技创新能力不断提升过程中，如何把握和区分绿色经济、低碳经济、循环经济（简称"3E"）成为"十二五"初期科技管理工作的焦点。受全国人大常委会委托，科技部联合清华大学牵头深入研究后，认为"3E"本质都是追求实现可持续发展，而循环经济侧重于整个社会的物质循环，降低资源消耗强度；低碳经济侧重于能源的高效利用与能源的结构优化，提高单位碳排放的经济产出；而绿色经济是实施可持续发展战略的最佳形式，包括了低碳经济与循环经济的内容，这一研判对后期加大再生资源利用技术创新支持提供了重要理论支撑。内地再生资源技术得到港澳台地区的关注，应澳门环保局的邀请，清华大学开展了澳门电子废弃物回收循环利用技术体系和管理体系的设计和示范工作。再生资源产业技术创新战略联盟承办了2013年澳门环保展科技部展厅的布展工作，得到澳门特首的赞扬。

再生资源利用技术水平不断提升，新产业新形态不断涌现，成为转型升级新动能。最初的再制造技术范围仅局限在废旧金属回收、废旧家电拆解、废旧机电产品、废旧高分子材料等废旧商品领域，最有代表性创新成果是解放军装甲兵学院的坦克发动机再制造技术，带动了汽车发动机等零部件再制造业的兴起，江苏张家港地区还建立了汽车再制造产业基地，作为长江经济带转型升级的新动能培育。山东东营方圆集团开发的氧气底吹多金属捕集技术成为多金属冶炼和再生金属行业多年科研攻关的标志性成果，为铜等再生金属产业提质增效提供了先进技术选择，得到国际同行的关注，被科技部遴选为"有色金属冶炼国际科技合作基地"。内蒙古自治区组织开发的粉煤灰提取氧化铝技术取得突破性进展，对于解决电力行业粉煤灰废物堆积和缓解氧化铝资源短缺等问题提供重要技术选择，也为工业废物循环利用技术发展方向提供了新思路。清华大学牵头开发的循环经济指数体系在国家相关省（直辖市）试运行，探索促进区域性资源降耗与循环利用效率提升的科学性指标体系和统计体系，被邀请到联合国相关组织介绍经验。北京化工大学等开发的城乡生活垃圾生物质燃气利用技术，被农业部、财政部实施的相关示范工程推广应用。此外，废旧轮胎再制造技术、铅酸电池回收利用技术、废旧家电拆解与循环利用技术等等，也取得了长足进步。在技术攻关中，中国再生资源产业技术创新战略联盟等平台发挥了重要组织作用，在一定程度上改变了新兴产业领域缺乏主管体系的不足。

回顾过去，再生资源利用技术创新形势喜人。面对未来，以金属为代表的大宗废旧资源循环利用即将进入高峰期，对技术创新也提出更高要求。例如：再生资源利用基础理论和物质能量流动研究匮乏，基础研究、应用基础研究积累不足，很多再生产品和利用技术仍采取原生资源开发原理，将在一定程度上制约再生资源领域技术创新能力。再生资源利用技术创新过于追求产业经济属性，仅从单一行业或单一产品研发，而弱化了其行业自身的环境属性和资源属性，缺乏区域尺度和跨领域尺度的系统性研究，还不足以承担起绿色低碳循环技术体系和经济体系的内涵要求。再生资源利用企业规模小、行业分散、研发投入不足，尚难以承担起技术创新主体的作用，需要进一步完善规划布局，建设以再生资源为主导产业的高新园区建设，完善技术创新服务体系和创新服务能力，营造更好的创新生态系统，促进行业跨越式发展。再生资源技术研发任重而道远，当前面临产业发展需求，突出表现为技术供给不足，创新人才队伍缺乏，科技政策-产业政策-经济政策协调性不够，创新能力监测评估及绩效管理体系仍是空白，急需要从国家层面开展专项规划部署。

作者简介

黄圣彪，现任科技部农村技术中心副主任，研究员，联合博士生导师。主要从事科技政策与管理研究、产业创新政策研究等。曾先后在中国科学院生态环境研究中心、科技部社会发展科技司等单位工作。

发挥联盟协发网平台,推动跨领域跨行业协同创新

崔玉亭

一、产业技术创新战略联盟在创新驱动战略中的重要作用

产业技术创新战略联盟作为新型产学研协同创新组织形态,已成为实施国家创新驱动战略,建设我国技术创新体系的重要载体。自2007年6月启动全国产业技术创新战略联盟试点工作以来,目前,共有146家联盟参加了试点工作。大部分联盟开拓探索,勇于实践,积极围绕产业链构建技术创新链,打通科技成果转化为现实生产力的通道;针对产业技术创新中的关键、共性问题,组织联合攻关,共同研究制定和完善产业技术标准,引领产业技术进步;整合盟员单位资源,建立面向行业的技术研发和技术创新服务平台及机制,推进研发条件资源和知识产权共享;联合培养创新人才,促进产学研科技人员交流、互动,为产业持续创新提供人才支撑。同时也在不断加强自身组织建设和健全运行规范,努力发挥着引领和带动产业技术进步的作用。

在国家试点联盟的示范带动下,各地方、各部门也相继开展了联盟推动工作,

一大批产学研相结合的组织以联盟的形态和思路涌现出来，对落实党的十八大以来中央一系列深化供给侧改革、转变经济发展方式、创新驱动发展的战略部署发挥了越来越重要的作用。正因为如此，党中央在十三五规划建议"关于深入实施创新驱动发展战略"部分明确提出，要"引导构建产业技术创新联盟，推动跨领域跨行业协同创新，促进科技与经济深度融合"的要求。今年初，由十五个部门组成的国家技术创新工程领导小组会议纪要进一步明确了把推动产业技术创新战略联盟发展列为今年重点工作。

二、联盟协发网设立的意义

联盟作为新型产业技术创新组织，在许多方面还需要探索。许多联盟存在着联盟成立不规范、创新目标不明确、内部组织机构和管理措施不健全、缺少协同创新活动，出现了许多名不副实、鱼目混珠的现象和行为，部分联盟"疏于自律"的现象还普遍存在。急需要建立起更好的自律组织和建立自律规范推动联盟健康有序发展。

根据党的十八届三中全会精神，政府管理方式进步转向宏观调控、政策引导。对于产业技术创新战略联盟这样一种市场经济条件下的新型产业技术创新组织，在形成机制上要实现市场化，在管理上实现社会化，需要联盟群体在自愿的基础上形成自律管理组织，传递政府政策和战略导向、反映联盟发展诉求，把联盟的发展与国家创新驱动战略紧密结合。

当今创新的特点是技术的交叉融合，跨领域、跨行业的协同创新。各联盟在围绕产业链构建创新链过程中，也需要建立能够沟通创新需求、整合资源、实现优势互补的平台，推进跨领域、跨行业的技术交叉融合，实现协同创新。从而也可以更好地从国家战略层面凝练产业创新链技术需求，设计出一体化、全产业链的重大创新举措，支撑政府的创新战略部署。

协发网是以新兴互联网技术为依托，实行联盟自愿参加的网络化联系平台，将有利于联盟共同探索可持续发展的组织模式和运行机制，围绕产业链构建产业技术创新链，有利于促进联盟之间的沟通、交流、合作以及开展重大技术创新活动，有利于促进联盟认真贯彻落实国家相关政策和法规，有利于促进联盟形成良性发展的自律机制，使之成为支撑和引领产业技术创新的骨干力量，在国家创新驱动战略中发挥更大作用。

三、对联盟协发网提出以下几点要求和希望

（一）服务联盟，促进合作

根据国家需要引导、促进联盟组织围绕产业技术创新链的产学研用相结合的协同创新活动和重大项目，促进重点行业、重点领域构建技术创新链、产业链、资金链，实现科研成果转化，充分发挥联盟支撑和引领产业结构调整和转型升级的重要作用，将协发网建设成为一个学习交流、促进所有网员联盟协同发展的平台。

（二）围绕国家战略，组织协同创新

通过研究、讨论，组织、促进联盟间项目合作、技术融合，组织推动"跨领域、跨行业的协同、融合创新"项目落地；坚持以市场为导向，开展网员间的资本、基金、产业化项目的全面合作，开展国际合作，促进"互联网+""一带一路"、京津冀、长三角、珠三角等国家战略部署的进一步实施。

（三）发扬契约精神，健全自律机制

联盟本身就是契约性的技术创新组织，在此基础上要进一步开展实现联盟可持续发展的组织模式、关键要素和必要条件的研究工作，不断建立和完善联盟的责任机制、利益机制、信用机制，建立健全联盟群体自律发展机制，促进联盟健康、有序、持续发展。

（四）利用新兴技术，探索新组织模式

联盟协发网要积极运用各种新兴信息技术手段和互联网技术，探索新的协同创新组织形态。从建立网员动态信息数据库做起，为利用大数据技术开展产业技术创新趋势研究打基础，为掌握联盟发展数据、开展联盟发展工作研究提供支撑。要积极承担相关部门委托的软课题研究工作，为国家发挥联盟作用进行产业创新战略决策与部署提供支撑。

科技部创新发展司将积极协调国家技术创新工程领导小组的十五个组成部门支持协发网的发展。我们将以委托任务、购买服务、咨询交流等形式来加强支持和指导。还将在协发网网员基本标准的基础上，和协发网共同根据国家战略需要研究制定国家示范联盟的条件和标准，更好地引导联盟成为支撑国家创新驱动战略的生力军。

备注：本文是时任科技部创新发展司副司长崔玉亭同志在中国产业技术创新战略联盟协发网启动会上的致辞节选。

作者简介

崔玉亭，中国驻以色列大使馆科技参赞。曾任科技部创新发展司副司长，科技部重大专项办副巡视员，新疆维吾尔自治区科技厅副厅长等职。

加强再生资源行业科技创新能力建设

沈保根　程津培　赵进才等

再生资源作为战略性新兴产业,被称为21世纪"朝阳产业"。2015年,我国再生资源循环利用总产值达到1.8万亿元,从业人员突破1500万人。与原生资源利用相比,我国回收利用再生资源节能减排效果显著。2014年,再生资源利用节能26350万吨标准煤,占全国总能耗量的4.8%,同时可减少大量的废水、二氧化硫和固体废弃物排放。当前,发展再生资源产业不仅是资源环境约束条件下的客观需要,也是推动我国新型工业化、信息化、城镇化、农业现代化等"四化"建设的重要举措。十八大提出生态文明建设等"五位一体"的中国特色社会主义总体布局,提出了"绿色、循环、低碳"三个发展的统筹和新"四化"建设,为我国再生资源产业提供了发展机遇。再生资源产业作为实现"三个发展"和建设生态文明的具体载体,已超越了其自身范畴,不能单纯地将其仅看作一个产业来对待,要将其提升到国家生态安全的战略高度。再生资源产业首要属性是公益性,其社会效益、环境效益远远大于其经济效益,再生资源产业的特殊性、战略性也意味着需要更多国家政策支持和推动。

随着我国经济发展转型的持续深入，高品质战略金属材料和清洁能源需求量增加，城镇化加速发展，提升了废物资源化对原料、能源供应量的供给潜力。预计2020年，我国废物资源化可提供再生有色金属资源2000万吨以上，相当于对外依存度降低20%～25%。当前以创新助力再生资源产业升级，已成为提升再生资源产业竞争力，促进循环经济发展的重要举措，将为生态文明建设和绿色发展发挥重要作用。

近年来科技部等政府部门高度重视再生资源产业科技发展，围绕再生资源拆解分选、有价组分提取、二次污染控制等方面进行了科技创新部署。但我国再生资源产业总体技术水平仍滞后于产业发展与资源供给的需求，普遍存在产品附加值低、消纳量有限、再生产品市场效益小、专业人才与创新型企业缺乏等问题。

一是再生资源产业科技创新资源的投入明显不足。再生资源产业科技创新缺乏顶层设计，还未形成围绕产业创新链部署资金链的整体布局，对一些领域重大关键共性技术攻关及重大装备研制的支持不够，对周期长、风险大、短期内难以见到效益的项目更是缺少必要投入，同时对科技创新资金的使用监管有待加强。

二是再生资源产业科技创新运行机制不完善。多数再生资源企业科研动力不足，不注重技术研发。受再生资源传统发展模式的限制，再生资源科技创新环节往往被割裂开来，导致了再生资源新技术研究和投入的分散。特别是各类科研机构、高校和企业之间缺少沟通合作，没有形成有机整体，造成了基础研究、应用研究和产业化之间的相互脱节，影响了再生资源产业科技创新整体水平的提升。

三是企业创新技术缺乏，资源回收利用效率低。由于再生资源企业技术标准及规范缺失，不具备环境无害化回收处理能力的小作坊企业仍然存在。有些企业技术水平落后，缺少有效的配套技术，对金属的拆解回收仍采用酸浸、火烧、人工拆卸等手段，对无利用价值的部分则简单废弃和排放，导致可回收资源的浪费，造成环境的二次污染。

四是再生资源企业科技创新人才紧缺。多数再生资源企业地处偏远的县域循环经济基地，不少大学毕业生、研究生不愿意去那里工作，造成再生资源企业技术人才严重缺乏，不少科技创新活动以及产学研合作很难在这类再生资源企业开展，亟须培养和培育一批企业专业技能人才。

提升再生资源产业科技创新能力的建议如下。

（一）政府有关部门牵头针对再生资源产业"十三五"科技创新规划进行顶层设计

进一步完善再生资源领域科技创新资源的分配机制，加强对中央财政投入的科技创新项目的管理，把握好发展方向，以推动再生资源行业的科技进步和产业发展。进一步梳理未来5~10年我国再生资源产业的发展趋势、重点科技任务、重大科技示范工程及政策措施保障等，全面提升再生资源产业科技创新能力。

（二）尽快启动与再生资源科技相关的重点专项

迫切需要针对当前再生资源产业存在的技术瓶颈，开展基础理论-技术研发-集成示范-推广应用全链条贯通式科技攻关与集成示范。尽快启动再生资源利用重点专项，建立与我国国情相适应的再生资源全产业链技术创新体系。产业技术创新战略联盟掌握再生资源领域技术创新链的各要素，同时也了解产学研优势成员单位和专家队伍，建议政府有关部门在确立专项计划和实施方案过程中，更多地发挥和重视再生资源领域有关产业技术创新战略联盟的作用。

（三）支持构建再生资源科技创新体系

进一步支持运行良好的中国再生资源产业技术创新战略联盟等科技创新平台，研究梳理再生资源重点品种"十三五"技术路线图，依托联盟平台着力围绕产业链部署创新链、围绕创新链完善资金链，让科技创新真正落实到创造新的增长点上，把创新成果变成实实在在的产业活动。充分发挥企业创新主体作用，鼓励社会资本参与，建立健全支撑再生资源产业技术研发、示范、推广的创新服务平台与创新环境，促进社会化创新服务体系发展。发挥好行业重点实验室、工程研究中心等作用，支持有条件的研究机构共建再生资源领域国家级实验室、研发中心等。

（四）完善再生金属产业绿色技术标准体系

结合生态文明制度建设，研究建立符合绿色发展理念的科技评价指标体系，以技术标准倒逼产业转型升级，梳理发布一批《典型再生金属绿色化利用关键技术目录》，借助"绿色银行"建设，把"绿色理念"贯穿于成果转化应用全过程。加快再生金属产业绿色升级，培育和推进再生金属产业规模化发展。

（五）实施再生资源科技创新与应用人才培养战略

再生资源产业面临转型升级，广大企业对人才的培养培训有迫切需求，而再生资源产业又是多学科、多品种、多技术综合交叉的领域。需进一步关注和支持我国再生资源相关大学及院系的建设，增设再生资源利用相关专业，努力培养一支规模宏大、结构合理的再生资源研发人才队伍，以满足再生资源产业发展的迫切需求。进一步促进教育培训和产业发展的全方位对接，提升企业人力资源的技术和管理水平。

备注：本文是全国政协十二届四次会议第4027号提案。由沈保根会同程津培、赵进才、欧阳钟灿、周伟江、顾秉林、曹效业、秦大河、袁亚湘、包为民、齐让、王光谦、叶培建、宋家慧、林惠民、孙涛、李和平等委员共同提出

第一作者简介

沈保根，磁学和磁性材料专家，中国科学院院士，发展中国家科学院院士，中国再生资源产业技术创新战略联盟专家委员会主任。中国科学院物理研究所研究员，中国科学院磁学国家重点实验室主任，中国电子学会应用磁学分会主任，中国物理学会磁学专业委员会主任。长期

从事磁性物理学和磁性材料的研究工作。开展了非晶态合金的磁性和输运性质研究，解释了金属-金属基非晶态合金中磁性和电性的反常现象；研究了稀土-铁基化合物的结构与磁性，合成出多种新型纳米晶稀土永磁材料，揭示了它们的矫顽力机理；研究了稀土-过渡族化合物的晶体结构、相变、磁性和磁热效应，发现了多种新型大磁热效应材料，阐明了一级相变体系中磁热效应的物理机制。

绿色发展谋求中华民族永续发展

周宏春

《求是》杂志2019年第3期发表了习近平总书记的重要文章《推动我国生态文明建设迈上新台阶》，文章提出"全面推动绿色发展"重要论断。绿色发展，是新的发展理念、发展方式和消费模式，是资源效率高、环境代价小、经济社会生态效益有机统一的发展，是生态文明建设的重要途径，是人与自然和谐共生现代化建设的内在要求。绿色发展，不仅是发展方式问题，更是事关党执政兴国的重大民生问题、社会问题和政治问题；不仅是高质量发展的题中应有之义，更是推动人类社会进步的必由之路；不仅要解决我国当下的生态环境问题，更要谋求中华民族的永续发展。

一、绿色发展是高质量发展题中应有之义

绿色发展，是新发展理念之一。绿色是生命的象征、大自然的底色，是人类生存和美好生活的基础，是人民群众的期盼。生态环境没有替代品，用之不觉，失之难存。全面建成小康社会，就要处理好发展和保护的关系，既不能以牺牲环

境为代价谋求一时一地的发展，不能只讲生态环境保护、守着"绿水青山"而放弃发展，也不能走"先污染后治理""边污染边治理"的老路，更不能做"吃祖宗饭、断子孙路"的蠢事。

绿色发展，也是发展，是资源环境容量约束下的发展，是一种可持续的生产方式和消费模式。绿色是发展目标，也是发展结果。没有发展、没有财富积累，就会出现"捧着绿色的金饭碗讨饭吃"的情形，甚至出现世界银行一项研究表明的"贫困-砍柴烧-生态退化"的恶性循环。经济发展不应是对资源环境的竭泽而渔，环境保护也不应是经济发展的缘木求鱼，而是要在发展中保护、在保护中发展，实现发展和保护的对立统一。

绿色发展，是未来发展的基色调。我国经济已由高速增长转向高质量发展，高质量发展是体现新发展理念的发展，是绿色发展成为普遍形态的发展。必须调整产业结构，培育新的增长动能，改变传统的"大量生产、大量消耗、大量排放"的生产模式和消费模式，走出一条绿色、低碳、可持续发展之路，使资源、生产、消费等要素相匹配相适应，实现经济社会发展和生态环境保护协调统一、人与自然和谐共生的中国特色社会主义现代化目标。

二、绿色发展理念要落实到生产消费全过程

生态环境问题，归根结底是发展方式和生活方式问题。只有加强源头减量、过程控制和全生命周期管理，才能以尽可能少的资源消耗和污染物排放完成我国工业化和城镇化的历史任务。因此，要将绿色发展理念落实到生产消费全过程，完成好绿色发展在优布局、强产业、全链条、绿生活等领域的重点任务。

优化空间布局和经济布局，既可以提升经济发展质量，又能大幅降低污染排放强度。国土是中华民族繁衍生息、永续发展的家园，也是生态文明建设的空间。要根据资源环境承载能力，促进大中小城市和小城镇协调发展。要优化产业结构，推进"污染型"企业治理，坚决关停和取缔一批，整改提升一批，搬迁入园一批。

要推动企业入园，实现产业集聚、发展集约。要按照人口资源环境相协调、经济社会生态效益相统一的原则，构建科学合理的城市化格局、农业发展格局、生态安全格局、海岸线格局，实现生产空间节约高效，生活空间宜居适度，生态空间山清水秀。

推动工业绿色发展，无工不强。要开展生态设计，提高产品可拆解、可回收性，减少有毒有害原辅料使用，降低二氧化碳排放强度。加强绿色供应链管理，发挥大企业及大型零售商的带动作用，形成固体废物产生量小、循环利用率高的生产方式。发展绿色制造，把构建高效、绿色、循环、低碳制造体系放在更加突出的位置，实施火电、钢铁等重点行业超低排放改造，从制造大国迈向制造强国，进而带动智慧城市、智能物流、智能电网等的建设。发展节能环保产业、清洁生产产业、清洁能源产业，实施国家节水行动，降低能耗、物耗，在生产、流通、消费各环节大力发展循环经济，将新一代信息技术、生物产业、高端装备制造、新能源、新材料、新能源汽车等培育成为新的增长点，发展新产业、新业态、新模式，走出一条科技含量高、经济效益好、资源能源消耗低、环境污染少的新型工业化道路。

大力发展生态经济。建立健全以产业生态化和生态产业化为主体的生态经济体系，创造更多物质财富和精神财富以满足人民日益增长的美好生活需要，提供更多优质生态产品以满足人民日益增长的优美生态环境需求。"民以食为天"，农业是国民经济的基础。以乡村振兴战略实施为抓手，以解决地怎么种为导向，构建新型农业经营体系；以满足吃得好吃得安全为导向，发展放心农业，生产优质农产品，促进农业技术集成化、劳动过程机械化、生产经营信息化、安全环保法治化，构建高产、优质、高效、生态、安全的农业生产体系，把中国人的饭碗牢牢端在自己的手中，实现农业强、农村美、农民富的有机统一。发展绿色金融，多谋打基础、利长远的善事，多干保护自然、修复生态的实事，多做治山理水、显山露水的好事，实现自然价值和自然资本的保值增值，让群众望得见山、看得见水、记得住乡愁，让自然生态美景永驻人间，将资源优势变为产业优势，将生态优势变为发展优势。

培育绿色消费。通过供给侧结构性改革，扩大内需，生产更多的好产品，增加生态产品供给，满足居民对清洁的空气、干净的水源、安全的食品、宜居的环境的需求。农村环境直接影响群众的米袋子、菜篮子、水缸子。持续开展农村人居环境整治行动，基本解决农村的垃圾、污水、厕所问题，为老百姓留住鸟语花香田园风光。进一步细分城乡旧物（如闲置品、再制造产品、再生产品等）、减少废弃物排放，建设"无废城市"。继续将发展作为第一要务，持续提高居民收入水平，将绿色消费培育成为经济增长新动能，实现经济社会发展与人口、资源、环境相协调。

三、实现绿色发展需要建立健全长效机制

调整能源结构。能源、环境、气候变化具有同源性。推进能源生产和消费革命，减少煤炭消费比重，加快清洁能源发展，构建清洁、低碳、安全、高效的能源体系。用正确的方法推进冬季清洁供热，因地制宜、多措并举，加快天然气产供储销体系建设，优化天然气来源布局，加强管网互联互通，实现多元互补，保障气源供应。提供补贴政策和价格支持，确保"煤改气""煤改电"后老百姓用得上、用得起。加大燃煤小锅炉淘汰力度，加快污染重煤电机组升级改造。发展智慧物流，调整运输结构，减少公路运输量，增加铁路运输量。抓紧治理柴油货车污染，推动货运经营整合升级、提质增效，加快规模化发展、连锁化经营。

打好污染防治攻坚战。党的十八大以来，我国在生态文明建设和生态环境保护方面开展了一系列根本性、开创性、长远性工作，污染治理力度之大、制度出台频度之密、监管执法尺度之严、环境质量改善速度之快前所未有，生态环境保护发生了历史性、转折性、全局性变化。但同时，我国生态文明建设还有不少难关要过，还有不少硬骨头要啃，还有不少顽瘴痼疾要治。要综合运用行政、市场、

科技、法治等多种手段，加快大气、水体和土壤污染防治，推进环境保护市场化、专业化、社会化；完善资源环境价格机制，加快科技攻关和成果转化应用，为科学决策、环境治理、精准治污、便民服务提供支撑。积极实施应对气候变化国家战略，推动和建立全球气候治理体系，推动构建人类命运共同体。

依靠创新驱动。创新是经济提质增效、加快生态文明建设的驱动力。一要深化科技体制改革，建立符合生态文明建设领域科研活动特点的管理制度和运行机制，释放改革红利，激发不同创新主体的积极性和创造性。二要开展科技攻关。加强能源节约、资源循环利用、新能源开发、污染防治、生态修复等领域关键技术攻关，在基础研究和前沿技术研发方面取得新突破。强化企业技术创新主体地位，充分发挥市场对绿色发展方向和技术路线选择的决定性作用。加强生态文明基础研究、技术研发、工程应用和市场服务等科技人才队伍建设。三要完善创新体系，提高集成创新能力，加强工艺创新与试验，形成以企业为主体、产学研用为一体的国家创新体系。完善科技创新成果转化机制，促进科技成果转化。

加快制度创新。增加制度供给，加大制度执行力度，让制度成为刚性约束和不可触碰的高压线。我国生态文明建设正处于压力叠加、负重前行的关键期，进入提供更多优质生态产品以满足人民日益增长的优美生态环境需求的攻坚期，也到了有条件有能力解决生态环境突出问题的窗口期。要充分发挥党的领导和我国社会主义制度集中力量办大事的优势，以资源产权制度改革为切入点，健全生态环境保护、污染防治、生态和能源安全等领域的立法，提高节能减排、循环经济、可再生能源等领域的法律协同性；抓好党政同责，一岗双责，用制度管权治吏；健全监督体制和问责机制，做到有权必有责、有责必担当、失责必追究，从而使天更蓝、地更绿、水更清，保证党中央关于生态文明建设决策部署落地见效。

建设美丽中国，需要全体人民的自觉行动。每个人都是生态环境的保护者、建设者、受益者，而不是旁观者、局外人、批评家，谁也不能置身事外。要加强宣传培训教育，增强全民节约资源、保护环境、生态文明意识，引导企业、民众、社会组织参与生态治理,形成全方位、多维度的协同共治格局,提高生态治理现代化水平,还自然以宁静、和谐、美丽。开展节约型机关、绿色家庭、绿色学校、绿色社区等的创建行动,倡导简约适度、绿色低碳的生产和生活方式,反对奢侈浪费和不合理消费,形成人人、事事、时时崇尚生态文明的新风尚,推动生态文明建设迈上新台阶。

备注:本文已发表在《辽宁日报》(2019年2月19日 第7版 理论)

作者简介

周宏春,国务院发展研究中心社会发展研究部研究员,博士,中国再生资源产业技术创新战略联盟专家委员会委员。研究领域为资源环境、可持续发展、循环经济、低碳经济等。《中国资源科学》编委会成员、《中国发展》编委会委员、《中国海洋报经济周刊》指导专家、《煤炭经济》编委会指导专家等。

再生资源行业升级创新促进绿色发展

程会强

经济新常态是中国共产党科学认识当前形势，准确研判未来走势，历史地、辩证地认识我国经济发展阶段性特征做出的战略抉择。从资源环境约束看，现在环境承载能力已经达到或接近上限，必须顺应人民群众对良好生态环境的期待，推动形成绿色低碳循环发展新方式，实现绿色发展。绿色发展是实现经济新常态的根本出路，再生资源行业也必须升级创新适应绿色发展的需要。

一、再生资源行业升级进入绿色发展新时代

回顾我国再生资源产业发展历程，如果从大的历史时期分析，可以分成3个阶段。

1.再生资源产业1.0版本（1949～2004年）

此阶段我国再生资源产业以废物利用为导向。基于当时在计划经济的情况下，原生材料还不能满足生产、生活的基本需要，收旧利废主要作为对短缺经济的补充。主要体现在：①矿产资源综合利用。在矿产资源开采过程中对共生、伴生矿

进行综合开发与合理利用；②产业废物综合利用。对生产过程中产生的废渣（如煤矸石、粉煤灰、工业副产石膏、冶炼渣等）、废水（液）、废气等进行回收和合理利用；③社会废旧资源综合利用。对社会生产和消费过程中产生的各种废物进行回收和再生利用。这是我国再生资源行业的初级阶段，以资源综合利用为特征。

2. 再生资源产业2.0版本（2004～2013年）

此阶段我国再生资源产业以循环经济为导向。2004年我国召开了全国循环工作经济会议，之后出台了《国务院关于加快发展循环经济的若干意见》（国发〔2005〕22号）等一系列重要文件，标志着循环经济进入到国家战略层面。在此期间，国家制定并实施了《循环经济促进法》；出台了《循环经济发展战略及近期行动计划》；开展循环经济试点、示范；设立了节能减排和循环经济专项资金；组织开展园区循环化改造、"城市矿产"示范基地建设、餐厨废弃物资源化利用示范、推进再制造产业化发展等。在试点示范基础上，形成了规划指导、政策支持、法规规范、工程支撑、技术进步、传播推广的工作思路，推动在各层面和生产、流通、消费各环节的绿色低碳循环发展。再生资源产业通过循环经济的发展上了一个新台阶，从单纯的废物利用上升到"减量化、再利用、资源化"的完整循环流程。

3. 再生资源产业3.0版本（2013年至今）

此阶段我国再生资源产业以生态文明为导向。党的十八大确立了以生态文明等"五位一体"的中国特色社会主义建设格局；十八届三中全会对生态文明体制改革做了总体部署；十八届五中全会提出了"创新、协调、绿色、开放、共享"五大发展理念。从生态文明成为国家战略的时代背景出现以后，我们的再生资源产业也就进入了绿色发展的新时代。从再生资源到循环经济，再到生态文明与绿色发展，这个发展阶段就成为再生资源行业发展的高级形态。在这个版本当中，我国再生资源产业不单纯是一个产业的发展，而是服务于整个社会的大循环，包括进入国际大循环。再生资源产业的发展是为了实现绿色发展、循环发展和低碳发展三个发展的协同，实现创新、共享等五大发展理念，解决我们的资源短缺，环境污染和整个绿色生产、生活的问题。从这个意义上讲，再生资源产业的发展进入到一个更高的境界。特别是在我国进入到经济新常态新的历史时期，我国处于经济速度变化、结构优化、动力转换的节点，发展动力转向创新驱动，更加强调内涵式、循环式的发展，提质增效。在这样的时代背景下，再生资源行业的战略地位将更加突出，通过再生资源产业的循环以及绿色消费、生活的循环形成完整的社会循环体系。

现在，绿色发展理念已成为社会共同行动。绿色发展不是简单地作为一种环境管理手段，而是上升为协调经济发展与资源节约、环境保护关系的制度安排，是国家经济发展模式的重要组成部分。当前在经济发展新常态下，绿色发展正处于系统、全面、深入推进的关键时期。要通过深化生态文明体制改革，进一步推进绿色化和新型工业化、城镇化、信息化和农业现代化的融合，走出"绿色窘境"，跳出"资源陷阱"，破除"环境怪圈"，走出有中国特色的绿色发展之路。

二、"互联网+"成为新常态下创新驱动绿色发展的基本模式

随着互联网和信息技术的快速发展，"互联网+"成为新常态下创新驱动绿色发展的基本模式。"互联网+"是我国利用互联网技术的强关联和强渗透效益，扩张信息经济增量、改造传统经济存量，利用市场大、网民多、大众创新、万众创业的比较优势，形成后发优势，采取弯道超车，最终实现公平高效信息社会的信息发展模式。在此模式基础上，贯彻落实创新、协调、绿色、开放、共享五大发展理念，成为再生资源行业创新发展的新引擎。

1. "互联网+再生资源"将重构再生资源行业新格局

"互联网+"对于再生资源行业而言，是一次革命性的重构机遇。推行"互联网+再生资源"，可以创新回收交易新模式。在充分依托定点资质，布局覆盖社区、街道、商场的回收网点基础上，建立交易电子商务平台，将回收交易终端深入城市社区，把城市中产生的废旧资源回收到线上并转换为线上的虚拟货币或积

分等，实现再生资源云回收。通过虚拟货币兑换成各种有形和无形的商品，从而实现线上、线下资源的无缝衔接。再生资源由专业回收企业进行进一步筛选、分拣、预处理后，运往再生资源生产性企业进行循环再造，产出的再生资源产品又作为新商品进行交易，从而形成循环式的资源再生利用。因而，实体企业与互联网企业合作或者自建，建设互联网+回收交易平台，打通线下回收渠道和线上回收网络，从现有多环节、多层次的线下回收网络走向覆盖全国的线上回收网络，强化再生资源回收利用产业的原料保障体系建设，可进一步提升再生资源公司的盈利能力和核心竞争力。

另外，"互联网+再生资源"还可进一步与物联网深度结合升级。通过积极实施"互联网+物联网+再生资源"战略，充分利用已有集散市场的线下资源，建立专供再生资源回收体系的物联网平台，完成废物的GPS实时跟踪，全程监管废物进园到入园拆解、交易再到加工的整个过程，确保废旧物资不外流及原料的吃干榨尽。同时，建立进出园区废物的大数据信息收集平台，通过废物种类、进出线路、仓储配置等信息的收集，优化配置园区及周边货运资源，做到进出货物点对点运输，全面降低园区综合物流成本，最终实现以电子商务为主导，配套线上银行结算、仓储、物流系统，为客户提供再生资源产品的线上线下交易服务平台，打造"互联网+物联网+再生资源回收交易"平台，从而有效提高再生资源的流通效率。

2. "互联网+再生资源+供应链金融"促进再生资源行业升级发展

原料难和融资难是再生资源行业发展的两大难题。如果说"互联网+再生资源"可以解决原料难这一难题，那要解决另一难题融资难就需要进一步创新发展模式。

随着社会化生产方式的不断深入，市场竞争已经从单一客户之间的竞争转变为供应链与供应链之间的竞争，同一供应链内部各方相互依存，"一荣俱荣、一损俱损"。维护所在供应链的生存，提高供应链资金运作的效力，降低供应链整体的管理成本，已经成为各方积极探索的一个重要课题。

"供应链金融"的发展，无疑对广大中小再生资源企业来说是解决其融资难的一剂良方。在供应链金融模式下，银行跳出单个企业的局限，站在产业供应链的全局和高度，向所有成员的企业进行融资安排，通过中小企业与核心企业的资信捆绑来提供授信。银行围绕核心企业，管理上下游中小企业的资金流和物流，并把单个企业的不可控风险转变为供应链企业整体的可控风险，通过利益链条将风险控制在最低。"供应链金融"既能有效解决中小企业融资难题，又能保障银行信贷安全的双赢效果。因而"供应链金融"与"互联网+再生资源"相结合，对再生资源产业的发展无异于如虎添翼，可形成"互联网+再生资源+供应链金融"的创新发展模式。

"互联网+再生资源+供应链金融"创新模式，通过对信息流、废物流、资金流的控制，从回收、运输、交易、处理、利用等环节，将回收商、运输者、交易商、处理企业直到新用户等连成一个整体的功能网链结构。这一创新模式不仅是一条连接回收商到新用户的逆向物流链、信息链、资金链，而且还是一条增值链，废物在供应链上因加工、运输等过程而增加其价值，从而助推再生资源回收利用产业的可持续发展。

三、再生资源行业可持续发展的实现路径

适应绿色发展的需要，不仅要模式创新，更关键的还在于机制创新，这是解决现代再生资源产业发展中的深层问题，实现再生资源行业可持续发展的根本保障。

"十三五"期间，推进我国再生资源行业深入发展的总体思路是以园区、企业、社区再生资源为引领，以生态文明建设为主线，结合绿色社区和美丽乡村建设，构建与新型城镇化相融合的机制和模式，完成从"再生资源—循环经济—生态文明"升级发展，实现规模化、产业化、社会化、信息化、市场化、常态化。为此，需要建立完善六大长效机制。

1. 社会宣传机制

现在社会对再生资源产业认识还不是非常全面，有很多人把再生资源产业单

纯看成是一个废物利用产业。要从整个社会层面加大宣传力度，实行科学引导，促使再生资源从"回收"到"交投"的提升。目前在上海等地区，已将再生资源回收站点改为再生资源交投站点，这是一种巨大的进步。既反映了公众意识的提高，又极大地降低了再生资源企业的回收成本。

2. 公众参与机制

公众参与既是再生资源行业的社会认知基础，也是再生资源行业降低成本的物质基础。如果每个人都参与到再生资源行业发展当中，举手之劳就可以使再生资源产业前端回收成本大大降低，同时又可贯彻循环经济"减量化"优先原则，从源头上减少废物的产生，这是循环经济要求的高级境界。特别是促进垃圾前端减量分类和再生资源回收利用的"两网融合"工作中，公众参与与否效果迥异。

3. 法律强制机制

仅仅靠道德层面的宣传教育还有一个长期的过程，要想尽快取得好的效果，采取法律强制是一个保证。发达国家都是立法先行予以保障，如德国早在1972年就制定了《废弃物处理法》，1996年又出台《循环经济与废弃物法》。我国垃圾分类的问题应该说是在十年前就开始进行试点，但是到现在效果还不是非常理想。这样需要采取强制的措施予以保障。我国迄今还没有具体的废弃物法，正在制定《垃圾强制分类制度方案》。

4. 利益引导机制

根据我国的现阶段国情，我们还要采用利益引导机制。比如在北京等大城市建立的智能回收系统，是通过返券、积分等利益引导方式促使公众进行精确分类，实现资源的有效回收。这种智能回收另外一个重要意义是说保证所回收的产品进入到一个可追溯、可监控的精确回收流程中，保证末端处置是进入到正规的回收企业和处理企业中。

5. 技术支撑机制

技术支撑是循环经济和再生资源产业发展的脊梁。如果没有技术支撑，整个再生资源产业和循环经济发展就是空中楼阁、海市蜃楼。目前，技术支撑的机制在企业内部，特别是一些大中型企业，已经做得非常好。很多大中型企业通过工艺革新，上下游连接，形成共生机制。下一步需要在不同产业之间，在更广阔的社会层面和区域合作层面，形成更大范围的技术支撑机制。

6. 金融创新机制

发展再生资源产业，不仅需要以上几种机制，还需插上金融的翅膀。金融创新，可实现再生资源行业的跨越式发展。现在在北京、大连、天津、河南等地，已建立再生资源交易所、碳资源交易所等，发布再生资源交易价格指数，已有很好的试点。下一步通过资本运营，可以使再生资源产业获得新生，迅速发展。

综上所述，在生态文明建设的时代大背景下，通过绿色生态机制创新，可实现再生资源行业的可持续发展，从而通过循环发展引领，促进低碳发展和绿色发展，最终实现美丽中国的宏伟目标。

备注：该文已发表在《环境保护》2016年总第596期

作者简介

程会强，博士，研究员，国务院发展研究中心资源与环境政策研究所所长助理。首批国家科技计划项目专员、国家发改委发展循环经济部际联席会议专家，清华大学《frontiers of environmental science and engineering》审稿人、美国科研出版社《atmospheric and climate sciences》（acs）审稿人、联合国环境规划署可持续城市与社区中国顾问等。自1988年起，已累计在国内外发表论文作品百余篇，主持、参与国家、省部级重要课题数十项，获部级奖等多项奖励；2015年新华社循环经济峰会评为十大"循环经济时代人物"。列席全国政协常委会，参加中央政治局常委等领导主持的座谈会，调研报告获党中央、国务院领导批示。

中国再生资源行业创新十年

联盟回顾篇

十年，人类历史长河中的一瞬间，百岁老人生命周期的十分之一。十年来，中国再生资源产业技术创新战略联盟在李士龙理事长的带领下，风正扬帆起新航，凝心聚力创佳绩，被认定为国家科技部试点联盟，国家A级产业技术创新战略联盟，国家科技计划组织管理优秀组织奖，国家重点研发计划重点专项项目组织申报的推荐单位，已成为再生资源等战略性新兴产业提供全方位创新服务的新型技术创新组织。同时，本联盟作为国家科技部试点联盟工作联络组及试点联盟协同发展网的发起单位之一，正积极推动和营造试点联盟可持续发展的良好政策环境。

在未来的工作中，中国再生资源产业技术创新战略联盟将紧密围绕国家战略，紧扣新时代再生资源产业发展的重大需求，继续担当起新时代产业创新脊梁的使命，着力构建和完善再生资源产业技术创新链，更多地将"资源"与"环境"、"二次资源开发"与"过程污染控制"更好地结合起来，继续坚持科技创新支撑引领产业高质量发展，砥砺前行谱新篇，为我国再生资源产业迈向世界一流而努力奋斗。

十载华章共谱写，科技创新引蝶变

李士龙

一、风正扬帆新起航

我国是资源相对短缺的国家，再生资源回收利用产业在我国历史悠久，经历了不同的发展时期。无论是在计划经济还是市场经济不同体制形式下，都为我国经济建设做出了重要贡献。尤其改革开放以来，我国再生资源回收利用产业快速发展，并逐步形成一个规模化产业。特别是进入21世纪以来，随着国外进口数量和品种的增多，国内报废物资量的不断上升，国家相关部委出台了一系列鼓励再生资源回收利用的政策，再生资源回收利用产业作为循环经济建设的重要组成部分被普遍认为朝阳产业，从业人员达到数百万。但由于我国再生资源回收利用产业与发达国家相比起步晚，还存在技术装备水平不高、环境污染较重等问题，产业也需要结构调整和转型发展。

2008年金融危机导致大宗商品价格暴跌，我国再生资源行业受到较大冲击，行业大面积停产，企业亏损严重。但我同时发现，越是技术含量低、产业链条短的企业受到的影响越大，以再生金属产业为例，当年以简单拆解为主的企业和园区受到的影响，明显要比拥有更高技术装备水平的熔炼加工企业大，这使我愈发感觉到技术创新对于再生资源行业高质量发展的迫切性和必要性，更加坚定了产业要亟需通过科技创新，建立和完善中高端产业链发展模式，推动产业持续发展的信念。

为提高再生资源产业整体科技水平，我向时任科技部社会发展科技司司长马燕合多次汇报沟通，深入探讨如何提升再生资源产业技术创新能力的思路和想法。此时，国家正大力推动产业技术创新战略联盟构建，马燕合司长提议，希望我能整合一批企业、高校、科研院所等创新资源，重点围绕再生有色金属、废旧电子电器、废旧高分子材料、机电产品再制造四个重点领域组建再生资源产业技术创新战略联盟。马司长当时说"成立产业创新战略联盟意义重大，针对再生资源产业存在的共性问题走协同创新之路，技术装备上去了，剩下的部分污染问题自然就解决了。再生资源产业必须要以科技引领走可持续发展之路"。为此，马燕合司长带队专程到中铝大厦与我团队一起研究商量再生资源产业技术创新战略联盟筹建事宜，在随后联盟筹建工作过程中，还得到了科技部社会发展科技司、资源环境处领导的悉心指导和帮助。

2008年12月30日，"十一五"国家科技支撑计划"废旧机电产品和塑胶资源综合利用关键技术与装备开发"项目启动会在常州举行，在本次大会上，我正式向与会领导、专家及代表介绍了筹建再生资源产业技术创新战略联盟的想法，得到了大家的充分肯定和积极响应。也正是在这一天，科技部等六部委发布了《关于推动产业技术创新战略联盟构建的指导意见》，明确了联盟构建的指导思想、基本条件等，为联盟构建提供了指导依据和根本原则。

2009年10月27日是我们值得铭记的日子，经过一年多的筹备，在科技部相关司局领导的关心指导和帮助下，在左铁镛院士、黄崇祺院士、邱定蕃院士、徐滨士院士、张懿院士及相关专家的大力支持下，在首批18家发起单位的共同努力下，再生资源产业技术创新战略联盟在北京正式成立。时任科技部社会发展科技司司长马燕合、政策法规与体制改革司巡视员李新男、科技部重大专项办公室主任金奕名，科技日报社副社长王秀义，科技部社发司处长徐俊、处长沈建忠、博士黄圣彪，发展计划司赵静处长、政策法规司苏靖处长等领导出席了联盟成立大会。联盟的成立标志着我国再生资源科技进步和产业发展将进入一个新的发展阶段，通过围绕再生资源产业技术创新链这种合作关系的建立，对优势企业、大学、科研院所的有效组合，打通再生资源产业技术创新成果大规模产业化应用的渠道，实现科技与经济紧密结合。我想联盟的成立只是一个开始，如何发挥作用切实为产业提供科技支撑，还需要我们在实践中去摸索。

二、凝心聚力创佳绩

（一）联盟工作受到肯定

为推动更多联盟的建立和积累发展经验，科技部选择一批产业技术创新战略联盟开展试点工作，2010年6月，中国再生资源产业技术创新战略联盟成功入选试点联盟。当年11月，科技部在北京召开产业技术创新战略联盟试点工作座谈会。时任科技部党组书记、副部长李学勇（现任第十三届全国人民代表大会教育科学文化卫生委员会主任委员）到会并做了重要讲话，他进一步强调了产业技术创新联盟在国家创新体系建设中的地位和重要性。2011年3月，李学勇同志已调任江苏省政府省长，在两会召开之际，他专门抽时间听取了我们联盟进展工作汇报，让我更加坚定了要把联盟做好做强的决心。

2011年，全国科技工作会议在京召开，时任中共中央政治局委员、国务委员刘延东同志到会做重要讲话，并为"十一五"国家科技计划工作先进集体和个人授奖。我们联盟获得"十一五"国家科技计划组织管理优秀组织奖，在接过获奖证书的那一刻，我感到十分自豪，这是一份荣誉，代表我们的工作得到了充分认可，同时也是一份激励，激励着中国再生资源产业技术创新战略联盟今后的工作要更加努力，为产业发展贡献更多力量。

为进一步引导和规范联盟健康发展,考核联盟建设和运行绩效,2012年7月,科技部印发《产业技术创新战略联盟评估工作方案(试行)》,开展试点联盟评估工作。这项工作的重要性不言而喻,联盟秘书处同志将中国再生资源产业技术创新战略联盟成立近3年的工作认真总结,从开展的创新活动、取得的创新绩效、联盟运行管理机制、成果推广转化等方面入手,编制了一份详实的联盟自评估报告。功夫不负有心人,2013年1月,中国再生资源产业技术创新战略联盟获得了发展历程中又一项重要荣誉,在科技部对56家试点联盟的评估中,中国再生资源产业技术创新战略联盟被评为国家A级产业技术创新战略联盟。这不仅是科技部对联盟工作的褒奖,更重要的是让我们联盟成了国家重点研发计划项目组织申报推荐单位,为联盟后续工作提供了重要抓手,将更好地服务和开展再生资源产业科技工作。中国再生资源产业技术创新战略联盟获得2018年度国家试点产业技术创新战略联盟活跃度综合评分100分(满分),成为2016～2018年度连续三年活跃度高的科技部试点联盟。同时,中国再生资源产业技术创新战略联盟作为国家科技部试点联盟工作联络组及试点联盟协同发展网的发起单位之一,正积极推动和营造试点联盟可持续发展的良好政策环境。

(二)引领产业技术变革

中国再生资源产业技术创新战略联盟的目标和任务简单来说就是要推动构建再生资源产业技术创新链,全面提升再生资源产业科技水平,为产业转型升级提供科技支撑,首先就要明确当前一段时间亟待解决的是哪些共性技术难题,在与尚辉良等秘书处同志研究之后,我们决定要研究明确联盟四大领域产业创新链,更好地指导联盟成员和专家委员围绕联盟纽带开展协同创新工作,所以立即着手"十二五"产业技术路线图的研究与制定工作。2010年,我们先后在北京、广州、青岛组织各领域专家召开研讨会,针对技术装备研发、共性关键技术、创新平台建设、工程应用及产业化等方面存在的问题展开讨论,形成了联盟四大领域"十二五"产业技术创新路线图,积极引导构建产业技术创新链。随后我们在"十二五"期间工作基础上,又组织编制了"十三五"废旧金属循环利用产业、废旧高分子材料资源化利用产业、废旧机电产品再制造产业、废弃电器电子产品资源化产业等领域产业技术创新路线图,进一步指导废旧有色金属循环利用、电子废弃物综合利用、废旧高分子材料资源化、废旧机电产品再制造等联盟四大领域基础研究、技术装备开发及应用、污染控制及清洁生产、规范标准制定等重要工作。

我记得2009年废物资源化技术工程被列为"十二五"科技专项规划,我和尚辉良同志有幸参与《废物资源化科技工程"十二五"专项规划》的编制工作,我们结合联盟编制的产业技术创新路线图,提出了一批"十二五"期间再生有色金属、机电产品再制造、电子废弃物、废旧高分子材料等领域亟待解决的技术问题,在历经多次征询意见、论证、修改之后,《废物资源化科技工程"十二五"专项规划》由科技部、发改委、工信部、环保部、住建部、商务部和中科院等七部门联合印发,这是我国首次专门针对废物资源化领域制定系统的科技指导性文件,也是"十二五"期间国家科技计划项目立项的重要依据,对再生资源等领域科技发展具有重要意义。

2010年,我们向科技部申报了国家科技支撑计划"典型废旧金属产品循环利用关键技术与应用研究"项目,我们有幸邀请了中国工程院黄崇祺院士作为项目指导专家,他作为我国电线电缆行业权威专家,对废杂铜直接制杆的问题非常关心,他说:"国内大多数废杂铜直接制杆企业技术水平不高,产品质量参差不齐,劣质的线杆导电率不够不仅造成能源浪费,甚至会发生重大安全事故。"当时他已年过七旬,但工作的劲头比年轻人还要足,经常深入一线指导科研工作,老先生这种工作精神让我由衷敬佩。此后,我们又相继组织了"典型废旧金属产品循环利用关键技术与应用研究""废旧稀土及贵重金属产品再生利用技术及示范""电子废弃物清洁化处理与利用技术研究及示范"等4项国家科技计划项目,总经费61723万元,其中国拨经费共16513万元。项目重点支持在废旧机电产品再制造、废旧塑胶资源综合利用、典型废旧金属循环利用、废旧稀土及贵金属产品再生利用等方面开展产学研科技创新和产业化工作，提升了再生资源行业原始创新能力和产业技术水平，显著提高了行业整体科技水平。通过组织实施国家科技计划项目，凝聚了再生资源领域创新精英，进一步完善和推动了"联合开发、风险共担、利益共享"的产学研合作机制。几年来，一批高新科技成果引领了行业技术发展，通过推广应用及产业化，进一步推动了再生资源产业升级和结构调整。

（三）强化理事会共商机制推动联盟规范化运行

2016年2月27日对于联盟来说是个重要纪念日，联盟第二次成员代表大会在北京召开，大会选举产生了新一届理事会、专家委员会、秘书处组成人选，这是继往开来的重要会议，标志着联盟发展进入了新阶段。让联盟深受鼓舞的是，科技部社会发展科技司邓小明副司长对联盟过去六年的工作给予了高度肯定。我记得很清楚，小明同志将联盟六年工作概括为五个字："高、广、新、实、丰"，其中"高"是指战略眼界高、思路开阔；"广"指联盟上承政府、下接企业和院所，联系面广泛；"新"指工作思路及工作很有创新意识；"实"指所做工作非常务实；"丰"指所取得的成绩非常丰硕。他同时希望联盟新一届理事会紧抓国家科技体制改革机遇，站在国家层面谋划"十三五"再生资源产业科技创新方向，强化行业创新氛围，丰富服务手段，提升服务质量，以创新助力再生资源产业升级，为生态文明建设和绿色发展发挥重要作用。科技部资源配置与管理司赵静处长希望联盟在现有工作基础上进一步完善联盟科技发展规划顶层设计，为重点专项总体设计思路以及重点项目布局做好参考决策，要求联盟要充分利用好重点专项的项目推荐权，按照相关重点专项申报指南要求，严格把关，推荐一批创新点显著、切实符合产业发展需要的技术开展研究攻关。在联盟迎来十周年之际，邓小明副司长带领科技部社会发展科技司资源环境处有关人员专程到联盟秘书处调研指导工作，他希望联盟在构建以市场为导向的绿色技术创新体系中继续发挥积极作用，围绕国家重大战略，以打好环保攻坚战，推动我国生态文明建设为主题，组织骨干成员单位和专家委员团队持续做好技术创新工作，结合中国实际问题攻克产业关键共性技术瓶颈，开发具有自主知识产权的集成装备，并以示范工程应用为验证评价手段，解决行业高质量发展的科技短板，为我国固废资源化和循环经济发展做出应有贡献，为政府部门决策提供参考。

（四）积极推动"十三五"固废资源化重点专项实施方案建议

随着科技计划管理改革的不断深入，973计划、863计划、国家科技支撑计划等科技项目统一整合为国家重点研发计划，2014年年底以来，我和尚辉良同志就积极参与科技部社发司牵头负责的废物资源化专项实施方案的策划研究工作，随后经过近些年各方面共同努力，固废资源化成为新时期国家重点支持的科研创新领域优先方向之一，再次引起行业关注。

我们重点围绕"十三五"资源环境领域重大技术方向、发展目标和重点任务等方面，通过下发调查问卷和组织研讨等方式，先后向各成员单位征集凝练了30多项解决废旧有色金属循环利用、机电产品再制造、电子废弃物综合利用以及废旧高分子材料资源化等主要再生资源产业关键技术短板和难点，并上报科技部相关司局，为科技部等有关部门在凝练"十三五"国家重点研发计划项目和制定支持产业技术创新战略联盟发展的有关政策提供依据和参考。同时，我多次与科技部社会发展科技司副司长邓小明、资源环境处处长康相武、资源配置与管理司赵静处长等领导汇报沟通，提出了我们联盟关于固废资源化重点专项的一些看法和建议。2018年7月，"固废资源化"重点专项2018年度项目申报指南发布，我们联盟作为推荐单位之一，广泛征集技术项目和优势团队推荐申报。最终"退役动力电池异构兼容利用与智能拆解技术"项目成功获批，项目总经费5893万元，其中中央财政经费2693万元，为推动我国退役动力电池资源化产业发展具有重要意义。

（五）整合资源搭建专业领域创新平台和智库

创新平台是联盟积极构建科技创新体系中重要一环，为充分优化组合再生资源联盟科技资源，促进联盟成员共建共享，我们整合产学研各方力量，利用联盟成员单位现有科研条件，我们先后牵头成立了"京津冀蓄电池环保产业联盟""联盟长三角科技服务中心""联盟废弃电器电子产品资源化联合创新平台""再生资源联盟再生资源富氧熔池熔炼技术创新中心"和"长三角资源环境研究院"等一批联盟创新研发平台，目前"申联环保再生资源综合利用研究中心"也在积极筹备之中。联盟专家委员会主任、中国科学院沈保根院士寄语我们，"创新平台建设集中力量突破制约产业发展的关键核心技术和环保技术，不仅要争取承担国家有关战略及科技研究任务，还要对再生资源行业企业科技创新和生态保护做好示范和引导。"

同时依托联盟平台组建了近200多位再生资源领域专家队伍。联盟多批次推荐了多位专家委员积极参与科技部组织的科技计划项目立项、论证、课题评审等咨询工作，为科技部等部门组建废物资源化领域多学科、多领域高层专家团队提供了基础，也为今后我国再生资源产业可持续发展提供重要人才保障。

（六）注重顶层战略规划引领行业发展

在科技部的指导下，联盟成立后，立即着手对再生资源行业重点领域进行专题调研和现场考察，并多次组织召开专家研讨会，总结梳理形成调研材料，受科技部委托完成了《循环经济科技政策研究》《再生资源产业"十二五"科技战略研究》等研究报告，正在积极开展科技部委托的《绿色技术领域基地平台与创新联盟发展研究》，研究绿色技术领域基地平台与创新联盟在绿色技术创新体系中的地位、绿色技术领域科技发展对绿色技术领域基地平台与创新联盟的需求，推动我国绿色技术研发基地平台与创新联盟建设。受工信部委托，会同有关单位完成了《"十二五"再生有色金属产业发展推进计划》《"十二五"期间推进再生有色金属产业升级的政策研究》《再生铅行业准入条件》《机电产品再制造技术及装备目录》《关于促进铅酸蓄电池和再生铅产业规范发展的意见》等一批重要规划文件。受环保部委托完成了《典型铅生产过程含铅废物风险控制及环境安全评价集成技术研究》《再生金属行业重金属污染物排放量趋势及企业现场核查细则研究》课题，对

《危险废物贮存污染控制标准》（GB 18597—2001）等3项标准修改完善提供数据支持，取消不合理防护距离等等。

（七）加强国际交流合作

为加强与发达国家再生资源技术装备领域沟通交流，联盟从2011年开始几乎每年都组织相关单位到国外考察学习，给我感受最深的就是我们的技术装备水平与发达国家差距在逐年缩小，最初我们几乎都是"引进来"，现在我们很多再生资源企业都走出国门，部分技术装备水平已达到国际领先，在国际上也占有一席之地。

2013年考察比利时优美科集团让我印象深刻，优美科集团主要从事有色金属和相关产品的生产、综合性回收利用，是世界知名电子废弃回收处理企业。我们重点参观了优美科集团霍伯肯电子废弃物处理厂，就在此前不久，时任国务院副总理李克强（现任国务院总理）刚刚考察过该工厂。当时我国电子废弃物处理整治才刚刚开始，还处在"家家点火、户户冒烟"的时期，看到优美科这样干净整洁的工厂，我不禁感到肩上的压力和重担，也没有想到我国电子废弃物处理发展进程如此之快，短短几年后的今天已基本实现规范化发展，涌现出一批如中国节能环保集团有限公司、中国瑞林工程技术股份有限公司、扬州宁达贵金属有限公司等电子废弃物处理代表性工厂，总体情况发生了翻天覆地的变化。

2017年，我们到瑞典考察了瑞典国家冶金研究院和瑞典查尔姆斯理工大学，深刻感受到了世界顶尖科研机构和高校的科研实力。我与瑞典国家冶金研究院院长Eva女士和瑞典查尔姆斯理工大学教授、瑞典皇家工程科学院院士Christian Ekberg先生进行了深入交流，推动废旧锂离子电池、稀贵金属二次资源、核废料回收及钛涂料二次资源循环利用技术装备交流与合作。我热情邀请他们带队到中国进行技术考察，他们都表示希望加强与中国企业和科研机构在科技领域交流，并表示将发挥各自优势和平台资源，加强深入交流，积极开展再生资源领域技术成果转化、装备制造、联盟成员高校及科研院所人才交流互访、联合组织国际学术会议等方面的深度合作，共同促进中瑞两国再生资源领域产学研合作。目前，已有联盟成员高校博士到瑞典查尔姆斯理工大学访问交流。

三、砥砺前行谱新篇

十年岁月峥嵘,十年春华秋实。再生资源产业技术创新战略联盟成立十年所做的重要工作还有很多,这里我就不一一赘述了,我想说联盟工作离不开国家相关部委各位领导、两院院士的关心帮助和悉心指导,离不开联盟各成员单位和专家委员的积极参与和大力支持,在此我对各方面表示由衷的感谢。

今天的成绩已经成为历史,明天的辉煌等待创造。致敬来时路,感恩再出发。我们将继续担当起新时代再生资源产业创新脊梁的使命,着力构建和完善再生资源产业技术创新链,形成产业重大关键技术的突破能力、相关技术创新资源的集成能力、成果转化的应用能力和面向行业的服务能力。我们将紧密围绕国家战略,紧扣新时代再生资源产业发展的重大需求,继续坚持科技创新支撑引领产业高质量发展,为我国再生资源产业迈向世界一流而努力奋斗。

作者简介

李士龙,现任中国再生资源产业技术创新战略联盟理事长,国家"互联网+联盟"监事长,国家铅蓄电池回收试点委员会秘书长,京津冀蓄电池环保产业联盟名誉会长,生态环境部退休二支部党支部书记,江苏理工学院、中北大学、内蒙古科技大学、常州工学院等高校兼职教授。长期从事再生资源行业政策法规研究、行业运行和科技创新管理等工作。目前还是国家发展和改革委员会"城市矿产"专家组评审成员;国家科技部"废物资源科技工程"重点专项总体专家组成员;国家质检总局、国家标准委"'十二五'国家科技支撑计划"总体专家组成员;国家科技部"'十三五'预测废物资源科技工程"重点专项专家组成员;多次参加国家科技支撑计划和863项目的组织实施工作。

协力同心共创新，再生资源谋发展

——记于中国再生资源产业技术创新战略联盟成立十周年之际

徐滨士

2009年1月，《中华人民共和国循环经济促进法》正式生效，同年中国再生资源产业技术创新战略联盟正式成立，到目前为止正好十年时间。十年来，中国再生资源产业技术创新战略联盟陆续被国家科技部认定为国家试点联盟、国家A级产业技术创新战略联盟、国家科技计划组织管理优秀组织单位、"十三五"国家重点研发计划重点专项项目组织申报推荐单位，已成为再生资源等战略性新兴产业提供全方位创新服务的新型创新型技术创新组织。这表明，中国再生资源产业技术创新战略联盟的成立真正起到了引领时代发展、协同时代创新、构建再生资源产业平台的三大作用，为我国循环经济建设做出了很大贡献。

随着时代的进步与发展，在国家发改委和工信部的大力推动下，我国循环经济产业已扩展到航空装备、汽车零部件、工程机械、机床、矿山机械、办公设备等各领域，已有上千家科研院所、企事业单位开展机电产品循环利用的研究与生产工作，发展势头良好。同时党的十九大报告指出，中国特色社会主义进入新时代，是我国发展新的历史定位，强调要"推进绿色发展""推进资源全面节约和循环利用"。未来再生资源将是我国自然资源的重要组成部分，也是新时代推进绿色发展的重要抓手，一如2016年英国《自然》杂志特刊发表的评论："创建一个没有浪费的世界是时候了"。

2017年5月，国家发改委、工信部、财政部、商务部等14个部委联合下发关于印发《循环发展引领行动》的通知，支持循环经济产业化、规范化、规模化发展，推进"军促民"再制造技术转化，提升产业的技术水平与规模。2017年11月，工业和信息化部印发了《高端智能再制造行动计划》，重点聚焦盾构机、航空发动机与燃气轮机等高端智能装备。通过创新增材制造、无损检测等高端智能共性技术的产业化应用，实施高端智能再制造示范工程，培育高端智能再制造产业协同体系。再制造作为"新时代、新作为、新成果"的重要产业及学科，是推进"创新、协调、绿色、开放、共享"的五大发展理念，加快制造业转型升级、应对产能过剩的重要载体，高度契合了国家建设两型社会和循环经济发展战略。

目前我国经济已从高速增长阶段逐步转型升级，迈向高质量发展阶段。在十多年的机电产品再制造试点、技术推广应用、标准体系建设、产品认定等工作基础上，亟待进一步开展以高技术含量、高可靠性要求、高附加值为核心特性的高端智能再制造，推动高度自动化的无损拆解、柔性智能成型加工、多信息源融合的智能无损检测评估等高端智能再制造共性技术和专用智能装备研发应用与产业化推广，这些都可成为中国再生资源产业技术创新战略联盟未来发展的着力之处。

最后，我想借用美国"机械工程之未来全球高峰会议"达成的共同目标作为中国再生资源产业技术创新战略联盟成立十周年之际总结——为了创造一个更清洁、更健康、更安全和可持续发展的世界而努力奋斗。

作者简介

　　徐滨士，中国工程院院士。长期从事维修工程、表面工程和再制造工程研究，是我国表面工程学科和再制造工程学科的倡导者和开拓者之一。现任装备再制造技术国防科技重点实验室名誉主任，波兰科学院外籍院士，全军装备维修表面工程研究中心主任，中国再生资源产业技术创新战略联盟专家委员会名誉主任。在国内率先将等离子喷涂技术用于解决车辆薄壁磨损零件修复的重大难题；研制的电刷镀设备、各种镀液及纳米电刷镀技术，为现场修复大型设备及关键零件提供先进技术。开发的高效能超音速等离子喷涂技术，为制备高温热障涂层提供了关键技术。开发研究新型履带板换代材料并推广应用。研究纳米自修复添加剂新技术，解决了重载荷、极端苛刻环境下的润滑、抗磨、防腐等重大难题。

十年风雨路，绿水青山行

——贺中国再生资源产业技术创新战略联盟成立十周年

周全法

十年，人类历史长河中的一瞬间，百岁老人生命周期的十分之一，但是，对于中国再生资源产业技术创新战略联盟而言，却是风雨十年，相伴的是创办之初的迷茫，前进路上的坎坷，成功之时的雀跃。当日历翻到2019年，蓦然回首，泪花阑珊处，恰似满眼风光资源情。

2008年，在联盟现任理事长李士龙同志等国内再生资源领域专家、企业家以及科技部、国家发展改革委员会、生态环境部（原环境保护部）、工业和信息化部等部委和行业组织的大力倡导和努力下，联盟秘书处组织专家对我国再生资源产业发展面临的突出问题、发展再生资源产业的重要意义、构建富有中国特色的再生资源产业技术创新战略联盟的迫切性和可行性等问题进行了多次讨论，受命撰写中国再生资源产业技术创新战略联盟构建方案。方案明确了联盟构建的基本原则如下。

一、高度聚焦

紧紧围绕《国家中长期科学和技术发展规划纲要（2006—2020年）》，解决

"水和矿产资源""环境"等领域中有关资源综合利用以及发展循环经济急需的产业关键核心技术开发、高校院所与企业产业行业的协同创新体系建设、自主知识产权和国际合作交流等瓶颈问题,为重大产业项目的实施提供科技支撑和组织保障。

二、平等自愿

联盟各成员的法律地位平等,在遵守联盟协议的前提下可自愿参加或退出联盟。

三、统一规划

根据国家再生资源行业产业发展需求,联盟统一规划技术开发任务,集中自愿进行攻关,避免联盟内部成员单位之间的重复劳动。

四、合理分工

联盟成员根据技术创新链的不同阶段,按照优势互补,进行合理分工,承担联盟的开发任务。一般情况下,技术机理研究和小试以高等院校为主,工程公司参与小试;中试、工业示范和大型工业化装置以生产企业为主,高等院校、工程公司和设备制造企业参与。

五、权利义务对等

联盟成员按照事前约定,分享权益和承担义务,形成共同投入,共享利益、共担风险、共同发展的长期、稳定的产学研利益共同体。

六、开放性

联盟是开放性的组织,联盟成立后根据理事会的决议可以吸收联盟需要的具有技术、资金等优势的单位加入联盟。

鉴于联盟的重点工作之一是产业关键共性核心技术开发，联盟组建方案中特别提出了联盟技术开发原则，即：联盟技术开发所选的课题应根据联盟成员的优势和国内外再生资源技术发展现状扬长避短，有所为，有所不为；技术开发的水平要确保技术的先进性，研发的前瞻性和在领域内的权威性；技术开发要统筹考虑近期（3~5年）、中长期（5~15年）以及远期（15年以上）的计划，尤其要确保在近期内能实现一批工业化成果。

2009年10月27日，一个值得中国再生资源产业技术创新战略联盟人永远记住的日子。在联盟秘书处富有成效的前期工作基础上，在科技部、发改委、环保部、工信部等部委领导的见证下，联盟在北京正式成立。尽管只有18家发起单位和若干行业骨干企业参加，但是联盟的成立，标志着有志于从事再生资源事业的一群科技工作者、企业家有了一个"家"，一个可以在"家"里讨论、交流、合作、创新的家。同时，联盟的成立也为科技部等政府部门搭建了一座连接政府与企业和高校院所的金桥，从事资源再生利用的企业技术需求、科技工作者的创新意愿均能够通过这座桥梁顺利地上传到政府相关部门。

回首联盟十年，有许多可歌可泣的故事，也有许多能够载入中国再生资源行业发展的里程碑事件、人物和企业。在此虽不能穷尽，但凭记忆略叙一二。

一是联盟大家庭的成员增长速度之快和层次之高，是国内所有产业技术创新战略联盟中少见的一个。从成立之初的18家发起单位，到如今的122家单位；联盟专家委员会名誉主任从最初的5位院士扩大到如今的11位院士，几乎涵盖了再生资源相关领域的所有顶级专家，这是国内产业技术创新战略联盟中绝无仅有的。

二是联盟的科技创新能力和成效得到了政府、企业、高校院所的高度认可。十年来，联盟牵头组织了3项国家科技支撑计划项目、1项国家863项目、推荐申报成功1项国家重点研发专项，参与上述国家项目的高校院所和企业总数达到110

家；累计获得国家发明专利104件；建设完成二次资源再生利用大型生产线38条，联盟成员累计获得国家科学技术奖43项。联盟成员企业十年来累计创造产值近万亿元，利税近2000亿元。这些简单数字的背后，是中国再生资源产业技术创新战略联盟人为我国循环经济的发展所付出的辛勤汗水，值得我们永远记住。

三是联盟十年的创新实践为国家出台相关产业和科技政策提供了翔实的素材和基础。十年来，联盟先后参与了国家"十二五""十三五"再生资源产业发展规划、废旧家电定点拆解回收和基金补贴政策等的起草工作，起草了电子废弃物、再生金属、废旧橡塑等多个子行业的产业技术路线图和发展规划，为我国再生资源产业从无序走向有序和规范做出了突出贡献。

四是联盟为相关省市和高校搭建了优质的产学研和协同创新平台。以江苏省为例，在联盟的大力支持下，先后在常州工学院、江苏理工学院等高校成立了长三角资源环境研究院、二噁英分析测试中心、再生金属学院等一批学科科研平台。这些平台的建设，极大地提升了相关高校的科技创新能力，为学校的发展奠定了坚实的科技支撑。

十年后的今天，联盟人从事再生资源科技开发和产业发展的大气候已经发生了翻天覆地的变化，习近平总书记的"绿水青山就是金山银山"的理念已经深入人心，联盟在未来的工作中，将更多地将"资源"与"环境"、"二次资源开发"与"过程污染控制"更好地结合起来。我坚信，联盟的明天一定更加辉煌！

作者简介

周全法，博士，教授（二级），享受国务院特殊津贴。常州工学院党委副书记、副院长，中国再生资源产业技术创新战略联盟副理事长。主要从事稀贵金属深加工、电子废弃物处理处置等领域的研究和教育工作，主持国家科技支撑计划项目3项，国家、省部级课题30多项。发表学术论文200多篇，主编出版学术著作23部，获得国家发明专利45件，获省部级奖励12项，主持设计建设了贵金属深加工、电子废弃物处理处置等领域的23条大型生产线，转让技术多项。

中国废杂铜火法精炼直接再生制杆（FRHC）的前世今生

——纪念中国再生资源产业技术创新战略联盟成立十周年

黄崇祺　饶勇平

一、回顾过去

在中国再生资源产业技术创新战略联盟（以下简称"联盟"）成立十周年之际，通过赣州江钨新型合金材料有限公司（以下简称"赣州江钨新材"）的发展为例，一叶知秋。在这十年里联盟起到了创新组织、创新服务、引领指导的作用。联盟在过去的十年里推动产、学、研、用结合，充分展示了行业十年来取得的科技创新成果和发展成就。

中国电缆工业是铜杆大用户，目前行业对铜导体需求量已达到约670万吨，约占国际铜导体总需量的1/3，占中国用铜量的60%以上。过去，我国由于废杂铜火法精炼直接再生制杆的质量不过关，所谓的"脱标杆"满天飞，严重影响了我国电缆生产的质量。其原因是FRHC技术、装备等不过关，比国外落后约30年。在此情况下，于2011年由联盟组织赣州江钨新型合金材料有限公司、上海电缆研究所（以下简称"上缆所"）和中铜锐浩（北京）再生资源回收公司（以下简称"北京中铜锐浩"）共同承担了国家科技支撑项目"废杂铜直接制杆技术开发与示范"，在引进原有的FRHC技术和装备的基础上，通过消化、吸收、再创新，形成了具有自主知识产权的符合我国原辅材料市场的废杂铜FRHC直接制杆的技术与装备，项目于2014年9月通过科技部项目验收，该项目当即成为科技部重点推广的项目。当然，至今赣州江钨新材又得到了良好的实施。现在该公司的FRHC铜杆，经上海国缆检测中心检测达标，最好的机电性能可与国标牌号为T1的电解铜杆相媲美，产品质量处于国内FRHC杆的行业领军地位，产品畅销20个省，广泛用于电力电缆、装备线缆、漆包线、裸铜线等，杆的可拉性可达线径0.1mm。

我国行业标准《电工用火法精炼再生铜线坯》（YS/T 793—2012），赣州江钨新材是制定单位，于2012年11月1日经工信部批准正式实施，填补国内空白，并且被评为目前唯一的"中国紫杂铜直接利用示范基地"。

技术创新只有进行时，没有完成时。目前FRHC制杆法已成为国际标准中通用的专用术语，FRHC制杆法纳入标准的首先是欧标，第二是中国的行标，第三是美国的ASTM标准。

二、喜看赣州江钨新材的实施现状

（一）项目验收后生产经营情况

赣州江钨新材2014～2018年的生产经营情况如下表所示。

赣州江钨新材2014～2018年的生产经营情况

年份	产品产量/t	销售收入/万元	税收/万元
2014年	70217.2374	302584	27857
2015年	58669.1191	216901	37002
2016年	66271.958	215352	25593

续表

年份	产品产量/t	销售收入/万元	税收/万元
2017年	58638.665	247904	44330
2018年	82757.035	347859.85	44700
合计	336554.0145	1330600.85	179482

项目实施以来，共计生产铜杆33.6554万吨，实现销售收入133亿元，税收17.9亿元。

2015~2018年已有多家意向合作伙伴到赣州江钨新材考察和多次洽谈。从目前行业调整后的情况看正处东山再起的爬坡阶段。

（二）主要经济技术指标

主要经济技术指标如下表所列。

主要经济技术指标

产品用天然气单耗	75~95m^3/t
产品用电单耗	98~110kW·h/t
产品用水单耗	1.06~1.27m^3/t
产品合格率	98.5%
能源消耗	比国内传统工艺单位节能60%
2018年单位产品综合能耗	121kgce/t

注：2018年单位产品综合能耗达到了《电工用铜线坯单位产品能源消耗限额》（GB 32046—2015）标准；而废杂铜连铸连轧法单位产品能耗先进值要求为≤130kgce/t。

（三）环保烟尘治理技术与装备

公司投入3000万元引进国际先进的技术与装备，烟尘排放达到欧盟标准。

SO_2 1.8mg/m^3

氮氧化物   50mg/m^3

烟尘   2.0mg/m^3（满足Cu、Ni、Co工业污染物排放标准）

（四）项目验收后，近几年该公司在工艺技术方面的创新

1. 铜水浇铸温度实现精准控制、含氧量控制技术取得重大技术突破。

2. 关键波动参数精度控制达到国际先进水平。

3. 炉门槛、入铜口和渣线等关键区耐火材料使用寿命增加1倍（由原来的3个月延长至6个月），其他部位耐火材料平均寿命也延长了1倍（由原来的2年延长至4年）。

（五）FRHC法铜杆的质量位居全国同类企业之首

1. 原材料适应性广，用全废铜可大批量地连续使用，经预处理后废杂铜的含铜量在96%及以上。

2. 通过炉组可连续生产合格的铜水（Cu+Ag≥99.9%，O≤400mg/L）。

3. 在连续生产情况下，可采用快速除杂的新工艺。

4. 国产装备与国外装备相比售后服务周期短，时效性强；备件辅材价格低，到货时间短。

5. FRHC铜杆质量好，经上海国缆检测中心检测，FRHC铜杆的性能参数如下表所列。

FRHC铜杆的性能参数

导电率	100.82～101.0%IACS
延伸率	≥38%
扭转（正反至断）	30次以上
氧化膜厚度	600Å
铜粉量	12mg
表面	光洁

注：1 Å = 10^{-10}m。

三、展望未来

中国是个用铜大国,但也是拥有铜矿的贫国,毕竟中国缺铜,但与主要发达国家相比,我国再生铜占精炼铜的比例还是相当低的(约30%),据有关新闻报道,再生铜占精炼铜的比例,美国约为60%,日本约为45%,德国约为80%,且我国的回收体系和诚信规范还不健全,必须立法,努力做好相关配套。

铜杆的主要用户在电缆工业,电缆工业需要优质的FRHC铜杆作为导体的品种之一,实现规模应用。从而应尽快将FRHC铜杆纳入已有的铜杆国家标准或制定FRHC铜杆电缆行业专用标准。

必须重视废杂铜的"预处理技术及其装备"的开发,因为它是废杂铜进入再生处理关键的第一关,它与再生处理中的环保和产品质量密切相关,而且对废杂铜的分类和应用应有针对性,以在应用中取得更好的技术经济效果。

近几年,我国自主开发的废杂铜线表面涂(镀)层处理技术及其装备——热解熔析法等技术值得关注和应用。

再生行业是一个有前途的阳光工业,随着技术和装备的不断创新发展,可以有好的环保效果和产品质量,不能与污染环境和产品质量差的旧概念同日而语,从发展看的确是事在人为。

备注: "FRHC"铜的译意是火法精炼高导电铜。

第一作者简介

黄崇祺,中国工程院院士,现任上海电缆研究所研究员级高级工程师,特种电缆国家重点实验室专家委员会主任委员、国家科技部"高性能合金导电材料"专项技术总指导、联合国工业发展组织全球创新网络专家委员会委员,中国再生资源产业技术创新战略联盟专家委员会名誉主任委员等职。主要从事电工用铜、铝及其合金、双金属和再生铜压力加工制品的研究、开发和应用；涉及架空导线及其试验、电气化铁路用接触导线、电工用铝导体及其稀土优化综合处理技术、电工用铜合金和铝合金导体、双金属导线、铝连续挤压、超导电缆、废杂铜直接再生制杆和高性能合金导电材料等。为我国开创铝包钢线、超高压扩径架空导线、高速电气化铁路用接触导线、废杂铜直接再生制杆和以铝节铜的研究、生产和发展做出了贡献。

新兴产业形成中的产业技术创新战略联盟标准

——概念内涵与现实需求

邸晓燕

新兴的产业或部门是新技术应用化的结果,在新兴产业形成中,往往是由颠覆性技术引领的变轨创新,没有定型的设备、服务、相关技术和产品,上下游和整个系统都缺乏参照物,整个产业中相关的标准一片空白,沿原有技术轨道形成的标准对新技术来说是"锁定"的,为原有体系所排斥。在新产业形成中,技术呈交叉综合态势,标准的出台及应用是至关重要的因素。

我国现有标准体系无法及时有效地供给新标准。《标准法》和《标准化法实施条例》是改革开放初期的产物,其规范下的国家、地方、行业、企业四级标准体系,已不能满足新形势发展的需要。在现有的标准体系下,标准的制定程序时间较长,如国家标准从预制定阶段到废止需历经9个阶段,平均耗时3年左右,经批准后,要发布实施,又需要2年左右的时间。标准的更新速度缓慢,标龄比发达国家高出一倍以上。现有行业标准,基于产业的一般发展水平而制定,具有普适性特征,制定周期较长,滞后于新兴产业的发展。在技术种类多、更新快、产业竞争激烈的行业，往往是技术标准先行，技术标准具有先导性。如智能电网、健康服务、纳米技术、网络安全等领域，标准发展面临着新的挑战，行业内的标准已经无法满足需求，必须依赖产业间跨部门、跨领域合作。

联盟是在某一行业产业链上企业之间形成的"联合体"，是有法律约束力的契约组织，具备开展标准工作的组织基础，能够有效开展合作技术创新，快速反应并满足产业的标准化需求，具备运用标准来带动新兴产业发展的能力。我们在分析联盟标准的定义和内涵基础上，探讨产业技术创新战略联盟在新兴产业形成中开展标准的理论依据和作用，并提出相应的支持建议。

一、关于产业技术创新战略联盟标准的已有研究

关于标准，国际组织和法律法规都给出了明确的定义。国际标准化组织（ISO）下设的国家标准化管理委员会（STACO）认为：标准是由一个公认的机构制定和批准的文件。它对活动或活动的结果规定了规则、导则或特殊值，供共同和反复使用，以实现在预定领域内最佳秩序的效果。根据《中华人民共和国标准化法条文解释》，标准是对重复性事物和概念所做的统一规定。它以科学、技术和实践经验的综合成果为基础，经有关方面协商一致，由主管机构批准，以特定形式发布，作为共同遵守的准则和依据。

根据以上定义，标准的核心本质可归纳为三点：其一，在一定范围内使用；其二，是依照规定程序，主体协商一致的结果；其三，由公认的机构制定和批准。

随着联盟实践活动的开展，我国部分学者对联盟与标准问题开展了一些相关研究，涉及联盟标准的概念和作用等主题。关于联盟标准的概念，当前有几种观点，如有些学者认为联盟标准是区域聚集或块状产业内的多个企业，为了共同目的，实现局部最佳次序和最大利益，共同制定并自愿实施的标准。有的观点认为是由多个企业组成的产业联盟共同制定实施的标准，"所谓的产业联盟标准是指与某项技术、产品有关的研发、制造、应用厂商自愿参加，联合起来组成产业联盟，

对该项技术进行研发、验证、生产和应用。"有些学者认为，联盟标准应该包括更宽泛的内容，目前实践中主要是技术标准和产品标准，应该扩展到管理标准、服务标准。有些学者则把联盟标准混同为企业标准，"在我国四级标准体系中，通常把联盟标准看成是一种企业标准的升级形式，或者说是企业标准的扩展形式。"有些研究则讨论了技术标准联盟的作用。这些工作拉开了联盟标准研究的序幕。

在已有的研究中，对联盟标准的概念界定不清晰，甚至是相互冲突和矛盾的，有些则是一家之言，研究结论缺乏一般性。从学术界来看，对联盟标准的全面深入研究目前还不足，如联盟标准的类型、联盟标准的行业差异性，联盟标准化的机制，在这些方面的研究尚无定论，研究结论也比较混乱，不成系统。

我们认为，联盟标准完全契合技术标准的核心本质。联盟标准适用于联盟范围之内，在特定的领域发挥作用；按照联盟确定的程序，经过联盟成员之间协商，取得一致；联盟标准由联盟理事会或理事会授权的标准委员会制定和批准，联盟理事会或标准委员会是联盟成员公认的机构。由此，我们可定义，产业技术创新战略联盟标准是为了在产业技术创新战略联盟范围内获得最佳的秩序，经产业技术创新战略联盟成员按照规定的程序共同协商一致，由产业技术创新战略联盟理事会或理事会授权成立的标准委员会制定并批准，为所在产业领域的产业技术创新活动提供规则或指南，在联盟范围内共同和重复使用的一种规范性文件。

在类型上，产业技术创新战略联盟标准可以分为强制性联盟标准和推荐性联盟标准。在联盟范围内，所有联盟企业成员都必须执行的联盟标准，属于强制性标准；推荐性标准适用于两层范围：在联盟范围内，鼓励联盟成员采用，但并不强制采用；在联盟范围之外，推荐行业采用联盟标准。

联盟标准反映集成的技术，它的所有者、使用者和管理者可能分属不同的主体，可能有多个所有者，也有多个使用者，管理者也可能不是法人，标准的产生、制定、实施，无不反映着各个利益相关主体之间的合作与冲突。正是由于联盟标准的这种权益与载体的分离特征，导致联盟标准从制定到实施都与企业标准具有很大差异，在现有标准体系中尽管可以归类为团体标准，但由于联盟的契约性质，大多数联盟没有法律实体地位，因此，联盟标准也不同于一般的社会团体标准。

二、产业技术创新战略联盟标准符合法理

（一）从公共政策角度看技术标准由联盟供给是最优的

从经济学视角来看，技术标准可归为公共物品，具有非竞争性和非排他性，可以被多人使用，一人使用不会减少其他人使用的份额；同时技术标准具有规模经济效应，标准使用的次数越多、范围越大，因兼容性和可交换性而使消费者和规制者的获益就越多。

从公共政策理论角度来看，有些情况下，政府适宜采用自我管制性政策进行规范。自我管制是被管制对象（个体或群体）进行自我控制的行为，主要不是靠政府的强制推动，而是靠个体或群体自愿实施规则来进行自我约束。在专业化较强的领域，政府缺乏能力，或者由政府主导的话成本比较高，此时适宜采用自我管制性政策。

技术标准是具有可重复性特征的技术事项在一定范围内的统一规定。由于技术要素、技术指标及其衍生的知识产权集于一体而成为标准，反过来说，技术标准通常又是进一步创新的基础。由于技术和创新本身的复杂性、专业性、动态性等特点，特别在新兴产业领域，随着科学技术的日益交叉和融合，技术创新的规模、范围和速度不断扩大和加快，技术与市场的复杂性、不确定性不断提高，决定了对标准的公共政策应当以市场调节为主，以自我管制性政策为主。

根据公共政策理论，与其他类型的管制性政策相比，自我管制性政策的实施成本是最低的，但前提条件是要有较完善的信用制度以及具有约束力的制度规范。尽管从全社会范围来看，社会信用制度和规范都不成熟、不完善，但是，在产业技术创新战略联盟范围内，这两个条件都是具备的，信用机制保证了成员间的彼

此信任，而责任机制和利益机制使自我管制性政策具备了约束的效力。

（二）联盟标准在我国标准体系中具有合法性地位

在我国现有标准体系中，并没有联盟标准。但是，在《中华人民共和国标准化法》第六条中，除了四类标准的提法，还为其他标准的法律地位留出了一定的合法性空间，"法律对标准的制定另有规定的，依照法律的规定执行。"在该法以及配套的《中华人民共和国标准化法实施条例》中，都提出要发挥协会、团体作用。"制定标准应当发挥行业协会、科学技术研究机构和学术团体的作用。"因此，即使不修改现行的标准相关的法律法规或条例，联盟标准仍然有存在的合法性空间。

当前，我国政府已经启动了标准管理体系的市场化改革，2015年3月26日，国务院发布了《关于印发深化标准化工作改革方案的通知》（国发［2015］13号），提出建立完善具有中国特色的标准体系和标准化管理体制，"鼓励具备相应能力的学会、协会、商会、联合会等社会组织和产业技术联盟协调相关市场主体共同制定满足市场和创新需要的标准"。

三、新兴产业是联盟标准发挥作用的重要领域

新兴产业在形成中，标准供给滞后于产业需求。特别是在以下两类领域中表现更加突出。

（一）技术应用范围广泛的产业

现有产业技术发展轨道没有给应用范围广的颠覆式技术留出融入的渠道。例如由山东某公司技术团队研发成功的陶瓷太阳能板技术，基体利用普通陶瓷，表面层覆盖立体网状的钒钛黑瓷，黑瓷由成本低的钢铁废料制成，太阳能光板依靠捕捉太阳光获取能量，并且光线只进不出，光热转换效率高，具有广泛的用途，可用于各类建筑，为居民提供采暖和生活热水，为工农业提供热水、热风、热能，

也有助于解决全球能源、气候、淡水、耕地问题。属于国内外首创，比常规用的真空管型、金属平板型集热管，具有低成本、低能耗、长寿命等很多优点。

尽管该技术集多个优点于一身，但其应用一直难以推开。若形成以该技术为主导的产业，需要足够规模的市场应用，需要接入到已有的体系中。已有体系中的各个环节现有标准都与新技术的需求不匹配。比如其产品可集成几种功能于一体用于城市建筑，但是在现有的建筑施工验收标准体系下，这是无法通过的，就造成了应用端受限，市场局面打不开，发展规模上不去，产业上下游各个链条完善不起来。这种情况下，在联盟内实施推广联盟标准，就成为促进这类技术实现市场应用的有效途径。

（二）信息技术动力驱动的产业领域

作为一种通用技术，信息技术正在对所有产业发生着重要影响。大数据和云技术、智能识别和操控、开源技术等主导的信息技术动力造成了各产业组织模式、生产范式的变化，进一步助推了新技术的爆炸式增长，新技术的迭代加速化。在叠加信息技术之后，技术融合度和技术复杂度空前提高，旧有标准体系满足不了需求，产业技术创新战略联盟标准则可以发挥重要的作用。

四、产业技术创新战略联盟已开展标准探索

产业技术创新战略联盟的主要任务之一，是"形成盟员单位公共技术支撑平台，提高技术创新资源利用效率，实行知识产权分享，形成产业技术标准"。目前，已有一些新兴产业领域的试点联盟，如半导体照明产业技术创新战略联盟、TD产业技术创新战略联盟、住宅科技产业技术创新战略联盟和再生资源产业技术创新战略联盟等，制定实施了联盟标准，对支撑技术创新做了大量有益的尝试。

联盟标准出台的流程大体可以总结为以下几个步骤。

首先，在联盟范围内建立标准化工作机构，成立联盟标准化管理委员会，如

半导体照明联盟的CSAS，设有理事会、CSAS管理委员会、CSAS正式成员、CSAS观察成员、CSAS秘书处。CSAS的正式成员来自联盟的常务理事单位和理事单位，联盟的普通成员只能作为CSAS的观察成员。标委会下设立了三个工作组和一个非常设的标准起草小组。三个工作组为：规格接口标准化工作组、可靠性与加速试验工作组、LED照明系统与控制工作组。

其次，明确联盟标准化工作范围与目标，提出工作规划。确立体系架构，编制体系表。CSAS的5家以上正式成员方可提出提案，由标准管理委员会或工作组投票确定立项与否。

再次，开展标准的制（修）定工作，通过"专利池"等方式来实现标准和技术创新的衔接和效益最大化。半导体照明联盟的CSAS标准立项后，在正式成员内组建标准起草小组，标准出来后在全体成员内征求意见，形成标委会草案，交给正式成员投票。

最后，发布联盟标准，由联盟标准化管理委员会开展培训、实施宣贯，并且建立定期考核及持续改进的机制。

五、鼓励联盟标准发展的几条建议

（一）探索标准所涉专利及非专利技术权利协调的模式

标准涉及非专利技术和专利的处置问题，一项标准往往涉及多项技术或专利，所有权人可以获得交叉许可和分享对外许可的收益资格，联盟应建立知识产权管理的机构，探索磋商、完善契约等方式，确定标准涉及专利和非专利技术的处理原则、处理标准和收益分配办法。

（二）按照不同类型的联盟标准采取多种形式的支持鼓励措施

在战略性较强的重点产业领域，选择一批联盟开展标准化试点，开展标准制定和实施示范工程，对典型的应用模式给予奖励，结合政府采购、融资支持、项目资助、评奖引导等措施，给予一定的政策倾斜和优先支持。通过一批联盟的宣传和示范，带动联盟标准的推广应用。

对于强制性的联盟标准，如有前瞻性、引领性，探索将其转化为国家标准的途径；对于推荐性联盟标准，标准化管理部门可开辟专门渠道，对联盟标准实施备案管理，指导联盟开展标准化工作。

在政府采购条件中增加采用联盟标准，能够直接促进联盟标准实施。

（三）促进联盟在标准方面的交流合作

通过经验交流、项目合作等，联盟之间可加强标准方面的交流合作；科技管理部门和标准化管理部门加强与联盟自组织机构的沟通交流，依托联盟自律组织鼓励各联盟开展标准活动。

作者简介

邸晓燕，北京化工大学副教授，经济学博士/博士后，德国霍恩海姆大学访问学者，中国再生资源产业技术创新战略联盟专家委员会委员。主要研究领域为创新经济学，主持和参与科学技术部、国家知识产权局等多项省部级课题研究。研究成果曾获得科技部部长批示，为政府决策提供了有力支撑。在《数量经济技术经济研究》《科学学研究》等期刊报纸公开发表论文30余篇，并被多次引用。主译《经济思想史》《美国经济史》等经典教材，主编专著《产业技术创新战略联盟的支持政策研究》1部。

企业风采篇

中国再生资源产业技术创新战略联盟成立十年以来,收获最大的是再生利用企业,发展最快的是资源循环利用产业,已形成规模。

中国节能环保集团有限公司、天能集团、超威集团、江西瑞林稀贵金属科技有限公司、宁波金田铜业(集团)股份有限公司、山东方圆有色金属集团、北京百慕合金有限责任公司、江西保太有色金属集团有限公司、河南金利金铅集团有限公司、湖南江冶机电科技股份有限公司、云龙县铂翠贵金属科技有限公司、北京赛德美资源再利用研究院有限公司等多家成员单位在联盟的指引帮助下,大力实施科技创新、实现企业增效和环境友好,为实现我国资源循环利用产业的健康、快速和可持续发展做出了突出贡献,已成为我国再生资源行业科技创新发展的示范。

突破关键技术难题，开辟再生资源新路

——中国节能建成电子废弃物清洁与高值化资源回收项目

邹结富

戊戌年除夕之夜，广东省汕头市贵屿循环经济产业园内的中国节能火法处理废电路板项目，依然炉火熊熊，电机啁啾，放渣出铜，熔流欢唱。该项目历经三次自主优化，自2018年3月底重新开炉至今，已连续稳定运行近11个月，处理能力逐月攀升，并顺利通过了广东省环保厅组织的环保验收。公司决定，猪年春节不休息、不停炉。这是市场要求，也是自我考验。大家就是要使以安全环保为前提的连续生产记录，提高、提高、再提高，直至实现示范项目的良性运营与技术水准的进一步提升，从而使该项创新技术的产业化之路，走得更为稳健、高效与有说服力。

记得2015年初春项目立项之际，时任广东省省长朱小丹同志以期待与信任的目光对我们说："贵屿电子垃圾处理的环境污染，已是全球都知道的难题。关掉他们，说起来容易，但做起来并不简单。因为这是长期以来自然形成的十来万人的生计，搞不好就是个社会问题。因此，最好的办法，就是按照'四个转变'的要求，采取全新的生产方式，彻底解决村村点火、户户冒烟落后生产形态，建立起全新的生产经营方式。希望中国节能集团发挥专业优势，从解决关键技术难题及实现规模化运行入手，把贵屿项目做成央企与广东省的合作典范。"

当年，时任广东省委书记胡春华同志（现任中央政治局委员、国务院副总理）再次视察贵屿，看到中国节能集团贵屿火法项目已具备生产调试条件，十分高兴，他说：火法项目是贵屿园区凤凰涅槃的关键，它的如期建设，体现了中央企业的担当，希望认真抓紧做好生产调试工作，尽快实现安全稳定运行与清洁高效生产。

火法项目作为贵屿循环经济产业园区圈区管理的最关键环节，由于国内缺乏现成的清洁生产技术，不少企业望而却步。中国节能当年毅然接过这个"烫手的山芋"，全凭央企的责任担当与对技术创新的坚定信念。

2013年底，中国节能团队第一次到贵屿时，看到的就是国外媒体曝光的状态：焦糊糊的烟气弥漫，黑黢黢的污水横流。说是循环经济产业园区，实际是两千多个家庭作坊组成的废电子垃圾处理聚集区。整个园区里，除TCL废旧电器拆解厂与已停产的华祥铜冶炼厂外，没有什么像样的生产企业。废电路板处理的烤板熔锡拆解、烧板粗铜合金、酸洗金银提取等三大生产环节，全是粗放原始的手工操作。几十平方公里的贵屿镇，已被污染成"全球最毒地"。贵屿的环境综合整治，已是中央督办的事项。

对此，广东省、汕头市、潮阳区三级政府都高度重视，提出了园区综合整治的"五个统一"原则与"四个转变"要求，即统一规划、统一建设、统一治污、统一运营、统一监管与粗放型转变为集约型、作坊式转变为园区化、污染型转变为环保型、手工式转变技术型等。各级领导都希望中国节能集团在"五个统一"实施方案制定上、在火法处理废电路板这一关键环节上、在后续的"园中园"产业升级上发挥支撑作用。

火法项目当然是其中最为艰难的任务。难就难在技术的困惑：冲天炉，因其熔炼工艺过程的缺陷，烟气达标排放问题难以解决，不论是环保要求，还是节能指标，该工艺都不是我们的选择；熔池熔炼，是联合国环境规划署推荐的处理废旧印刷电路板的唯一火法工艺，但在国内还没有实际应用。在国际上，也只有比利时、瑞典、德国、日本、韩国等少数国家有熔池熔炼协同处理的成功案例。而在我们慕名拜访德国的"百年老店"Aurubis时，得到对方的答复是"技术不合作、技术不转让、参观工厂不许拍照"的三不政策。我们也听说，有参观其他国家工厂的朋友，同样遇到相似的待遇。所以技术与工艺只能靠自己去摸索创新，我们面对的是一场技术攻坚战。对此，没多少人看好我们，期待者有之，观望者有之，怀疑者更有之。

好在中国节能内部有一位曾经筑炉自热熔锡的冶炼专家，他当时正在研究用顶吹熔池熔炼工艺处理稀有金属物料的技术方案。于是，我们就在此基础上创造性地开展工作，分别按破碎上料系统、熔池熔炼系统、余热利用系统、烟气处理系统、溴盐回收系统等，将处理废电路板的总体流程进行技术分解与系统融合辩证，凭着甲级设计资质兰冶院较雄厚的工程技术基础，院长亲自挂帅，各专业通力合作攻关，终于把各工程系统及总体布局思路绘成了蓝图，再通过加班加点的建设与安装，一座国内首创的废电路板火法处理工厂，终于按贵屿园区的统一规划与建设要求，如期具备生产调试条件。

而接下来的生产调试，才真正迎来整个项目的最大挑战。我们聘请了国内最有经验的冶炼开炉团队，面对只有不过一页纸的冶炼工艺技术指导书，大家只能凭借着过往的经验，怀揣着能胜的信念，从零开始，一项一项地摸索与攻克不期而遇的难题，包括渣型调配、喷枪改进、耐材选优、炉形调整、稳定上料、烟气处理、溴盐结晶等等，差不多每一个环节都遇到技术考验、技术重构与技改疏通。大家在不断学习、反复争论与用心试错中，逐步明辨是非，统一思想，解决问题，增强信心，直至畅达。

2017年7月1日，我们按2.0版本调整开炉，实现了连续187天的基本稳定运行，调试形成了一套完整的技术工艺参数。令人惊喜的是：出渣率及渣含铜率达到了十分理想的技术标准；稀贵金属的富集指标超出了客户预期；有中国节能特点的烟气达标排放控制技术，在本项目得到创新运用，并取得良好效果。集团公司刘大山董事长视察项目现场时，对贵屿创新团队给予了"响应政府号召，履行央企责任，自主创新技术，促进循环经济"的高度肯定。

2018年3月底，我们按照修订后的3.0版本，再次调整开炉，截至目前，系统一直连续稳定运行。中国再生资源产业技术创新战略联盟的领导与专家，对贵屿火法项目给予高度关注与大力支持，从项目立项到调试运行，一直跟踪服务，并提出了许多建设性意见。在2018年7月的中国有色金属协会与中国再生资源产业技术创新战略联盟共同主持的技术评价会上，项目整体技术得到"国际领先"的好评。但项目的创新与管理团队并没有因此松口气，大家深知，我们才迈出电子垃圾资源化利用创新之路的第一步，更多的挑战与考验还在等着我们。眼下，我们必须继续优化工艺流程，进一步完善工艺装备，着力使项目整体发挥出最佳经济效益；要悉心开展标准化生产线技术集成与装备集成研究，增强技术供应链与人力资源保障；积极参与国家重点项目的技术开发与协同攻关，拓展技术平台的应用领域，从而为国家的再生资源产业发展提供一份坚强有力的技术支撑，做出一份实实在在的贡献。

作者简介

邹结富，现任中国节能环保集团公司总工程师兼中国节能工程技术研究院院长，中国再生资源产业技术创新战略联盟副理事长，教授级高级工程师。先后在水利电力部东北勘测设计院、水利部松辽水利委员会水利部江河开发中心、中国水利投资公司、华睿投资集团、华富能源投资公司、中国节能投资公司等单位从事水利水电工程的规划设计、水行政管理、水电与供水项目投资开发与管理、节能环保产业运营管理、节能环保技术研发与集成管理、节能环保综合技术解决方案编制等工作。目前正率领中节能工程技术团队致力于工业废水处理、废弃物资源化利用、能源利用创新、生态修复等技术创新与产业化实践。

践行"两山"理念,打造"绿色智造"的行业样板

张天任

2005年,时任浙江省委书记的习近平同志在湖州安吉提出了"绿水青山就是金山银山。我们过去讲了,既要绿水青山又要金山银山,实际上绿水青山就是金山银山。""绿水青山就是金山银山"的理念,是习近平新时代中国特色社会主义思想中生态文明思想的重要内容。

浙江认真践行这一重要思想,如今,绿水青山已在回馈这片大地。而湖州是"绿水青山就是金山银山"重要思想的诞生地,也是国内首个以"绿色智造"为特色的试点示范城市。作为湖州市首家境外上市公司,专注于电池领域32年的天能集团,正在用自身的变革来书写绿色智造的精美画卷。

一、"绿色智造"的天能生动实践

漫步在太湖之畔的天能集团循环经济产业园,鲜花摇曳,绿树环荫,通过循环处理的工业废水,湍湍奔流于一道道处理池,而最后的一口处理池内,2015年投放的锦鲤早已繁衍成群,正悠然戏水。

这座年产值达60多亿元的花园式工厂，是国家级循环经济标准化试点基地。2009年6月，天能投入18亿元在长兴县和平工业园建设循环经济产业园，一期工程于2012年建成投产，年回收处理15万吨废旧铅蓄电池，工厂污染实现了零排放，铅回收率达到99.9%以上，成为国内乃至国际先进的废电池无害化回收基地和再生铅示范工程。

2015年，天能集团又在这个循环经济产业园投资近30亿元，建设了"年回收处理30万吨废铅酸蓄电池"及"年产2000万千伏安时动力储能用密封铅酸蓄电池"两大项目，这是中国铅蓄电池行业唯一一条集回收、冶炼、再生产于一体的闭环式绿色产业链。同年，年处理10万吨废旧铅蓄电池的天能集团河南（濮阳）循环经济产业园也正式投产。

处处绿景的背后，是工业废水经过无害化处理后的成果，这里工业用水重复利用率达100%，处理过的水达到国家二级城市用水标准，可以用来浇花养鱼。

在天能循环经济产业园，废旧电池金属回收率可达99%以上，塑料回收率达99%，残酸回收率达100%。从这些废旧电池中提取的再生铅生产成本比原生铅低38%，能耗仅为原生铅的35%。相比于传统的原生铅生产方式，每生产一吨再生铅可节约标煤60%，节约水50%，减少固体废物60%，减排二氧化硫66%，成为制造业节能减排、生态文明建设的现实样本。

2007年，天能集团旗下公司天能动力作为中国动力电池第一股在香港主板成功上市。2017年，天能动力蝉联中国电池行业百强企业第1位，集团总营业收入突破1100亿，综合实力位居全球新能源企业500强第15位、中国企业500强第143位、中国民营企业500强第32位。集团现拥有50多家国内外子公司，有浙江省、江苏省、安徽省、河南省、贵州省五省十大生产基地，20000多名员工，总资产超150亿元。

数据的背后，正是"绿色智造"的强大支撑！

二、"绿色智造"的绿色发展理念

2004年6月2日,是我记忆中最难忘的日子,时任浙江省委书记的习近平同志来到天能集团视察。习近平同志亲切地向我询问公司经营情况,还兴致勃勃地骑上一辆电动自行车"兜风"。他勉励天能要"腾笼换鸟",紧紧围绕制造水平提升、科技含量提升、产品附加值提升、节能减排水平提升、综合竞争力提升"五个提升"的要求,运用高新技术、先进设备和先进工艺改造提升传统铅蓄电池产业,努力向产业链、价值链高端攀升,从数量、规模的扩张向高端、高质、高效转型。

总书记的话,让我如沐春风,更加激起了天能集团全体员工干事业的信心,进一步坚定了我们"绿色发展"的梦想。2005年,天能集团开始走出浙江,在江苏、安徽、河南建设生产基地,启动全国化布局,但不管项目在哪里,优先项都是必须坚持绿色发展、智能制造,虽然我们的步伐越走越快,但也越走越稳。

天能已从一家村办小厂,发展成为国内新能源动力电池领军企业和全球领先的绿色能源系统解决方案服务商,形成以电动车环保动力电池制造为主,集新能源汽车锂电池、汽车启动起停电池、风能太阳能储能电池的研发、生产、销售,以及废旧电池回收和循环利用、城市智能微电网建设、绿色智造产业园建设等为一体的大型实业集团。

作为一家传统型装备制造企业,天能始终坚持在转型升级过程中植入"绿色基因"。一方面,我们通过产品的生态设计,从材料源头赋予电池更环保、更安全的特性;另一方面,我们还在行业内率先履行生产者责任延伸制,开展废旧电池回收,发展循环经济产业,实现了对电池的全生命周期管理。

近年来,天能集团通过"一圈一链"来促进企业的高质量可持续发展,为国家的生态文明建设做出贡献。

一圈,就是循环经济生态圈。天能集团在国内布局循环经济产业园的基础上,通过在全国各地的30万个营销网点,将废旧电池分散回收、集中处置、无害化再生利用，形成了闭环式的循环经济生态圈。

一链，就是绿色智造产业链。天能集团从绿色产品、绿色车间、绿色工厂、绿色园区、绿色标准、绿色供应链等入手，借助互联网、大数据、云计算等手段，把绿色智造这条主线贯穿到生产经营的全流程，引领产业向绿色、高端、智能方向发展。

三、"绿色智造"的绿色增长道路

天能集团最重要的发展经验就是"聚焦实业，专业专注"，30多年来，我们在新能源电池领域深耕细作，从单一的极板生产，到动力电池制造，再到进军新能源锂电池、发力循环经济，耐得住寂寞，经得起诱惑，不遗余力地推动着中国电池产业的绿色发展，为中国制造业的绿色化、智能化、国际化和品牌化提供坚实的发展样本。

天能集团始终把科技人才工作作为支撑发展的重中之重来抓，通过"全球引智"的方式，注重"创新·智造"的特色人才队伍建设，先后引进国家千人计划专家4名，浙江省千人计划专家6名，浙江省领军型创新创业团队2个，浙江省151第一层次人才2人、第二层次人才1人，湖州市1112人才7人，柔性引进院士顾问7人，博士教授顾问团队33人。

当然，我们更毫不吝惜在科技研发的投入，依托国家级企业技术中心、国家级博士后科研工作站、全国示范院士专家工作站、省重点企业研究院等科技创新平台，与国内外知名高校建立产学研合作关系。天能集团在技改、环保和研发的投入，始终处于行业领先地位，先后开发国家和省级新产品、高新技术产品150余项，承担省部级科技计划项目百余项，创新专利3000余件，参与制定和修订国际、国家、行业标准100余项，通过技术创新提高企业的核心竞争力，引领行业发展。

近两年，天能集团着力推进机器换人、智能制造、两化融合，生产迈入"智造时代"。目前，天能已拥有国内最先进的铅蓄电池全自动装配生产线，每班次装配线上的人数从原来的51人减少到7人，每15秒就生产出1节电池，人均产能提升3.7倍，生产效率和产品质量大幅提升。

2017年8月，总投资30亿元的天能绿色制造产业园项目也已正式完成签约并于2018年开工。该项目产业定位为新能源、新材料、装备制造、智能制造、科技信息服务等符合绿色制造产业园产业目录的项目。

天能集团研发的智能"云电池"已经投放市场，这款电池通过"天能云网"将云电池、互联网和用户手机连接起来，从而给传统动力电池附加了定位、管理、防盗等功能。此外，天能的电动汽车用PACK与电池管理系统BMS也深受客户好评。

2017年2月，天能集团的"高性能铅蓄电池绿色设计平台建设与产业化应用项目"还被列入2016年工信部首批绿色制造系统集成项目。2018年8月，天能电池集团有限公司全生命周期绿色质量管理攻坚团队荣获2017年浙江省人民政府质量奖贡献奖。从2017年到2018年11月，工信部已经公布的三批绿色制造体系示范名单中（绿色工厂、绿色供应链管理和绿色产品），天能集团就有7家企业和8款产品榜上有名。

天能集团还在全面探索绿色增长的其他新模式。把绿色智造这条主线贯穿到生产经营的全流程，始终坚持实业与文化两相融合、转型与升级两翼齐飞、经济与生态两全其美，全面促进移动互联网、云计算、大数据、物联网等信息新技术的综合集成应用，不断推动生产方式向柔性、智能、精细化转变，大力实施大规模个性化定制战略，重点深化大数据挖掘应用，积极推动网络协同制造，通过这一系列举措，着力创建绿色智造工厂，着力提升绿色智造园区，着力开发绿色智造产品，着力构建绿色智造供应链，着力健全绿色智造标准体系，努力打造天能"绿色智造"的特色品牌，成为最受尊敬的世界一流新能源公司，让"中国制造"在全球制造业的大舞台上扬眉吐气，增光添彩。

作者简介

张天任，教授级高级工程师，高级经济师，天能集团创始人和董事局主席。第十二届、第十三届全国人大代表；浙江省第十三次、第十四次党代会代表；全国工商联执委，浙江省工商联副主席等。中国再生资源产业技术创新战略联盟副理事长，中国电器工业协会副会长，中国电池工业协会副理事长，浙江省蓄电池行业协会会长等职务。曾获得全国优秀企业家、中国民营经济年度人物、浙江省劳动模范、浙江省优秀共产党员、风云浙商等荣誉。

漫漫四载开创路，电池回收喜迎春

陈中华　郝硕硕

2015年4月，经生态环境部（原环境保护部）批准，国家环境保护铅酸蓄电池生产和回收再生污染防治工程技术中心（简称"工程技术中心"）正式开始建设。经过近四年的发展，2018年12月13日，生态环境部正式下发《关于国家环境保护铅酸蓄电池生产和回收再生污染防治工程技术中心通过验收的函》（环科财函〔2018〕193号），同意该工程技术中心通过验收。一直以来，工程技术中心积极推动铅蓄电池生产和回收再生污染防治工作，尤其是针对行业重难点的回收问题，积极与国家部委及地方政府沟通，充分联合电池上下游企业及行业协会、联盟、研究机构，率先投资开展铅蓄电池回收试点示范项目，并在试点期间做了大量探索和实践工作，为国家部委政策的出台奠定了基础，为整顿铅蓄电池回收乱象、推动铅蓄电池行业健康有序发展做出重要贡献。

2016年12月，国务院《生产者责任延伸制度推行方案》出台，在工程技术中心的积极推动下，各省市探索出台铅蓄电池回收试点方案，工程技术中心直接参与多省市的铅蓄电池回收体系建设，打下了良好的工作基础；2019年1月，生态环境部牵头出台《废铅蓄电池污染防治行动方案》《铅蓄电池生产企业集中收集和跨区域转运制度试点工作方案》，铅蓄电池回收试点工作正式全面启动，电池回收未来发展形势一片大好。

一、加强行业管理服务，促进产业技术交流

国家环境保护铅酸蓄电池生产和回收再生污染防治工程技术中心建设以来，积极开展电池行业环境管理和技术交流服务。为了规范管理电池回收现状，建设和完善电池回收管理体系，工程技术中心依托中国再生资源产业技术创新战略联盟单位等的专家团队，起草了《废旧铅酸蓄电池回收技术规范》《铅酸蓄电池全生命周期污染防治技术规范》《铅蓄电池二维码身份信息编码规则》《铅酸蓄电池企业环保设施运行技术规范》等多项国家及行业标准，完成了《再生铅行业固体废物污染防治现状及对策建议》《铅蓄电池生产行业固体废物污染防治研究报告》《废铅蓄电池回收网络建设评估及总结报告》《京津冀地区废铅酸蓄电池回收利用情况调研报告》等十余项行业调研分析报告，弥补了行业标准、技术规范、试点示范方面的空白，为有关部门的监管提供了技术支撑，为生态环境部电池回收试点项目的实施提供了重要借鉴。

2018年2月3日，工程技术中心与中国再生资源产业技术创新战略联盟、工业和信息化部赛迪研究院等单位在北京共同发起成立京津冀蓄电池环保产业联盟，李士龙同志担任京津冀联盟名誉会长，尚辉良同志担任京津冀联盟秘书长，工程技术中心主任陈中华担任京津冀联盟指导委员会委员。京津冀联盟成立后，开展京津冀及周边地区电池生产和再生铅企业实地调研，充分了解企业诉求，解决财税政策瓶颈、跨省转移障碍等行业关键共性难题，并积极构建绿色供应链体系，整顿铅蓄电池非法回收乱象，并向财政部、工信部、生态环境部等国家有关部门提交政策建议报告。联盟的工作得到各成员单位的全力支持和积极反馈，也逐步引起政府主管部门的重视，为政府出台新政策、新方案提供有力的数据支撑和政策依据。

二、探索回收利用新模式，构建绿色循环产业链

为整顿解决废铅蓄电池回收乱象，根治非法回收、冶炼顽疾，2016年1月，环境保护部固体废物与化学品管理技术中心、工程技术中心等单位联合启动"铅蓄电池行业战略研究及废铅蓄电池回收体系建设试点"项目，率先在北京、天津、山东、辽宁、海南、宁夏六省市率先开展电池回收试点工作。

试点工作取得一定进展后，进一步扩大试点范围，工程技术中心推动在广西、河北、福建、山西、广东、辽宁、四川、新疆、湖南、安徽、甘肃、贵州等省、区建立回收网络，推广模式为：销售代理商在向基层销售网点配送新电池的同时，回收基层网点的废铅蓄电池暂时贮存（在环保部门备案的代理商，经仓库整改，达到环保要求后可作为暂存点），暂存点的废铅蓄电池定期运送至指定中转站或回收公司进行集中贮存，然后采用危险废物专用车辆将中转站的废铅蓄电池集中运往有资质的再生铅企业进行冶炼再生，并将再生铅产品作为原料供应给电池生产企业，形成上下游产业链的闭合循环。

在铅蓄电池回收体系逐步建立的同时，工程技术中心以京津冀蓄电池环保产业联盟为抓手，在联盟名誉会长和秘书长的推动和帮助下，以京津冀地区为突破口，积极构建区域性铅蓄电池绿色循环产业链，全面联合电池生产、回收、再生利用企业，充分发挥电池生产企业的销售渠道优势和再生铅企业的技术、管理、经验专长，共同打造电池"生产—回收—再生利用"绿色循环产业链，整个电池生产、回收、再生利用市场不断规范和完善，环保水平大大提升。依托中国再生资源产业技术创新战略联盟和京津冀蓄电池环保产业联盟平台，河北松赫再生资源股份有限公司与工程技术中心依托单位超威集团签署合作协议并正式开工建设年处置60万吨废蓄电池及含铅废物综合利用项目，标志着京津冀地区协同构建铅蓄电池绿色供应链工作举得突破性进展。该项目将超威逆向

物流回收的废铅蓄电池作为原料，生产加工成再生铅和塑料颗粒产品后，再作为原料用于河北超威公司生产新电池，成功打造电池"生产—回收—再生利用"的绿色循环产业链。双方将结合各自优势，强强联合，在河北新河县建设松赫环保科技产业园，承接北京、天津和雄安新区相关产业转移，实现京津冀区域电池生产、废电池回收及处置利用一体化协同发展的目标，形成可复制、可推广的绿色供应链模式。

三、工程技术中心未来发展展望

近期，《废铅蓄电池污染防治行动方案》《铅蓄电池生产企业集中收集和跨区域转运制度试点工作方案》等重要环保政策出台，大大增强了我们开展铅蓄电池回收工作的信心，也标志着我们中心这四年多来的工作初步得到了肯定和认可。今天，我们站在废铅蓄电池回收行业新的历史起点上，机遇与挑战并存，工程技术中心将充分发挥前期积累的丰富经验优势，与工业和信息化部赛迪研究院、中国再生资源产业技术创新战略联盟等单位紧密加强合作，进一步打破电池回收的税收瓶颈，带领电池回收行业步入规范化、有序化、清洁化发展轨道。工程技术中心愿做中国生态文明建设的排头兵，大力发展铅蓄电池绿色供应链体系，大力推广铅蓄电池全生命周期物联网监管系统，大力提高电池行业环境管理和技术交流水平，彻底改善铅蓄电池回收行业污染现状，我们将继续联合铅蓄电池上下游企业、行业协会、产业联盟、研究机构共谋发展，共创辉煌！

第一作者简介

陈中华，国家环境保护铅酸蓄电池生产和回收再生污染防治工程技术中心主任、超威电源有限公司副总裁、超威梯次（北京）能源科技有限公司董事长、中国再生资源产业技术创新战略联盟理事、电池绿色循环发展联盟秘书长、铅蓄电池回收试点委员会主任委员、京津冀蓄电池环保产业联盟指导委员会委员、长三角资源环境研究院产业教授。多年来，致力于我国铅酸蓄电池生产、回收和再生利用行业污染防治事业，在绿色制造、资源循环利用以及项目运营管理方面经验丰富，2015年荣获杰出职业经理人"金马奖"。

自主创新结硕果，强基聚力创品牌

叶逢春

一、自主创新结硕果

江西瑞林稀贵金属科技有限公司（简称"瑞林稀贵公司"）是中国瑞林全资子公司，是一个开创性的、引领行业发展的、以研发为主的、具有独立法人地位的科工贸一体科技技术型企业。公司主营业务以自主研发的技术和装备，以电子废弃物与复杂（铜、铅、镍）基固废等"城市矿产"再生资源为原料，采用火法富集+湿法分离主体工艺，通过高效清洁协同冶炼工业生产方法，实现金、银、铂、钯、铑、铜、硒、碲和镍等元素的综合回收和产业化，引领"城市矿产"行业绿色、高效、科学可持续发展。

瑞林稀贵公司是目前国内处理规模最大、有工业化生产业绩的电子废弃物与复杂（铜、铅、镍）基固废等"城市矿产"再生资源综合协同处置的企业，依托中国瑞林60多年有色金属冶金技术积淀，通过理论研究、模拟仿真、工业化生产验证，以及几十年对行业及原料市场调查、国家相关政策研判，通过"产、学、研、用"模式，研发了电子废弃物与复杂（铜、铅、镍）基固废等"城市矿产"再生资源回收和危废处理的协同冶炼处置关键技术和装备，在江西丰城征地500亩，投入研究开发资金3亿多元，建设了技术先进、装备优良、效益显著、环境友好的标志性示范工程。2018年6月获得了3位院士及6位行业资深专家高度一致评价：整体技术世界领先。取得的相关成果如下。

（1）首创多元气氛下电子废弃物与复杂（铜、铅、镍）基固废协同梯级冶炼关键技术，该技术处理能力大、能耗低、各项技术指标好于国外同类工厂技术水平，综合能耗小于150kg标准煤/t原料。

（2）首创"四位一体"二噁英减控与烟气脱卤脱硫关键技术，该技术环保效果优良，卤素元素得到很好的回收，最终稳定实现尾排烟气的二噁英浓度为0.086 ng TEQ/m³，低于欧盟标准（0.1 ng TEQ/m³）。

（3）开发了电子废物与复杂（铜、铅、镍）基固废协同处置专用装置。

（4）取得江西省环境保护厅颁发的危险废物经营许可证，成为江西省唯一一家具有废电路板火法处理资质的企业。核准经营类别为《国家危险废物名录》所列表面处理废物HW17、含铜废物HW22、含锌废物HW23、含硒废物HW25、含碲废物HW28、含铅废物HW31、有色金属冶炼废物HW48、其他废物HW49。

（5）2018年1月完成了ISO 9001质量管理体系、ISO 14001环境管理体系、OHSAS18001职业健康安全管理体系三标一体认证。

（6）获授权专利28项，其中发明专利6项，实用新型22项。

（7）依托中国瑞林博士后科研工作站，在研博士后课题2项，获得江西省重大研发专项及国家重点研发计划各2项。

（8）获批了一系列科研平台，如：全国再生金属行业稀贵金属再生资源综合利用工程研究中心、江西省发改委稀贵金属再生资源综合利用工程研究中心；江西科技厅有色冶金工程技术研究中心；江西省科协省级院士工作站；江西省工信委省级工业设计中心等。

二、与中国再生资源产业技术创新战略联盟共谋发展

（一）参加联盟组织的欧洲考察

随同中国再生资源产业技术创新战略联盟组团赴德国 TechProtect 公司（包括其子公司 1WEEE 服务公司）、德国舒尔茨（Scholz）再生金属集团、比利时优美科（Umicore）霍博肯（Hoboken）冶炼厂进行考察，借鉴发达国家再生循环理念、经验及技术，并与相关主管部门进行座谈。

（二）瑞林稀贵项目环境影响报告书技术审查会

在瑞林稀贵项目环境影响报告书技术审查会上，与会专家一致认为本项目技术先进、可靠、环保，符合国家相关产业政策，在提高 WPCB 等废弃物的金属回收率，减少二次污染，节约能源等方面有良好的前景，在提升我国电子废弃物资源化利用和无害化处置的科技水平、参与国际竞争等方面具有示范意义。

（三）联盟理事长李士龙现场指导工作

中国再生资源产业技术创新战略联盟理事长李士龙率中国再生资源产业技术创新战略联盟暨技术合作对接参观考察团深入丰城市循环经济园区进行参观和指导，并与企业的主要负责人围绕再生资源行业税收政策、产业技术创新与成果转化、企业发展等战略热点问题进行了交流与探讨。考察期间，李士龙理事长强调，再生资源行业企业只有凝心聚力推动科技进步和生态保护，重视再生资源新产品开发和新技术应用，延伸产业链，提高产品质量，实施产品差异化"蓝海"竞争战略，才是行业可持续健康发展之道，中国再生资源产业技术创新战略联盟将为瑞林稀贵创新驱动绿色发展方面提供支撑服务工作。

（四）组织召开相关科技成果评价会议

2018年6月29日，中国有色金属工业协会在江西省南昌市组织召开了"电子

废物与多金属固废协同处置关键技术及装备开发与应用"科技成果评价会议。由中国工程院黄小卫院士，中国工程院段宁院士，中国工程院张文海院士，中国有色金属工业协会副会长贾明星教授，中国再生资源产业技术创新战略联盟李士龙理事长，武汉科技大学张一敏教授，中南大学柴立元教授，北京科技大学张深根教授等组成的专家组一致认定"项目成果达到国际领先水平"。

三、迎接新挑战，再路新征程

电子废弃物与复杂多金属固废中的有价金属含量超过30%，比原矿高出数倍，是取之不尽、用之不竭的"城市矿产"资源。同时来源广泛、成分复杂，含有有毒有害组分，常规处理技术及装备难以适应且存在环境风险。因此，针对急剧增长的电子废弃物与复杂多金属固废，急需完善关键技术与装备的突破及污染防控两大核心问题。

江西瑞林稀贵金属科技有限公司旨在充分依托我国已居于世界前沿的有色金属选冶技术，通过学科交叉与跨领域、跨行业的合作，围绕处理电子废料的关键工程科学与工程技术问题，实现了对"城市矿产"的高效回收、协同冶炼利用，打破了此类技术的国外封锁，填补了国内空白。有效解决了国内"城市矿产"目前存在的问题，开发全流程的电子废料等固体废弃物的高效利用与清洁生产工艺，领跑世界领域技术。通过（取得关键技术与装备、工程示范工厂运营、工程化推广）三步走发展战略，2020年建设完成年处理电子废料、工业污泥、冶炼炉渣及烟尘等固体废弃物为原料的12万吨规模示范工厂，以"思想+技术"为核心产品，创建"科工贸一体化"股权多元化现代公司治理模式。形成集约化和环保化的高新工业体系，按照"创新、协调、绿色、开放、共享"发展理念，引领有色金属再生资源行业及"城市矿产"领域的绿色可持续发展为目标，进行工程化推广，服务国家发展战略及国家重大战略需求。

作者简介

叶逢春，江西瑞林稀贵金属科技有限公司副总经理兼技术总监，教授级高级工程师。中国再生资源产业技术创新战略联盟专家委员会委员、江西省稀贵金属再生资源综合利用工程研究中心主任、江西省有色冶金工程技术研究中心主任，江西瑞林稀贵金属科技有限公司院士工作站负责人；江西省百千万人才、宜春市五一劳动模范。近年来，先后参加并承担江西省科技厅人才支撑课题、重大研发专项课题、江西省5511重大研发专项课题及国家重点研究计划课题7项。目前围绕处理电子废料的关键工程科学与工程技术问题，负责开发全流程的电子废料高效利用与清洁生产工艺研究及工业生产试验，获得了拥有自有知识产权及第三方科技成果评价（整体技术水平世界领先）NRT系列技术与装备，打破了国外技术封锁，正在进行工程化示范及工程化推广。

绿色发展是企业高质量发展的重要保障

王永如

宁波金田铜业（集团）股份有限公司（以下简称"金田铜业"）创立于1986年，始终专注于铜加工业务，经过30多年的发展，已成为中国铜加工行业的龙头企业，铜加工总量连续十多年位居全国行业前列，2017年铜产品产量超80万吨。金田铜业已形成了齐全的产品品类，主要产品包括高精度铜板材、带材；精密铜管材；高精度铜棒材、线材；铜型排材；铜电磁线材等等，主要产品产量和品牌均居细分市场前列，其中高精密铜棒线、铜管、铜板带材分别位列中国十强第一名、第三名、第五名。凭借铜加工利用的规模优势、装备技术先进优势，以及节能减排、发展低碳经济的经验优势，金田铜业已经成为行业内发展循环经济、资源节约、环境友好的标杆企业，是首批国家认定的"城市矿产示范基地"，先后荣获"全国循环经济"试点单位、"宁波市环境友好特别奖""中国再生有色金属行业节能环保奖"、首届宁波市市长质量奖、浙江省技术创新示范企业等荣誉称号。

回顾金田铜业能取得快速稳健发展的里程碑是2000年始，公司董事长楼国强提出了"生态重于生产"和"不淘汰就是最大的浪费"等理念，确立了"守法达标，清洁生产，持续改进，绿色金田"的方针。从而走上了金田环保之路、绿色发展之路、金田崛起之路。实践见证了企业绿色发展是企业长远利益的风险控制、市场机会、品牌形象等的基础投资，是企业高质量快速发展之保障。

下面我就金田铜业的部分做法与大家分享，并请批评指正。

一、不断加大环保投入，保证环保指标持续提升

企业对环保政策的理解和投入，是企业自身价值的认知态度，只有利国、利民才能利企。它更集中体现了一个企业的综合竞争力。金田铜业坚持"生态重于生产"的理念不动摇，把绿色发展理念内化于心外化于形。通过意识创新、技术创新、管理创新等途径持续提升清洁生产水平。例如，在水的治理方面，金田铜业投入上亿元建设有金田特色的"大小循环"相结合的水处理系统，通过各专业线的"小循环"或处理，与整体循环水处理中心的"大循环"结合，污水处理能力达到$1000m^3/h$，处理后水质完全达到国家一级排放标准，实现工业废水零排放，同时每年可节约用水约20万吨；再如在废气治理方面，金田铜业也投入了上亿元，把水膜处理改为金田自主研发的"炉口房室烟气收集+布袋收尘"的烟气收集和净化系统，彻底解决了铜合金熔炼时炉口烟气无组织弥散的难题，通过2004年的改造，排放指标从以前的小于$100mg/m^3$，提升到了小于$30mg/m^3$，还避免了原水膜除尘工艺的二次污染，不但节约了大量的水资源，每年还可回收含有价金属粉尘600多吨。2016年金田铜业又陆续对现有布袋除尘器更新升级，采用高效布袋除尘器设施，滤袋采用当前最先进、高效的PTFE材质，使烟尘排放浓度降低到了$7mg/m^3$以下，达到了《再生铜、铝、铅、锌工业污染物排放标准》$10mg/m^3$特别限值要求。在节能环境保护工作中，公司获得中国再生有色金属行业节能环保奖、浙江省绿色企业、宁波市环境友好特别奖等多项荣誉。

二、淘汰落后技术，引领绿色发展

企业生产技术和装备水平在一定程度上是制约企业绿色发展的主要因素之一。往往企业在对已有技术装备的更新上很容易算小账，得过且过，重当前轻长远，项目一拖再拖，产品经济指标得不到提升、产品结构得不到调整，结果失去了市场机会。金田铜业多年来践行"不淘汰就是最大的浪费"的理念，从2004～2009年先后投资十多亿，几乎淘汰了2003年以前建设的所有生产线，引进美国、德国、意大利、日本等国际先进设备，形成空调铜管、高精度板带、高精度棒线等高水平的七条专业化生产线，有效提升了自动化水平，提高了产品的精度，生产环境和作业条件得到空前改善，部分产品能耗和用工同时降低50%以上，生产效率成倍增加，实现了产品结构的转型升级，金田铜业高精产品占比突破60%，市场竞争力大大提升。近几年，金田铜业又策划和正在实施新一轮战略计划，将投资20多亿打造金田可持续发展的技术领先地位。"投入的力度等于创新的速度、转型的速度"。

金田铜业坚持"天天求变，永不自满，勇于竞争，追求卓越"的企业精神，以市场需求为中心，整合设备供应商、客户、科研院所、行业专家、咨询公司等资源，打造公司的技术创新体系，以开放、互利的心态，实现先进技术为我所用，并提升技术研发和自主创新核心技术能力。金田铜业自主研发的"大吨位电炉熔炼-潜液转流-多头多流水平连铸技术和设备"，具有能源消耗低、生产周期短、排放污染少的显著特点，荣获了国家有色金属工业科技进步一等奖，还被行业专家誉为具有世界领先水平的"金田法"。

公司建立了国家级企业技术中心、国家级博士后科研工作站和国家级实验室，主持、参与国家/行业标准制定26项，拥有授权发明专利87项，先后获省级以上科技进步奖10项，先后承担国家863计划1项、国家"十二五"科技支撑计划项目3项、国家火炬计划项目10项、市级重大科技攻关项目4项。

三、废铜回收绿色加工再利用

金田铜业长期专注于铜加工和废杂铜资源的综合利用,包括再生铜破碎预处理、精炼、加工、深加工的整个环节,是行业内为数不多的铜加工全产业链型公司,先后被列为中国有色金属城市矿山开发先进单位、"全国循环经济"试点单位和第一批国家"城市矿产"示范基地。金田铜业坚持摒弃低水平的粗加工,用技术创新换绿色、换效益。例如,2012年投资3000万元,引进国际先进的铜原料破碎线设施,对废杂铜壳体物料进行破碎、并对其中的橡胶、塑料、铁质、泥沙等分检归类,从而使得这些物料不再进入熔炼炉熔化,产生有害性气体或物质,还可资源再利用,是典型的绿色发展事例。

金田铜业还建立了高效的废杂铜细分多次分拣、针对不同品种的原料采用不同的处理加工方法,做到废铜资源的"吃干榨尽,充分利用",凭借特有的行业经验和技术优势,直接利用各类废杂铜生产铜加工材料,并保持产品附加值含量逐年提升。是国内废杂铜利用量最大、综合利用率最高的企业。近三年,金田铜业再生资源利用量累计超过100万吨,废铜回收绿色加工再利用已形成金田铜加工的特色,有力地促进了金田可持续发展战略。

四、精益生产向管理要效益

企业要可持续发展,降本增效、开源节流是提升竞争力的永恒主题。当前,我国企业管理水平总体上还不高,还有很多潜力可以挖掘。需要企业不断地提升自身的管理能力,修炼内功;要有自己清晰的战略规划,推进盈利模式和发展战略相匹配。金田铜业在管理理念和方式上也进行了多方的探索,公司于2014年开展了精益生产管理试点工作,相继在公司推动了IE现场改善、TPM设备管理、PMC计划与物控管理、精益供应链管理、精益自动化改善等模块运行。精益生产源于日本,但现在在范围、理念和应用上都有较大改善。金田铜业认为:精益生产全员参与、通过消除生产全过程的一切浪费，以持续地改善制造系统，来实现客户满意的观念和方法，是符合金田铜业全心全意依靠全体员工办工厂的宗旨的，金田铜业坚持"企业和员工：相互尊重，互为伙伴，彼此成就"的文化理念，尽最大努力为员工发展创造平台，营造人才脱颖而出的氛围。金田铜业把精益生产管理作为全员参与激发活力的重要抓手，配套以各种激励机制，加强企业精细化管理，激发全员的积极性、主动性、创造性。2017年金田铜业推动的精益生产管理有效降低了企业的生产成本。

金田铜业还重视精益信息化管理的投入，把流程信息化作为管理支撑的重要工具，引入了先进的SAP系统作为重要管理平台，并以此为核心不断推广与深化，结合MES系统、协同办公系统、决策支持系统等信息系统，始终坚持以服务客户为导向，不断优化与变革企业内部运营流程，并通过信息系统固化业务流程，最终实现数字化监控与分析。直至今日，金田铜业信息化平台、电子化流程等手段基本覆盖企业产、供、销、财务等核心业务领域，并初步实现了主要业务系统的移动化，大大提高了工作准确性和效率。

五、新时代、新思路、新征程

从党的十九大会议以后，中国开启了新时代的伟大历史征程，全国上下自觉贯彻"两山"重要思想，生态经济、绿色发展、美丽建设的理念深入人心。金田铜业将完全有能力有条件实现企业更高质量、更高效率的可持续发展。金田铜业始终坚持"依法经营、诚信经商、自主创新、科学发展"的经营理念，以"学习、团队、诚信、责任、开放"为核心价值观。在未来的发展中，金田铜业将沿着"管理现代化、运营数字化、发展规模化、运作资本化"的发展之路，继续贯彻落实科学发展观，不断创新发展模式，持续优化产业布局和产品结构，加大科技创新力度，加快转型升级步伐，为实现"创造客户价值，打造百年企业，成为行业标杆，为中国工业强国做贡献"的使命愿景而努力奋斗。

作者简介

  王永如，教授级高级工程师，宁波金田铜业（集团）股份有限公司总工程师，宁波市有突出贡献专家，浙江省五一劳动奖章获得者，中国再生资源产业技术创新联盟专家委员会委员。长期致力于铜加工技术和高端铜合金材料的研究，完成国家科技支撑计划项目2项，国家863计划项目1项，宁波市重大科技攻关项目3项。获浙江省科学技术奖二等奖3项、三等奖2项，中国有色金属工业科学技术奖一等奖2项、二等奖2项；获授权发明专利24项；发表论文5篇，参与《铜加工技术实用手册》编著。

科技创新赋能未来发展

王 智

科技是第一生产力,创新是引领发展的第一动力。科技创新是兴企强企之本。对于企业而言,科技水平和创新能力的高低决定着其在全球行业内的地位和竞争力。

作为中国再生资源产业技术创新战略联盟发起单位之一,东营方圆有色金属有限公司历来非常重视科技工作,依靠科技创新持续推动企业发展。公司自1998年成立以来,2008年投产运行了铜冶炼项目,2015年成功开发出了世界领先的"两步法炼铜新工艺",形成了以"两步法"为主体,综合回收和危废处理为两翼的方圆技术体系。综合回收提纯包括金、银、铂、钯、硒、碲、铋在内的13种元素,铜产能达80万吨,黄金产能20多吨,白银产能500余吨,是国内第四大铜生产企业,是国内再生铜单体客户综合加工利用能力最大的企业,是国内第二大铋生产企业,是全国唯一的有色金属资源综合利用循环经济标准化示范单位,这构成了方圆的核心竞争力。

作为传统行业,方圆公司始终把科技作为永续发展和不断进步的动力源泉和基石,围绕有色金属行业国家发展战略,制订企业科技工作战略发展目标,以技术创新解决生产中的实际问题，关注行业共性技术难题，引领企业发展。

第一，在全球范围内开展产学研合作，打造创新平台，引进高层次人才，立足现场开展技术攻关，开发新产品、新技术。方圆公司先后建成了国家级企业技术中心、国家级实验室、省级工程中心、博士后工作站等科研平台，搭建起了横跨四大洲的多家高校（美国普渡大学、智利康塞普西翁大学、澳大利亚昆士兰大学、中南大学、东北大学、中科院等）、科研院所，几十名教授、专家学者构成的产学研科研网络，"千人计划"专家、"泰山学者"组成的顶级科研团队，共同参与到方圆的技术创新工作中来。以方圆系统、齐全的生产现场为研发基地，进行各种中试及产业化实验，持续开展着业内最前沿课题的研发，助推企业和行业的进步。

第二，根据国家战略发展导向与行业发展趋势，牢牢把握创新发展方向，开展科技创新攻关，始终走在行业前列。方圆公司先后承担国家科技支撑计划、863科技攻关计划、国家火炬计划、国家国际合作重大专项等科研项目10余项，形成了以"两步炼铜工艺""废杂铜一步冶炼新技术"为代表的一系列适用自身生产的实用技术和适用于全行业的通用技术，获得了一批具有自主知识产权的科技成果，取得专利及专有技术180余项，主导起草国家及行业标准22项，为企业的持续健康稳定发展注入了新动能，为我国有色行业发展做出了突出贡献。

第三，依托技术优势，构建成果应用推广新模式，推动技术、装备、标准"走出去"，助力企业转型升级。为充分发挥国家科技项目对产业发展的支撑引领作用，在省、市科技部门的指导下，公司组建成立了以成果推广应用和技术深入研发为主营业务的科技公司，面向国内外推广应用公司先进的工艺技术成果。目前，公司已在泰国、越南、蒙古、俄罗斯、印尼、哈萨克斯坦等"一带一路"沿线国家及智利、秘鲁、厄瓜多尔等拉美国家建立起技术推广合作关系。

正是由于插上了科技的翅膀，这些年来方圆公司才实现了快速发展。在企业发展壮大的过程中，我们对创新驱动企业转型发展的认识也在不断深化、不断提升。

1. 创新是引领发展的第一动力，技术创新投入是最有价值的投入

行业发展、企业竞争的实质，就是创新能力、创新成果转化的竞争。谁实现了系统创新、影响深远的创新，尤其是在行业关键共性技术和前沿领域有所突破，谁就能把握主动权。而这离不开人力、物力、财力的巨大、持续投入。方圆公司的技术研发投入近年来逐年递增，专项研发经费都在几千万到几亿元之间。

2. 平台和人才网络是技术创新的根本支撑

形成全球产学研合作大框架才能有参与国际竞争的"入场券"。方圆公司拥有国家级企业技术中心、废杂铜清洁冶金及多金属综合利用工程研究中心等国家级研发平台4座，拥有专职技术研发人员300余人，引进海外高层次创新人才近10名，取得专利及专有技术300余项。

3. 技术创新项目是科技与产业的最佳结合点

技术创新关键要聚焦企业生产实际，推动工艺、技术、装备、标准的系统提升。方圆公司立足生产实际，把生产中出现的问题，提炼为科研课题，围绕这些课题，组建专业的研发团队，汇聚资源，开展持续攻关。研究课题源自生产实践，研究成果最先"返回"生产实践，接受验证和完善提升，破除了成果转化"最后一公里"的壁垒，提升了成果的研发效率和应用水平。

4. 良好的政策环境是企业技术创新的根本保障

企业发展的每一步都离不开政府机构的引导和支持。这些年，各级政府、有色协会、中国再生资源产业技术创新战略联盟等单位对方圆公司给予了很大的支持和帮助，企业承担了一批科技项目，切实增强了技术实力和创新能力。

总之，创新引领企业发展，推动行业进步，是我们这些年来最深切的体会。当前，借助"中国制造2025"全面推进实施和有色金属行业转型升级的契机，方圆公司正围绕主产业，积极开展智能化提升工作，致力于开发智能工艺，以减少劳动作业强度，提高劳动生产效率，打造绿色智能工厂，矢志不渝向着世界冶金工业的制高点迈进，力争为我国再生资源产业技术创新贡献力量。

作者简介

  王智,现任东营方圆有色金属有限公司副总经理、总工程师,山东方圆有色金属科技有限公司总经理,中国再生资源产业技术创新战略联盟理事,高级工程师。多年来,一直专注于有色冶金领域的技术研究工作,主要负责技术攻关、成果落地、项目实施、技术推广服务等科研工作。先后获得全国有色金属行业劳动模范、中国有色金属工业优秀科技工作者、山东省"富民兴鲁"劳动奖章、山东省有突出贡献的中青年专家等荣誉称号。

饮冰十年，难凉热血，伯乐识马，点石成金

——祝贺中国再生资源产业技术创新战略联盟十周年

刘　刚

"鉴定委员会认为：'高温合金返回料循环利用工程化应用'技术成熟度高，创新性强，为国内高温合金返回料的循环利用做出了示范，推广应用前景广阔，具有重大的社会效益和经济效益。项目总体技术国内领先，达到国际先进水平。建议尽快在国内进一步普及推广应用，并加强生产过程的自动化程度，及申报其他各项分技术的专利。"

2018年9月8日，当中国再生资源产业技术创新战略联盟组织的专家委员会宣布鉴定结果时，现场没有预想的欢呼声，百慕合金每一名在场的员工只是机械地鼓着掌，眼里噙着泪，嘴里不停地说着"谢谢！"

"自筹资金，拥有自主知识产权，符合国家资源循环利用、低成本、绿色发展的政策"。回望并肩战斗十余年的战友，华发记录了我们多少次失败的尝试，皱纹雕刻着公司每一次起死回生，但在大家的眼神里，我更读出了那份责任和坚毅。

一、饮冰十年，难凉热血

《庄子·人间世》："今吾朝受命而夕饮冰，我其内热欤？"

"饮冰"出自梁启超先生《饮冰室合集》，先生以此二字命题意在当时大势之下有志之士当为国焦灼忧心，投身效命于国家。而今此句印证了百慕合金作为国内第一家专业从事航空金属循环利用的公司矢志不渝、不忘初心的实践历程。

2005年3月，中航工业北京航空材料研究院（现中国航发北京航空材料研究院）与美国环球金属与塑料公司发起成立了北京百慕合金有限责任公司，专心致力于回收、处理、加工高温合金、钛合金等多种"可再利用"航空金属废料，通过同牌号返回的"短链循环"，避免二次污染，使镍（Ni）、钴（Co）、钨（W）、钼（Mo）、钽（Ta）、铌（Nb）、铪（Hf）、铼（Re）、钛（Ti）等战略资源得以持续应用。后因承担军品保密件毁形任务及空军退役装备处置资质等原因，将合资企业改为内资企业，随后又经历了两次股改，但百慕合金人"中国航空金属循环利用先锋"的理念未曾改变。在未向国家要一分经费的情况下，建立了涵盖国内859个牌号、国外1765个牌号的数据库；研发了屑料破碎、清洗、烘干全套技术并取得国家发明专利授权；研制了国内第一条屑料处理生产线；开发了真空感应炉直接使用屑料重熔的技术；起草了"高温合金回收料"国家标准（报批中）。同时，秉承北京航材院的基因，通过了ISO 9001质量体系认证；安全生产标准化三级认证。

奈何于种种落后以及不便利的客观条件，处于当时还属于国内新兴行业之中的百慕合金，公司发展也历经诸多磨难与牵制，特别是效益每况愈下。当同行们或转行、或打"政策牌"甚至以"走私"维持生计时，百慕合金人未曾忘记自己的使命，未曾放弃对制造精神的理想追求。

二、伯乐识马，点石成金

"马之千里者，一食或尽粟一石。食马者不知其能千里而食也。是马也，虽有千里之能，食不饱，力不足，才美不外见。"

虽心怀满腔豪情壮志，难凭一己之力大展宏图，常人不识良马，未给予充足分量的草料令其无气力展现自己的能力，才使得美不外现，不为世人所知。

中国再生资源产业技术创新战略联盟作为国家A级产业技术创新战略联盟，聚集签约各地循环利用行业企业的资源，推动国家创新驱动战略的实施。2018年6月6日，"创新驱动引领高质量发展"会议在雄安新区召开，百慕合金受联盟邀请出席并做《高温合金废料循环利用技术及装备》专题报告。2018年9月8日，联盟组织专家前往北京航空材料研究院对北京百慕合金有限责任公司"高温合金返回料循环利用工程化应用"项目科技成果进行鉴定。自此，百慕合金在联盟搭建的平台上才为众人所见，同时公司携多年的坚守和成果，一如出枥的"战马"，眼前展现出广阔的疆场。

2019年百慕合金将迎来"他"的十四周岁，就像人的青春期是从这一年开始一样，变声、发育，脱胎换骨，至今，公司仅专利产品——真空级高温合金屑料一项，一年的订单量已大于前面十三年的总和。适逢中国再生资源产业技术创新战略联盟成立十周年纪念，我们就把这作为对联盟的献礼吧！

我们感谢联盟的知遇之恩！感谢院士、专家们给予的指导和帮助！更感谢今天这个伟大的时代！国家循环经济政策相继出台，再生资源的发展前景已今非昔比！

百慕合金永远心怀"中国航空金属循环利用先锋"的理念，秉承"创造价值，与客户分享"的价值观，愿与上下游企业、科研院所、大专院校纵横向联合，通过制定返回料在航空航天及重要民用领域应用的技术标准，建立起高温合金、钛合金等多种战略金属的规模化再利用体系，减少返回料对环境的污染，为国家节约稀有矿产资源，共同实现经济效益和社会效益的双丰收。

为何饮冰十年，可以热血不凉，因为未曾走得太快，而把初心甩在身后。

何以点石成金，不因手里的魔棒和法力，而是去伪存真的心境和慧眼。

作者简介

刘刚，北京百慕合金有限责任公司董事长兼总经理，中国再生资源产业技术创新战略联盟理事，长三角资源环境研究院产业教授。毕业于北京科技大学理化系冶金物理化学专业，长期致力于高温合金熔炼及精密铸造专业领域的研究和产业化工作。

谱时代精神，领事业新航

彭保太

时光荏苒，十年弹指一挥间，就在2009年中国再生资源产业技术创新战略联盟在北京成立之际，远在千里之外龙虎山脚下，经过十余年努力拼搏，江西保太有色金属集团有限公司（简称"保太集团"）正式成立。十年来，保太集团始终坚持创新引领，努力拓展延伸产业链，大力提升产品竞争力和附加值，将绿色发展贯穿始终，推进清洁生产，实现了跨越式发展。中国再生资源产业技术创新战略联盟理事长李士龙在2018年考察保太集团时指出"保太集团的快速发展得益于高度重视科技创新及环境保护，充分发挥企业文化的力量，提升企业核心竞争力，走出了一套具有鲜明特色的发展道路。"

一、三足鼎立，固本培元

再生铜、再生铝是保太集团的立身之本，经过多年耕耘，市场和技术都非常成熟。为实现以金属回收为同心圆多元化发展战略保太集团在2016年新建了废钢加工项目，并获得国家工信部废钢行业准入名单，在2018年再次扩大加工规模，新增一台3000马力的破碎机、一条600马力的破碎机、龙门剪等设备。目前已经形成铜材、铝材、废钢三足鼎立的稳固发展模式。

二、智能制造，掌上工厂

2018年，保太集团18万吨铝合金锭项目开炉试生产，项目采用先进的蓄热式燃烧系统，在废铝熔炼阶段，采用了双室炉和低温冶炼技术，运用了高温烟气循环利用、废气二次燃烧后排放、炉内气氛控制等先进手段，实现了低能耗、低排放、高效回收的有机结合。车间的生产设备大多是智能化、数字化、可视化，运用定制开发的MAZ物联平台，在电脑上就能看到车间的各种生产数据和运行情况，实现"信息化、工业化"的两化融合。

三、全铝生活，智造家居

保太集团以国家大力发展物联网产业、鹰潭市创建国家智慧城市试点为契机，整合企业资源，以"互联网+铝型材家具"为企业转型思路，积极发展智能家居产业，打造了智能家居交易中心。2018年公司旗下金连升智能全铝家居正式投产并投放市场，智能门窗中运用多个物联网技术，实现触屏零距离控制、声音短距离控制、手机APP远程控制等功能，配合烟雾报警、雨水感应、新风系统等技术，使用更安全、放心、舒适。公司致力于打造全铝家居，全铝家具用材环保、无异味、零甲醛、无污染、防水耐潮、防火、防虫蚁、易清理、硬度高、耐撞击不变形，且可以保值回收。与其他材质相比，全铝家居科技含量高、资源消耗小、环境污染少，实现了家居行业的"绿色"转型。

四、携手共进，再创辉煌

求木之长者，必固其根本；欲流之远者，必浚其泉源。保太集团能够取得今天的成绩，离不开各界的关心与支持，当然也离不开中国再生资源产业技术创新战略联盟的帮助，我曾多次跟随联盟考察团赴国外考察先进技术装备，学习管理经验，交流发展模式，使我受益匪浅，对保太集团的发展启发良多。2018年9月

20日，中国再生资源产业技术创新战略联盟技术装备交流团一行40多人，在李士龙理事长的带领下到保太集团考察，先后参观了智能门窗展览厅、废钢加工基地、铝合金锭车间、铜排车间、铝型材车间及企业荣誉展厅。在座谈会上，我也分享了保太集团发展史及企业自主创新、精细管理、文化建设、人才培养等方面的经验做法，引起了考察团成员的浓厚兴趣，并得到了大家的认可。

展望未来，希望保太集团与中国再生资源产业技术创新战略联盟共同成长，携手奋进，为推动再生资源行业迈上新台阶做出更大贡献。

作者简介

彭保太，江西保太有色金属集团有限公司董事长，中国再生资源产业技术创新战略联盟理事，江西省工商联十一届常务委员、鹰潭市人大代表、鹰潭市工商联副主席、鹰潭市人民检察院首届监督员、鹰潭市人民法院司法监督员。从事再生资源回收利用工作，在资源节约和保护环境方面做出了突出的贡献。2018年，公司产值为38.6亿元，上缴税收3.87亿元。先后荣获"庆祝新中国成立60周年，为国争光杰出赣商60人""再生有色金属行业最美人物""江西省十大创业先锋""江西省优秀创业企业家""鹰潭市优秀企业家""扶残助残先进个人"等多项荣誉。

企业风采篇

时移世易，秉志前行
——金利集团冶金路上展宏图

李佩君　杨华锋

40年改革开放的历史画卷中，各类企业如雨后春笋一般迅速崛起，在愚公故里，河南省济源市承留镇五指河边上，河南金利金铅集团有限公司（简称"金利集团"）伴随着这场史无前例的经济崛起，24年来，坚持改革开放不动摇，持之以恒、锲而不舍，奏响了一曲拼搏努力、创新发展的改革音符。

金利集团生产现场占地面积500余亩，大型生产装备矗立，机器轰隆，道路铺装整齐，绿植葱郁，到处一派生机盎然。24年来，金利集团始终坚持"团结、进取、拼搏、创新"的企业精神，以主业电解铅为依托，发展再生绿色循环经济，上游向矿山发展，下游向产品深加工发展，努力提高企业的综合生产能力；对内加强管理，节能降耗，对外强强联合，内引外联，已发展成为一个以技术引领、创新发展的中国民营500强企业。

一、踏上冶金路：摸爬前行

1995年，在济水河畔的王屋山下，时任承留镇南勋村党支部书记的成全明，带领12户农民"砸锅卖铁"筹集了160万元,入股办起了金利来冶炼厂。当时,这个数字在大伙眼里就如同一组"天文数字"。没过多久,在南勋村的土地上建起了一座投资70万元,年产冰铜300吨的0.8平方米鼓风炉,第一条冰铜炉生产线启动。

1996~1997年,由于市场低迷,公司连续两年经营难有起色。作为总经理的成全明通过考察、了解、跟踪市场,给大伙儿鼓劲,1997年6月,第二条冰铜炉生产线建成投产。

1998~2000年,企业经营状况逐步开始好转,找到了新的盈利点,在与股东商议后,于2001年上马了一座0.8平方米的小型炼铅炉,在当时来说,这一技术堪称既先进又环保的生产线。2002年企业新上一座1.14平方米的鼓风炉,并拥有了年产10000吨的电解铅车间。

2003年,国家环保政策要求淘汰落后烧结锅生产工艺,公司积极响应国家号召,淘汰了落后的烧结锅生产工艺,投资5000万元,新上49平方米烧结机生产线。这条49平方米的烧结机生产线经河南省发改委、市环保局批准后,于2003年7月开工建设,2004年7月投产。同年公司更名为济源市金利冶炼有限责任公司。2005年实现产值2.42亿元。

二、技术性变革铸就成长:由小变大,发展循环经济

凭着金利领导人对铅冶炼行业的远见,让金利一次次革新,一次次将机会牢牢攥住,实现了企业突破性的变革。

2006年8月,公司决定投资3.28亿元建设具有国际先进水平的年产8万吨电铅熔池熔炼项目,项目具有高效、环保、投资少等优点。为尽快见到效益,克服资金紧张局面,项目从后往前施工,先进行了6平方米鼓风炉的建设,取得了很好的收益,底吹炉工程历经11个月建设,于2007年9月顺利点火,试车一次性成功,在国内底吹炉建设史上刷新了纪录。随着项目的建成,公司在生产工艺上迈

上了新台阶，2008年实现产值超30亿元。随后，公司投资1.5亿元建设的贵金属冶炼生产线又为企业增添了一道靓丽的风景。

2008年，公司树立再生资源循环利用的绿色发展理念，投资建设了15万吨废旧蓄电池综合回收分离工程，该项目引进意大利安吉泰克公司CX蓄电池破碎分离集成系统，配套负压装置，开启了再生资源绿色发展的新篇章。

2009年，企业投资4.5亿元，开工建设了"节能减排综合技改项目"——金利直接冶炼法（氧气底吹熔炼—双侧吹直接还原工艺），成为铅冶炼行业第一家将"液态铅渣直接还原技术"落地的公司。

从烧结锅到烧结机，再到目前热渣直接还原工艺的一次次工业技术突破，金利以技术革新、敢为人先的精神一直走在行业前列。2012年，公司首次实现了产值破百亿元大关。

2012年公司利用周边搬迁和综合整治规划实施提供的充足空间，延长产业链条，建成金利循环经济产业示范园区。目前，金利集团已经实现废热利用、金属再生、多金属综合回收等能力。

2016年公司更名为河南金利金铅集团有限公司。

三、综合实力增强：由大变强、绿色循环

时至今日，从金利来冶炼厂落后的技术装备，到引领铅冶炼行业技术发展趋势，并带动周边从事装卸、运输、餐饮等相关产业的村民共同致富。公司拥有国际先进的氧气底吹氧化—液态铅渣侧吹直接还原—电解铅生产线两条，年处理45万吨废旧蓄电池生产线两条。具备年处理废铅蓄电池45万吨，产电解铅30万吨、硫酸25万吨、冰铜1万吨、次氧化锌5万吨、黄金10吨、白银1000吨、锑白5000吨、精铋1000吨的生产能力，是国内规模较大、分离品种较多的阳极泥综合回收企业，其中电解铅产量国内第二、白银产量国内第一。金利总资产从1995年的100多万元增至51亿元，企业员工由原先的12人增至2296人，产值由1995年的

40多万元增至2018年205亿元。2012～2018年，连续七年实现营业收入超百亿元，产值、销售收入按年增长10%～15%的速度提升。

2018年，金利继续将产业做精做深，向循环经济领域探索，公司投资建设了10万吨/年锌资源综合利用项目、5万吨/年锑资源综合利用项目、年处理30万吨废旧蓄电池项目。将产业链上的锑、铋、硫酸、氧化锌就地转换，同时向合金铅、蓄电池更深的产业链条发展。

金利人正是以百倍勇气和千倍努力，在企业发展"没有退路"的重重困难面前，勇于担当，凭着"我们金利人不怕失败，失败了可以再来"的信念，用逢山开路、遇水架桥的闯劲，靠勇于担当、奋发有为的干劲，努力把自己打造成业内的绿色企业、标杆示范企业。

四、技术创新是金利集团腾飞的翅膀

技术创新是企业腾飞的翅膀，金利集团坚持在技术创新上不断尝试、不断摸索，截至2017年底，金利公司共拥有有效专利48项，其中发明专利9项，实用新型39项。在行业内实现了八个第一：一是从2005年开始就在行业内率先实现生产废水"零排放"；二是2009年8月国内第一台用于工业化生产实践的液态高铅渣直接还原熔池熔炼炉试产成功；三是2011年8月国内首家彻底淘汰鼓风炉炼铅工艺；四是2011年9月世界首条最大氧气底吹炉加纯氧侧吹还原铅熔池熔炼炉投产；五是2011年10月开启世界首台工业化应用纯氧侧吹熔池熔炼炉处理铅阳极泥；六是2013年世界首台工业化应用纯氧侧吹旋转炉处理铅冶炼铜浮渣；七是2014年世界首台工业化应用纯氧侧吹炉处理未脱硫铅膏；八是2015年世界首台采用纯氧侧吹熔池熔炼炉熔炼含锑杂料生产粗锑。

我们拥有国际最先进的氧气底吹熔炼——液态高铅渣侧吹直接还原炼铅工艺的自主知识产权，该生产工艺被中国工程院院士组成的专家委员会鉴定为"国际领先水平，建议推广应用"，2010年该工艺获得有色金属科技进步一等奖，2016

年获得国家科学技术进步奖二等奖。

为进一步促进再生金属行业创新技术的持续发展，加强"产、学、研"一体化建设速度，使再生资源综合利用处理技术得到良性发展，增强行业技术创新能力和市场竞争力，最大限度地利用再生资源，发展循环经济。2017年9月28日，河南金利金铅集团有限公司、中国再生资源产业技术创新战略联盟、北京矿冶研究总院决定联合建设再生资源富氧熔池熔炼技术创新中心，再生资源联盟组织行业内专家到金利集团召开了再生资源富氧熔池熔炼技术创新研讨会，并就创新中心签订战略合作框架协议书。

金利集团投资3000多万元的科技信息化研发楼于2017年10月19日正式投入使用，"中国再生资源产业技术创新战略联盟再生资源富氧熔池熔炼技术创新中心"和"中国再生资源产业技术创新战略联盟理事单位"在金利集团科技信息研发楼成功揭牌。极大地优化了金利集团科技创新、全面发展的工作环境。

技术创新使金利集团走在了同行业前列，也使企业能够在市场经济的大潮中立于不败之地。

20年来，金利的冶炼技术先后经历四次大的改造，从烧结锅到烧结机再到富氧底吹炉，从鼓风炉到液态高铅渣侧吹直接还原炉，从单一的铅冶炼到多种有价金属的综合回收。

金利直接冶炼法工艺研究这一重大创新成果的取得，将粗铅综合能耗降至最低，打破了现有纪录，改写了我国乃至世界铅冶炼技术发展史，这一先进技术在金利的应用为公司带来了可观的经济和环境效益，这一技术填补了国内与底吹炉配套的热渣侧吹还原工艺的空缺，公司的核心竞争力较以往有了很大的提升。

新工艺符合国家产业政策，是当前世界炼铅工艺的最低单位能耗，被命名为"金利冶炼法"，"金利冶炼法"是金利集团又一项自主知识产权，在国际上处于领先水平，具有金属回收率高、低能耗、硫利用率高、环保无粉尘等优点，完全能够实现节能减排、环保冶炼和绿色冶炼的目标。

五、环保优先推进绿色发展

作为一家资源型企业,环保对金利来说有着非同一般的意义。企业紧紧围绕总书记提出的"绿水青山就是金山银山"的发展理念,树立守法是企业的责任,环保是企业生命的公司环保文化。

金利集团在整个发展中,把节能降耗、环境治理作为转变企业发展方式的一着妙棋来下,不断盘活"废水""废气""废渣"等工业废弃物,实现节能增效和绿色发展。

从2004年起,金利集团逐步在厂区周边土地种植速生杨3000多亩,24万株,成方连片,初步营造了林中有厂、厂中有林的绿色环境。并且,连续多年来,金利集团积极参加"今冬明春"植树造林活动。2017～2018年今冬明春两季共栽植黄杨苗13000颗,新增大叶女贞苗木600颗,景观花箱146个,周边防护林补栽杨树9000余棵。

2005年,金利集团率先在同行业中实现生产废水零排放。

2007年,公司投资60万元购置了高效真空吸尘车、洒水车,对运输道路清扫洒水次数由每天2次增加到每天4次;投资700多万元对厂区外围环境进行美化、绿化、亮化,改善了周边环境。

2011年,投资1000余万元建设废水电化学深度处理系统,对含重金属废水进行治理,并安装废水在线监测装置,实现水质实时监测。

针对生产过程中道路运输、物料装卸等可能产生的无组织粉尘排放,金利集团先后投资近2亿元对厂区原料大棚、冶炼厂房、再生铅厂房、电解厂房进行全封闭,对脱硫塔及除尘系统改造,投资1800余万元对厂区道路进行了重新铺装。原辅料车间进行全面密封,密闭输送,整套熔炼过程都在密闭熔炼炉中进行,避免烟尘外溢;在各分厂料场增加喷雾抑尘设施;对公司烟灰输送车辆进行全密闭改造,避免抛洒扬尘,有效避免烟粉尘的无组织排放。顺利通过河南省环保厅第五轮清洁生产审核验收。

2017年，投资1000多万元，公司再次对内部环境和周边环境进行了绿化、美化升级。

2018年，公司投资1.33亿元建设采用离子液吸收工艺的脱硫设施、超低温工艺的脱硝设施，分别对两套制酸尾气和烟化还原炉等排放口烟气进行提标治理。通过治理后各项指标已达到特别排放限值要求，烟尘可以达到5mg/m³，二氧化硫为50mg/m³，氮氧化物为70mg/m³以下，远低于国家排放标准，绿色发展再次迈出一大步。

这几年金利在环保这一块投资基本上占整个固定资产投资的40%。站在金利厂区，放眼望去，这里已经成为一座花园式现代化工厂，绿色金利，成为现实。

六、以质兴企奏响发展强音

作为一家多金属冶炼及资源绿色循环再生的民营企业，多年来，牢固确立了"靠质量创名牌、靠质量求发展、靠质量争效益、靠质量占市场"的战略。

通过持续推进三体系标准化管理，强意识、明责任、定制度、严考核、重激励的同时，弘扬质量文化，使质量意识内化于心，确保了产品质量，满足了市场要求。金利集团获得"济源市市长质量奖""河南省质量诚信AAA级工业企业"荣誉称号。

七、以人和促发展

承担社会责任是金利生存和发展的"看家宝"。近年来，金利集团围绕就业、教育、扶贫济困、构建和谐社会等累计捐资约3000余万元，带领干部员工积极参与"农村戏曲大赛""篮球夜市""老年协会""金秋助学""大学生定向资助"、为四川汶川和青海玉树地震捐款、慈善捐赠等社会公益事业中。

与此同时，投资5亿元在承留镇建设丹桂园社区项目，用于周边村搬迁安置，为切实保障群众健康、推动企业健康发展创造良好的外部环境。

八、拥抱深刻变革,奋力续写新篇章

24年以来,金利集团乘着改革开放的浩荡春风,一路走来,埋头苦干,用汗水和智慧传承接力着建设宏伟金利的远大理想,用激情和执着抒写着金利改革发展的华彩乐章,用诚信与责任全方位展现金利企业形象,把自己打造成业内的绿色企业、领头企业。2018年,金利集团实现销售收入203.05亿元,实现利税6.34亿元。连续多年入选"中国民营企业500强""中国民营企业制造业500强""河南省民营企业100强""河南省优秀民营企业"。

奋进新时代,因循守旧没有出路,畏缩不前错失良机。金利人拿出敢为天下先的胆魄,永葆"杀出一条血路"的闯劲,争当开拓者、实干家,就一定能让改革造就新气象、开放带来新活力,让发展打开新空间,让我们走进"下一个40年"。

第一作者简介

李佩君,河南金利金铅集团有限公司办公室宣传干事,主要负责金利集团企业文化建设、品牌塑造、内部报刊刊发及对外宣传工作。

合作共赢，踏实前行

蹇祝明　卜玉涛

漕涧分水岭，一步跨两州，一眼望三江。坐落于云南省大理州云龙县漕涧镇的云龙县铂翠贵金属科技有限公司（下简称：铂翠公司），就像当地千年雪山之下的松柏一样，在峭壁对峙、怪石嶙峋的山崖上，扎根于岩隙之间，显示出旺盛的生命力。多年来，公司秉承"创新诚信，协作共赢"的核心理念，在贵金属二次资源综合回收利用及产品深加工产业勤耕不辍，踏实前行，仿佛一颗放置于祖国西南边陲大地的明珠，在岁月的洗礼和磨炼之下愈加绽放出属于自己的璀璨光彩。

2013年，公司创始人蹇祝明先生怀揣着为家乡人民做一点实事的创业梦想，以及自主知识产权的铂族金属分离精炼技术，来到漕涧镇工业园区开始建厂。从开工建设的那一天起，蹇祝明先生带领的铂翠人，就明确了未来的发展方向：在坚持贵金属二次资源综合回收利用的大方向下，合作共赢，踏实前行！

公司创立伊始，一方面与行业内相关专家合作，设计并完善相关的工艺生产路线；另一方面与当地政府及相关机构合作，获得了相关的政策支持。2014年，在大理州和云龙县的推荐下，公司承担了云南省省级企业技术改造项目、云南省战略性新兴产业发展专项项目"贵金属二次资源综合回收利用及产品深加工"。2015年,与昆明冶金高等专科学校、云南省冶金集团等单位合作,成功申报建立了"稀散及贵金属二次资源循环利用重点实验室"。2016年,通过高新技术企业认证;同年公司参加云南省第五届创新创业大赛获得云南省二等奖,晋级全国创新创业大赛决赛荣获优秀奖。

2017年,为了响应国家环境保护部最新政策要求,公司迈出了关键性的一步,获得了云南省环保厅颁发的"危险废弃物经营许可证",从此成为了最早拥有相关贵金属废弃物合法处置资质的企业之一。在此基础上,公司迅速展开了更高层次、更大范围的合作与交流,也取得了更大的成果。

正是在这一年,铂翠公司在中国再生资源产业技术创新战略联盟的推荐和帮助下,牵头与北京科技大学、上海鑫格环保科技有限公司、中北大学组成联合体,共同申报的"典型贵金属废料绿色提取及深加工产业化绿色制造系统集成项目"成功入选工信部绿色制造系统集成项目。同年,蹇祝明先生参与了由联盟组织的国外考察团,与全国各地的企业家、行业专家等共同考察了国外相关企业的项目,在开眼界,长见识,交朋友的同时,也把铂翠公司的形象第一次带到了更大的平台,为后续的交流合作打下了坚实的基础。

2018年,铂翠公司以更加自信,更加开放的姿态,在合作共赢的道路上昂首前行。与中石化展开深度合作,同时成功入围中石化贵金属分公司的合格供应商和废催化剂合格处置单位名单,并合作开展多项业务。在此基础上,公司积极参与《石油化工固体废催化剂收集》《石油化工固体废催化剂采样》《石油化工固体废催化剂包装》3个团体标准编写,目前已全部顺利通过审核,并于2019年1月1日起实施。在中国再生资源产业技术创新战略联盟的推荐下,与内蒙古科技大学合作申报云南省科技厅重大专项并成功通过答辩,即将获得立项;与浙江申联环保公司、中科院化学所、浙江大学等单位联合申报国家科技部固废资源化重大专项,虽然遗憾的未能申报成功,但是收获了经验和友谊。还是在2018年,公司首次开展对外合作，与俄罗斯克拉斯诺亚尔斯克贵金属公司签订了意向性合作协议，大力引进国际先进技术，为公司的进一步发展提前布局。

在2019年新年之际，铂翠人回顾过去，感慨万千；展望未来，豪情满怀。在我们看来，现阶段，贵金属回收行业是一个充满希望的朝阳行业。从国家战略层面看，它肩负着维护国家战略资源安全、打破外国公司在资源、技术和市场等多方面垄断地位的重任；从国内政策导向来看，它充分符合发展实业、节能环保、科技创新等重大政策方向；从行业内部环境来看，贵金属回收行业内部正在进行一场资源整合与重新洗牌，业内充满着巨大的、历史性的机遇与挑战；从铂翠公司自身情况来看，公司有合法经营的资质证照，有独立自主的知识产权，有中石化公司、中国再生资源产业技术创新战略联盟等可靠的合作伙伴，有优秀完整的工作团队。我们充分相信，铂翠公司的事业，正站在历史潮流的潮头之上，只要我们坚持开放合作，互助共赢的道路，必然前途无量！

我们铂翠人，有幸生于这样一个伟大国家的波澜壮阔的伟大时代，有幸从事于这样一个充满希望、利国利民的重要行业，有幸在身边汇聚起一支专业、敬业、坚强、灵活的强大团队，人生有此三幸，自当奋发向上，有所作为，不负此生。展望未来，铂翠人将以无畏开拓、积极创新的企业家精神，以报效国家、敢于担当的社会责任感，以"创新诚信，协作共赢"的经营理念，以"铂金品质，翡翠人生"的企业文化，共同拼搏，团结奋进，面向未来！

长风破浪会有时，直挂云帆济沧海。2019年，我们拭目以待！

热烈祝贺中国再生资源产业技术创新战略联盟成立十周年！

第一作者简介

蹇祝明，云龙县铂翠贵金属科技有限公司董事长，中国再生资源产业技术创新战略联盟理事。具备扎实的专业理论功底和丰富的产品研发、生产管理、企业经营经验，曾承担贵金属二次资源回收综合利用技术研发、工艺设计、厂房设计和组织实施等工作，完成"石化催化剂中贵金属铂的回收提纯项目"技术研发，完成"铑的回收提炼技术"及"高银合质金的黄金提纯工艺技术"等产业化及技术转让。

一朵绽放在韶山的绿色产业之花

章 琳

2018年4月,习近平总书记在深入推动长江经济带发展座谈会上强调,要正确把握生态环境保护和经济发展的关系,探索协同推进生态优先和绿色发展的新路子。在这条路上湖南江冶机电科技股份有限公司(以下简称"湖南江冶")已经走了很多年,并在中国再生资源产业技术创新战略联盟的帮助与指导下,从2011年开始就一直在探索再生铅产业绿色发展之路"三绿",发展环境保护与资源循环技术装备,开创属于江冶的绿色产业。

一、"理念之绿"

湖南江冶成立之初的主打设备为以矿石为原料的铅电解设备,但随着世界经济的发展,对于铜、铝、铅、锌等有色金属资源的需求量逐年增加,有色金属矿产资源日益枯竭。以铅为例,按目前的铅矿资源储采比,铅矿已仅有25年左右的使用年限。为了满足社会发展需求,提高铅资源利用率,进行再生循环利用是一条必然的、有效的途径。

同时党的十七大会议之后,长株潭城市群被国家确定为"两型社会"试验区并被赋予先行先试的政策创新特权。长株潭在全国率先开展建设资源节约型、环境友好型改革试验。董事长吴光辉先生抓住机遇，提出了"做资源循环与环境保护领域技术装备的创新者"的发展理念，提出了"引领环保高科技，让资源绿色循环"的光荣使命。

二、"技术之绿"

中国每年80%左右的精铅主要用于生产铅酸蓄电池。废旧铅酸蓄电池由铅电极部件（栅板、铅膏、接头）、塑料外壳、硫酸介质及其他隔膜等附件组成，其中铅部件的质量约占电池总质量的70%。研究废旧铅酸蓄电池回收利用装备，是二次资源再生循环利用的重要领域之一。然而，10年以前，我国废铅蓄电池回收行业理念落后，以手工操作为主，机械化和自动化程度很低，对环境造成了污染，对操作人员身体造成了伤害，对资源造成了浪费。而国外设备和工艺不适合中国废蓄电池的复杂状况，对于几何尺寸差异巨大，材质种类繁多、结构复杂，使用保养不规范的复杂铅蓄电池，其破碎分选及资源循环难度很大，存在很多的技术与装备瓶颈。

带着"做资源循环与环境保护领域技术装备的创新者"的光荣使命，湖南江冶联合湘潭大学组成了一个集环境、化学、机械、信工等多学科人才的高素质科研团队，针对废旧铅酸蓄电池回收利用技术和装备展开全面攻关。从2011年开始，经过8年的奋战，已经取得了突破性成果，在废旧铅酸蓄电池回收利用技术上创新了破碎机制、关键部件材料、加工工艺等，并完成了复杂集成，研发了新的混料分选技术，攻克了复杂废旧铅酸蓄电池的连续式机械拆解瓶颈并实现了资源高效综合利用。研发出了具有自主知识产权的"复杂废铅酸蓄电池清洁再生系统技术与集成设备"，设备生产出的再生铅与生产原生铅相比，每吨相当于节能659千克标准煤，相当于减排二氧化碳1827千克，另外还节水235立方米，减少固体废物排放128吨，减少排放二氧化硫0.03吨。每台/套湖南江冶的设备，每年可以产出再生铅10万吨，年节约标准煤6.59万吨，减排二氧化碳18.25万吨。完全符合国家工信部《2017年版国家鼓励发展的重大环保技术装备目录》的要求。该项成果还荣获2018年湖南省科学技术进步奖二等奖。

三、"产业之绿"

立足自主创新，着力创建以创新为源动力、管理水平高，服务体系健全的现代化高新科技型企业，把增强企业技术创新能力作为提升公司核心竞争力的关键举措，推动公司由主要依靠资源消耗、低成本竞争向创新驱动、创新竞争转变。凭着"独有的技术，创新的产品"市场占有率也逐渐提高，公司主营业务收入也出现成倍的增长，更是出口至伊朗、印度、泰国、越南、阿尔及利亚、中国香港等多个国家及地区，并打破国外产品一枝独秀的垄断局面，公司一跃成为国内废旧铅酸蓄电池回收装备行业龙头企业，也奠定了公司在再生铅行业的坚实地位。

创新驱动是绿色发展的引擎，湖南江冶将持续走绿色发展之路，走好废电池再生技术绿色化这条路，持续创新，不断突破，不负时代赋予的使命，为祖国的生态文明建设做出贡献。

作者简介

章琳，湖南江冶机电科技股份有限公司人力行政副总监兼党支部书记，二级人力资源师，2011年进入湖南江冶公司以来一直负责公司科技管理及人力资源工作，帮助企业成功申报多项国家、省、市荣誉。

发挥联盟平台作用，推动固废资源化重点专项实施

——关于获得国家重点研发计划"退役动力电池异构兼容利用与智能拆解技术"项目立项的回顾

赵小勇

2018年我国新能源汽车销量达到120多万辆，保有量突破200多万辆，预计到2020年国内新能源汽车的保有量将达到500万辆，随着新能源汽车产销量的猛增，动力电池退役高峰将至，据中国汽车技术研究中心有限公司数据资源中心预测，到2020年动力电池报废量将达20GW·h，约22万吨。国家政策层面，从2015年财政部等四部委联合下发《关于2016～2020年新能源汽车推广应用财政支持政策的通知》，到最近的2018年工信部等七部委联合发布《新能源汽车动力蓄电池回收利用管理暂行办法》，国家及地方出台了一系列的有利政策，旨在促进全国动力电池回收工作，为新能源汽车产业发展提供切实保障。

在此大背景下，北京赛德美资源再利用研究院有限公司顺应大势，自主研发我国首条废旧动力电池自动化拆解、精确分离、全组分材料回收生产线，并率先在全国推广动力电池物理法回收技术（精确拆解＋材料回收），目前已在天津建立

我国首个动力电池无害化全组分回收拆解工厂，正在长三角、珠三角等地再建设6~8个区域工厂。

2018年12月19日，国家科技部正式公布了国家重点研发计划"固废资源化"重点专项2018年度项目立项清单，由中国再生资源产业技术创新战略联盟组织推荐，天津赛德美新能源科技有限公司（北京赛德美全资子公司）、清华大学等单位发起，天津力神电池股份有限公司牵头，联合了中国汽车技术研究中心有限公司、合肥国轩高科动力能源有限公司、中国铁塔有限公司等多家国内优势单位共同申报的"退役动力电池异构兼容利用与智能拆解技术"项目成功获批。下面简要回顾此项目申报过程以庆贺中国再生资源产业技术创新战略联盟成立十周年。

2018年2月7日上午，我与清华大学教授徐盛明赴联盟办公室与中国再生资源产业技术创新战略联盟理事长李士龙、秘书长尚辉良首次洽谈，一致决定立即联络相关单位，组织团队启动固废资源化专项申报工作。随即，我联络中国铁塔，当天下午，我与徐盛明教授赴中国铁塔股份有限公司拜会中国铁塔能源创新中心总经理姜延吉等人，中国铁塔表示全力支持并参与本次申报，达成初步合作意向。

2018年2~6月，我与清华大学教授徐盛明、我公司项目总监李富林等人多次在赛德美办公室、在清华大学碰面讨论，就选择哪些单位合作及如何申报等事宜做了大量探讨。在此期间，我先后邀请中国铁塔股份有限公司、中国汽车技术研究中心有限公司、合肥国轩高科动力能源有限公司、天津力神电池股份有限公司；清华大学教授徐盛明邀请了湖南中车时代电动汽车股份有限公司、贵州梅岭电源有限公司，中国再生资源产业技术创新战略联盟李士龙、尚辉良邀请了株洲鼎端装备股份有限公司、浙江新时代中能循环科技有限公司等单位先后加入申报团队，团队初具雏形。

2018年7月24日，上述多个单位在赛德美北京办公室召开首次项目讨论会，会议确定项目下设课题方向及其他内容。

7月31日，上述合作单位继续在赛德美办公室召开第二次讨论会议，我主动提出选一家较大规模的企业为牵头单位为宜，并征求天津力神电池股份有限公司、合肥国轩高科动力能源有限公司意见，最终确定力神作为项目总牵头单位。后面经过多次会议讨论，最终确定天津力神电池股份有限公司、清华大学、赛德美、中国汽车技术研究中心有限公司、合肥国轩高科动力能源有限公司分别作为项目下设五个课题的课题牵头单位，项目负责人为徐盛明教授，项目推荐单位为中国再生资源产业技术创新战略联盟。

8月18～25日，联合申报团队在清华大学多次开会，集体讨论编写预申报文本。

10月6日～11月5日，联合申报团队在清华大学能源互联网研究院多次开会，集体讨论编写正式申报文本。

11月6～7日，联合申报团队赴天津参加答辩，并圆满完成答辩工作。

11月17～25日，联合申报团队先后在清华大学、清华大学能源互联网研究院进行项目及各课题预算编制工作。

12月1～2日，联合申报团队在清华大学进行任务书及指标编制工作。

2018年12月19日，正式公布立项结果。后续进行项目实施工作。

最后，感谢本项目所有参与单位的积极支持，感谢中国再生资源产业技术创新战略联盟的组织推荐，热烈祝贺联盟成立十周年！

作者简介

赵小勇，北京赛德美资源再利用研究院有限公司董事总经理，中国再生资源产业技术创新战略联盟理事，高级工程师。光伏电站设计2项国标主要参与人；动力电池回收行业4项国标主要参加人；动力电池自动化拆解设备8项专利主要研发参与人，熟悉新能源汽车产业、电池行业、储能、光伏行业及相关产业，有丰富新能源行业管理经验及强大的渠道资源整合能力。

不忘初心，知始得终

钟 良

2016年7月1日，中国共产党生日的这一天，习总书记发言强调："我们党已经走过了95年的历程，但我们要永远保持建党时中国共产党人的奋斗精神，永远保持对人民的赤子之心。一切向前走，都不能忘记走过的路；走得再远、走到再光辉的未来，也不能忘记走过的过去，不能忘记为什么出发。面向未来，面对挑战，全党同志一定要不忘初心、继续前进。"总书记在这特殊时代、特殊日子发表特殊意义的讲话余音在耳、韵味绵长，重在告诫全党、全国人民：忘记昨天就意味着背叛，忘记来时的路就会走向险途；理想信念是人的安身立命之本，越是身处安逸的环境，越不能忘记初心。诚然，这就要求我们党员干部，必须心怀敬畏，牢记初心、忠于初心、紧守初心、秉持初心，为了"诗和远方"，高歌坦荡、奋进前行。

"不忘初心，方得始终"源于《华严经》，大意是"只有坚守本心信条，才能德行圆满。"初心是什么？是我们人生开始时希望我们变成一个什么样的人的最初心情，就是让你当初心潮澎湃的念想，是让你甘愿卧薪尝胆的理由，是让你能够逆流而上的动力。成长轨迹、生活阅历、知识结构、世界观、人生观等等的不同，造成每个自然个体的人生意义、人生规划、目标初心的不同。我们怀揣初心的梦想，踏行在寻找人生真谛的路上，每当来到一个休憩点、岔路口，我们就要时不时地停下来审视内心，叩问自己，这是我们想要的么？这是我们曾经一直想要追求的么？不能因为出发了太久而忘了为什么出发。

人事有代谢，往来成古今。人生的魅惑与奇异之处就在于，往往在不经意间你的生活轨迹就发生转弯。多年漂泊的我，在2014年回到了家乡，成为丰城市循环经济园区管委会中的一员。进入单位以来，我从初始的陌生到融入这个战斗集体，从工作上的生疏到业务的逐步熟练，不论是在生活上，还是在工作方面，我已被深深地烙上了园区的印记，烙上园区艰苦创业的吃苦耐劳品格，烙上园区年久久为功的持之以恒品质，烙上园区同事砥砺前行的坚忍不拔的毅力。正因为品格的锻造，四年的工作中，我忘不了申报国家"城市矿产"示范基地那连续紧张的加班赶工之夜；忘不了园区干部为申报省级产业园，拿到梦寐以求的合法"户口"而竭尽全力、劳心奔走的辛苦身影；忘不了为实现循环产业高质量发展，园区干部推动循环产业结构升级、环保升级、技术升级而艰辛付出的滴滴汗水；忘不了工作生活中的喜乐忧愁、欢声笑语。苦、辣、酸、甜一切皆是甘之如饴……

世间自有公道，付出总有回报。历经十余年的不懈奋斗，丰城循环经济园区从一个年产值不过百亿元、税收不到两亿元的小微经济体，发展壮大成为有签约企业80多家、总投资突破240亿元，拥有从废旧资源回收、拆解及分选到熔炼再到精深加工的生态产业链，且年产值突破300亿元、税收超过20亿元的县域经济新增长极。新竹高于旧竹枝，全凭老干为扶持。一片蓬勃向上、前路光明景象的丰城循环经济园区，实现的快速、高效发展，离不开我们自身的努力奋斗，也离不了海内高朋与行业友人的悉心关怀和帮助。无论是在招商引资、资金申报，还是在平台创建上，丰城循环经济园区都得到了奋斗在循环战线上朋友的支持与帮助。尤其要感谢的是中国再生资源产业技术创新战略联盟，在城市矿产示范基地申报、招商的宣传推介、"优秀园区"荣誉获得等方面，都给予了大力的支持和帮助。

一万年太久，只争朝夕。四年的工作亲历，我克服了熬夜加班的苦与累，看到了丰城循环经济结出的累累硕果，见证了循环经济是最富亮点、最富特色、最富前景的"朝阳"产业。任重道远，实干为要。面对新的时代、新的挑战，站在新的发展起点，我们不忘初心，将牢牢秉持"循环产业是永不落幕的朝阳产业、废旧资源是永不枯竭的城市矿山、循环经济是永不松手的重要抓手"的发展理念，继续高举循环经济大旗，按照"十三五"绘制的蓝图，以建设"千亿园区、循环新城"为目标，推动丰城循环经济突破产业规模化、产业链条化、产业高端化等薄弱面的瓶颈，开创出丰城循环产业新发展局面，努力把丰城市循环经济建设成为全国生态文明产业的崭新亮点，努力为全国循环利用产业探索出一条可看、可学、可示范、可推广、可复制的崭新路径，努力将"资源有限，循环无限"的发展理念传播到千家万户。

踏平坎坷成大道，斗罢艰难又出发。在打造千亿园区、圆就循环梦的奋进过程中，我们面对艰难险滩、爬坡过坎和困难失败，只要不忘初心、继续前进，做到永不僵化、永不停滞、勇于变革、勇于创新，依靠坚强和勇敢，调整好凌乱的步履，收拾好散乱的心情，在继续前进的道路上，写万里河山于胸怀间。

作者简介

  钟良，中南大学硕士毕业，就职于丰城市循环经济园区管委会，主要从事文字材料的撰写以及国家部委出台政策法规的研究工作。

专家视点篇

中国再生资源产业技术创新战略联盟成立十年以来，之所以取得如此辉煌的成绩，呈现良好的发展态势，除了国家各类政策大气候优良、联盟秘书处勤奋工作以外，最关键的是联盟聚集了一大批有志于、有能于、热心参与再生资源技术装备研究和开发事业的专家们，同时逐渐形成了一批具有国际影响力的再生资源行业创新研发平台。

十年来，中国再生资源产业技术创新战略联盟科技工作者的坚强定力，无怨无悔地支持着联盟的可持续健康发展。

内蒙古科技大学再生资源高效利用成果十年回顾

张雪峰 刘 芳

内蒙古科技大学再生资源高效利用研发团队依托白云鄂博矿多金属资源综合利用省部共建重点实验室、白云鄂博共伴生矿废弃物资源综合利用国家地方联合工程研究中心,重点实验室以"白云鄂博矿资源综合利用"为核心,主要开展基础理论研究工作,提供新理论、新工艺;工程中心进行中试试验、产品技术开发,承担科研成果的转化,目前主要研究领域包括资源评价与保护利用、多金属矿非常规分离、稀土功能材料、矿冶固体废弃物资源绿色高值化利用。团队以国家和行业需求为出发点,不断探索资源循环、高效和高值化利用的核心技术,目标是建立和发展一个战略性的新兴产业——再生资源产业,推动白云鄂博共伴生矿采选冶炼废弃物和其他大宗固体废弃物资源化领域的研究成果向产业化转化。团队成员主要由海内外知名教授学者以及中青年研究骨干、工程技术人员等组成,经过多年建设和发展形成跨学科、多专业、覆盖从技术研发到科研成果产业化转化及推广的一支具有创新精神、丰富实践经验的专业化技术团队。团队成员注重技术创新,锐意进取,开拓创新,以新材料、新技术、新装备、新工艺、新应用贯穿技术研发始终，潜力挖掘工业固废二次资源高值转化应用成果，完成从科学研究、技术开发、推广应用的三级跳，开辟出一条利用工业固废二次转化为社会需求的新型高性能材料（耐磨耐腐蚀耐高温新型材料、多孔微晶玻璃、生态环保渗水砖等）系列产品的新途径，服务于社会各行各业，为社会节约原始资源和生态环境保护等方面做出巨大贡献。

围绕大宗工业固废绿色高值利用关键科学与技术问题，开发出利用固废（固废利用率大于90%）制备稀土矿渣微晶玻璃、轻质多孔材料、渗水砖等技术及工业化成套装备。攻克了一次结晶连续生产技术；矿渣微晶玻璃制品大规模生产成套装备技术；离心铸造法生产微晶玻璃管材成型自动控制技术；高温熔态调制技术；开发出上百种微晶玻璃管材、管件产品；稀土矿渣微晶玻璃已应用于矿山、冶金、电力、化工、煤炭等行业恶劣工况，与现用耐磨、耐腐蚀、耐高温材料相比，寿命提高5～7倍或更高；轻质多孔材料用于整体式装配住宅等建筑工程、渗水砖用于海绵城市建设。制定了《微晶玻璃管材》（JC/T 2283—2014）、《电力行业耐磨管道技术条件》（DL/T 680—2015）两项国家行业标准；获授权发明专利30余项；发表文章40余篇；获得内蒙古自治区科技进步一等奖；进入《产业关键共性技术发展指南（2017年）》（优先发展的产业关键共性技术174项之一）；成立内蒙古科韵环保材料股份公司，建成利用工业固体废物制备新型材料万吨级规模化生产的国家发改委示范基地。针对白云鄂博共伴生矿产资源高效、平衡利用，构建白云鄂博共伴生矿"非常规分选—电磁熔炼—新材料制备"资源绿色高效利用的工艺链条，并完成荧光拣选技术、水射流选择性磨矿技术、超导磁选技术、电磁熔炼设备与工艺技术、混合稀土金属制备技术、微波热处理设备与工艺技术、固废新材料制备工艺技术等七项技术的工程化研究，为白云鄂博共伴生矿资源高效、清洁、综合利用提供理论指导和应用示范。

加入中国再生资源产业技术创新战略联盟后，借助联盟平台，在联盟领导的大力支持下，扩大了内蒙古科技大学科研成果的影响力并拓宽了我们团队的研究领域，各项工作取得新进展。近年来联盟对内蒙古科技大学开展的白云鄂博矿资源高值、绿化、资源化利用等研发工作给予咨询指导，协助制定白云鄂博共伴生矿产资源高效综合利用协同创新的战略规划，并针对其中的关键环节给予技术支持或协同研发；推动和促进研究团队与国内外同行的科技合作交流及项目与成果推介等，先后建立了院士工作站、与多家企业合作、国内外合作与交流等。

2017年8月，联盟组织的赴瑞典和德国学术交流时，亲自将我校科技成果对欧洲资源综合利用领域引领国际前沿技术的企业和科研院所做了重点介绍，得到国内外同行和项目需求企业的广泛认可和关注，有多家单位前来寻求技术合作。

中国再生资源产业技术创新战略联盟李士龙理事长2017年11月29日在包头主持了"中国稀土及稀贵金属等战略金属二次资源循环利用科技创新成果现场交流会"。并邀请沈保根院士、包头市人民政府、内蒙古自治区科技厅、内蒙古科技大学和来自全国各地的160余名专家学者及企业家参加了活动。本次会议对内蒙古科技大学科技成果做了重点介绍和宣传，并组织中国再生资源产业技术创新战略联盟、内蒙古科技大学、包头市白云鄂博矿区人民政府三方签订了《关于推动稀土及稀贵金属等战略金属二次资源循环利用科技创新成果转化战略合作协议》，随后建立了内蒙古科技大学稀土矿产资源平衡利用院士工作站。

2018年1月，在联盟的推动和组织下，中国再生资源产业技术创新战略联盟专家委员会主任委员、中国科学院院士沈保根，联盟理事长李士龙，内蒙古科技大学相关人员赴云南省调研和推进稀贵金属二次资源循环利用工作，向云南省科技厅厅长做了我校工业固废高值利用等研究领域近年取得的成果，并向科技厅提交了《再生稀贵金属绿色回收及工业固废高值化利用关键技术及示范建议书》；同时推荐内蒙古科技大学与云龙县铂翠贵金属科技有限公司进行战略合作。2018年，我校与云龙县铂翠贵金属科技有限公司共同申报的云南省2019年重点专项《低品位难处理铂族金属均相废催化剂绿色循环利用关键技术研究》得到批复，为我校科技成果在云南省推广奠定了基础。

联盟组织内蒙古科技大学参加2018年澳门国际环保展。借此平台，采用模型、实物、多媒体和展板等多种宣传手段展示，展示了环保技术与产品，推广了项目成果，增进了国际交流与合作，取得了预期效果。

2018年6月，联盟组织我校白云鄂博共伴生矿废弃物资源综合利用国家地方联合工程研究中心相关领导和职工到浙江申联集团考察调研，并签订框架合作协议。联合中科院物理所和内蒙古科技大学组建"申联环保集团再生资源综合利用研究中心"。中心将依托申联环保集团瞄准共性瓶颈技术、核心技术，合作开展危废及工业固废等再生资源综合利用技术、装备与产品的开发研究、小试、中试以及成果转化等科研与生产系列活动，联手打造危废及工业固废资源化科技创新平台，提升自主研发实力水平并形成综合竞争力，以创新驱动引领再生资源产业高质量发展。

联盟调动一切积极因素，大力推进了我校产学研合作模式创新。充分发挥科技力量破解再生资源综合利用产业发展难题，为产业和环境协调发展提供高质量的科技供给，推动创新链与产业链深度融合，促进产业研发从点的突破向系统创新提升，中国进入了二次资源利用的新时代，项目组通过技术创新，开发新技术将矿产资源利用后剩余废弃物作为新型高性能材料制备用原料资源，有利于减少对新增矿产资源的消耗，同时突破传统固废综合利用技术开发成本高、制备的产品附加值低、针对对象较单一、再利用时带来新的二次环境污染、应用范围不够广泛的局面。项目的建设可因地制宜发展工业固废高值、绿色、综合利用产业，推动区域资源产业转型升级，打造全新行业，建立资源化利用产业集聚区、固废综合利用产业集群，解决尾矿、冶炼废渣、粉煤灰等大宗工业固废综合利用难题，对于资源型城市转型具有积极的促进作用，为我国工业固废的高效利用、治理固废环境污染、缓解经济发展与环境保护矛盾提供新思路，可真正实现矿产资源利用后剩余废弃物绿色、高值、清洁利用，实现环境效益、经济效益、社会效益共赢。

第一作者简介

张雪峰，二级教授、博士研究生导师，享受国务院政府特殊津贴，白云鄂博共伴生矿废弃物资源综合利用国家地方联合工程研究中心主任，中国再生资源产业技术创新战略联盟专家委员会副主任委员，内蒙古"草原英才工程"创新团队带头人、内蒙古磁学与磁性材料重点实验室主任。主要从事固体废弃物资源高效利用、稀土磁性材料、环境与生态评价等领域的科研工作。

既仰望星空，又脚踏实地

——联盟推动上海电子废弃物资源化协同创新中心屡上新台阶

王景伟

上海电子废弃物资源化协同创新中心（以下简称"中心"）自加入中国再生资源产业技术创新战略联盟（以下简称"联盟"）以来，紧紧凝聚在联盟周围，为行业发展整体提升做贡献。"中心"是目前国内唯一一家以"电子废弃物资源化"为研究领域的协同创新中心。面向国家生态文明建设和资源循环战略定位，中心建立了"政产学研用"立体化的协同创新体系，在推动行业整体规范化发展、提升行业技术水平、提升行业国际影响力、探索服务行业特需人才培养体系等方面取得一系列显著成效，出色完成预期目标与任务，建设成为本领域具有国际影响力的、引领行业发展的全国性协同创新中心。现拥有办公、实验研发和成果转化基地等各类场地面积共$5970m^2$，其中校内专属场地$3000m^2$、校内共享研发场地$1100m^2$、校外产学研合作基地$1870m^2$。

一、在联盟支撑下,中心的机构建设、体制创新等方面取得突破

中心在中国再生资源产业技术创新战略联盟指导下,联合清华大学、南开大学、中国环境科学院、中科院生态环境研究中心等10家单位,承建"废弃电器电子产品资源化联合创新平台",围绕行业核心与关键技术需求,形成合力进行协同攻关。

中心建立固体废弃物资源化国家工程研究中心电子废弃物资源化分中心,与昆明理工大学深度合作,为固体废弃物资源化国家工程研究中心提供上海的地理优势与产学研深度合作。

中心与北京市过程污染控制工程技术研究中心合作,设立"北京市过程污染控制工程技术研究中心上海分中心",针对新型电子废弃物资源化利用及处置技术和过程污染控制技术开展联合研发与成果转化。

二、多年以来,在联盟悉心指导下,中心与区域、企业开展良好合作,建立了稳定的重大任务来源

(一)国际层面

继中心成为国际解决电子废弃物问题专业机构StEP组织成员后,执行主任王景伟教授作为亚太地区唯一代表当选StEP监督委员会委员,进一步深化了与联合国大学、德国TechProtect公司、图宾根大学、巴登符腾堡应用技术大学、法国昂热大学等机构的合作,提高了中心的国际参与度和话语权。

(二)国家层面

长期为电子废弃物环境管理提供决策支持。受国家环境保护部固体废物与化学品管理技术中心委托,连续承担废弃电器电子产品处理基金-配套政策研究项

目2项；中心研究人员担任环境保护部固体废物与化学品管理技术中心专家委员会和废弃电器电子产品技术复核专家库专家5人次。

（三）区域层面

服务台州市"城市矿产"产业转型升级，打造覆盖全过程的"城市矿产"资源循环利用产业发展模式。开展污染场地修复和环境治理，为台州市再生金属园区转型发展提供整体解决方案1套，相关议题列为《浙江省台州市人民政府与上海第二工业大学战略合作框架协议》的重要内容。

（四）企业层面

针对当前"城市矿产"开发利用的技术瓶颈，与江西格林美资源循环有限公司、上海坚儒环保工程有限公司、苏州顶裕生物科技有限公司等行业龙头企业密切合作，承担百万级重大研发任务4项。

三、中心在联盟指导下，深耕产学研合作，引领研发工作，打造品牌影响力

中心依托政府管理部门、行业协会及联盟等协同体的支持，以国家重大任务和行业实际需求为牵引，参与国家重点研发计划指南撰写和申报，承担国家重点研发计划项目，引领行业协同发展；中心研发成果在本领域得以稳步转化，经济效益显著，获行业认可。

中心协同格林美股份有限公司、淘绿网、启迪桑德环境资源股份有限公司、中国再生资源开发有限公司、上海新金桥环保有限公司等行业龙头企业，将创新科研成果服务于具体产业活动，提升"回收-处理处置-污染控制"全产业链的技术水平，累计完成125项技术推广与应用项目，年新增产值6300万元。

四、中心在联盟指引下,大力推动服务行业全产业链人才培养体系建设

针对电子废弃物行业起步晚、发展快,所产生的专业管理与技术人才严重不足的问题,中心通过协同政府机构、高校、科研院所、国际组织、行业协会及企业,构建了覆盖电子废弃物行业全产业链相关学科领域的专业化、国际化、普及化多层次特需人才培养体系。

(一)本科生

采用"1+3"模式引导本科生融入教师科研工作,加强其电子废弃物理论知识与实践能力融合,提升专业知识素养。

(二)工程硕士

建立"企业实践+课程学习+学位论文"三段式的"工程导入"研究生培养模式。协同国内外70余家企事业单位合作和100余位企业导师,以"双导师制"进行联合指导,提升研究生的工程实践和创新研发能力。

(二)博士后

中心与固体废弃物资源化国家工程研究中心进行博士后联合培养,围绕电子废弃物资源化关键共性技术,加强行业高层次人才的培养。

(四)留学生

中心重视开展国际交流合作。来自德国TechProtect公司十余名实习生及法国昂热大学(University of Anger)多名研究生到中心交流学习,针对电子废弃物管理与处理技术进行课题研究,推进双方在电子废弃物领域的技术交流。

（五）专业技术及管理人才

1. 政府环保部门管理人员专业培训

中心作为国家"电子废物处理与资源化"培训基地，承办环境保护部固体废物与化学品管理技术中心-废弃电器电子产品处理企业环境管理培训班，为来自全国各级地方环保部门130余名管理人员进行废弃电器电子产品处理企业规范化管理水平专业培训，提高环保部门对电子废弃物行业的管理水平。

2. 电子废弃物处理企业管理与技术人员专业培训

中心承办环境保护部固体废物与化学品管理技术中心-废弃电器电子产品处理企业环境管理培训班，为来自全国104家电子废弃物处理企业的230余名管理与专业技术人员进行废弃电器电子产品拆解处理情况审核工作指南培训，并解析新版内容的修订思路，推动行业企业规范化发展。

3. "一带一路"沿线国家管理人员专业培训

中心和巴塞尔公约亚太区域中心共同主办了"一带一路"教育项目——城市矿产与污染防治研修班，并邀请斯德哥尔摩公约亚太地区能力建设与技术转让中心、国家环境保护废弃电器电子产品回收信息化与处置工程技术中心以及中国再生资源产业技术创新战略联盟等单位共同筹办。研修班共吸引来自巴基斯坦、印度尼西亚、南非、伊朗、老挝、蒙古、泰国、越南、马尔代夫等13个国家21位学员来华参加。研修班重点介绍中国的电子废弃物管理经验和技术方案，并通过"一带一路"国家间开展城市矿产与污染防治领域的合作，推动各国生态环境保护能力建设，携手跨越传统发展路径，实现经济绿色转型发展，提升我国电子废弃物行业国际形象及影响力。

上海电子废弃物资源化协同创新中心将紧紧围绕在中国再生资源产业技术创新战略联盟周围，不忘初心，砥砺前行；继续为行业发展贡献力量。在联盟引领下，既充满期待为行业发展的未来仰望星空，又专研躬耕为科学技术的推进脚踏实地，让我们携手并进，走进第二个"十年"。

作者简介

王景伟，现任上海电子废弃物资源化协同创新中心执行主任，教授，上海市重点学科带头人，上海市模范教师，曾任上海第二工业大学城市建设与环境工程学院院长、科研处处长、研究生部主任等。社会兼职：中国再生资源产业技术创新战略联盟专家委员会副主任委员、全国电工电子产品与系统环境标准化技术委员会委员、科技部国际合作项目评审专家、上海市环境学会理事。先后承担了国家863计划、"七五"攻关课题、上海市重点学科、广东省重大科技专项等一系列重要项目；发表文章50余篇，申请发明专利20余项，授权发明专利10项、实用新型专利3项；获广东省科学技术三等奖1项。

融入中国再生资源产业技术创新战略联盟，为发展再生金属产业做贡献

张深根

我1998年从中南大学博士毕业后入职北京有色金属研究总院，主攻方向是稀土磁性材料，主要从事稀土永磁材料研发及产业化，攻克了快冷厚带产业化关键技术，将我国烧结钕铁硼产业化技术水平提升到国际先进。我于2004年调入北京科技大学工作后，从天、地、人三者和谐发展的大尺度出发，潜心钻研材料循环利用技术，重点集中于再生金属产业化关键技术，成立了磁功能及环境材料研究室。我从事再生金属研发工作大致经历了两个阶段：第一个阶段是2004～2007年，处于探索、寻找研究方向阶段；第二个阶段是2008年至今，处于产学研合作、服务再生金属行业阶段。自从2009年加入中国再生资源产业技术创新战略联盟以来，得到了联盟理事长李士龙先生的大力指导和支持，我团队开创了再生金属领域研发新局面，在再生铜铝、再生贵金属等领域取得了长足的进步，得到了行业的认可。

李士龙理事长充分发挥产业技术创新战略联盟是实施国家技术创新工程的重要载体，遵循"以企业为主体、以市场需求为导向，以产业化为目标、产学研相

结合"的原则，通过组织我团队产学研合作促进产业技术集成创新，提高产业技术创新能力，推动了科技创新引领产业升级、再生资源产业向高端水平迈进。在此，我举两个鲜活的实例，谈谈中国再生资源产业技术创新战略联盟对我团队的指导作用。

实例一：电子废弃物无害化处置与资源化利用

2006年9月，我孤身一人，深入到世界知名的"电子垃圾之都"的广东省贵屿镇调研，深入到农民的家庭作坊、偏僻的山沟，亲眼目睹了那一幕幕野蛮拆解、一股股富含剧毒氰化物的废水、一团团刺鼻的浓烟……这些对环境造成了危害，对居民身体造成了伤害！回到北京后，我认真思考，如何绿色高效处置电子垃圾，变废为宝，实现经济和环境和谐发展？我认定一个科研理念：造成的环境污染、资源浪费，就是技术不行！在攻克绿色回收废旧电路板中战略性贵金属和铜的难题过程中，得到了联盟大力支持和指导，我提出了先将废旧电路板进行机械破碎，然后重力分选得到金属组分和非金属组分；非金属组分主要是树脂和玻璃纤维等，可资源化利用于木塑材料；金属组分包含了铜和贵金属，采用反射炉冶炼得到铜阳极板，再进行电解得到阴极铜，同时将贵金属赋存于阳极泥中，最后从中提出贵金属等科研思路。经过五年的努力，突破废旧电路板绿色提取战略性金属关键技术，开发出一套有别于比利时优美科公司的工艺方案，完成了实验室原理实验、小试、工程验证和产业应用全链条的研发工作。为了将研究成果进行产业化，联盟牵线搭桥，与致远集团紧密合作，将整个工艺流程进行详细编制，阐明工艺原理、设备选型及优化、计算能耗物耗、分析物料平衡、测算污染物排放强度、排放浓度、确定年度污染物排放总量等，历时半年以上通过了严格的环评，建成了一个现代化绿色工厂，通过了ISO 9001质量认证和ISO 14001环境认证等。

实例二：废铝易拉罐保级循环利用技术

废铝易拉罐内外表面因涂覆环氧树脂和油漆等有机物，罐体与罐盖、拉环的铝合金成分不同且工业规模无法分离，夹杂大量的非铝杂质和饮料等，我国"直接熔炼-降级使用"的传统工艺不仅造成每年近88万吨高价值的废铝易拉罐被降级生产低档的建筑用铝合金或冶金还原剂等，同时也造成了严重的环境污染。

针对上述问题，中国再生资源产业技术创新战略联盟建议国家科技部将"废铝易拉罐绿色保级再利用技术"列入国家科技支撑计划，委托我团队对废铝易拉罐绿色保级再利用的成套技术进行研发。在李士龙理事长的精心指导下，攻克了废铝易拉罐"低氧动态热脱漆"难题，开发了低氧热脱漆技术及旋转动态脱漆窑，脱漆率95%以上，极大地减少了二噁英的物质来源；研发出蓄热室双室反射炉液下冶炼技术和装备，实现了双室炉液下熔炼，铝回收率可达97%以上，吨铝熔炼能耗可降低至58m^3天然气（约567kW·h/t），为原生铝能耗的3.78%，提高了回收率，节能效果显著；开发出"除杂除气""在线成分和组织调控"和"环保"等共性关键技术，建立了成分调控的数学模型并应用于生产实践，可控制合金成分与杂质含量；开发了二次燃烧和急冷技术，结合布袋除尘和活性炭吸附等技术，烟气中二噁英为0.26ng/m^3（GB 31574—2015限值为0.5ng/m^3），实现了二噁英、氮氧化物和粉尘等污染物达标排放。上述研发成果已经获得工程化验证，可稳定生产罐用铝合金，满足GB/T 3190—2008要求，目前正在大正铝业建设国产第一条10万吨/年废铝易拉罐保级循环生产线。

在中国再生资源产业技术创新战略联盟大力支持下，我团队开创了材料循环利用技术研发方向，攻克了贵金属铜铝等循环利用关键技术并产业化，在危险固废无害化处置和资源化利用方面做出了卓越的成绩，完善了"材料设计-制备-加工-评价-服役-报废-再利用"学科链。下一步，我团队将按联盟发展战略，加强知识产权共享、标准研制、共建联合研发平台等方面的工作,确保在产业技术创新方面的领先优势。

作者简介

张深根,教授,博士生导师,北京科技大学新材料技术研究院副院长,国务院政府特殊津贴专家,中国再生资源产业技术创新战略联盟副理事长。主要从事材料循环利用、稀土材料和危险固废无害化处置与资源化等研究。获国家技术发明二等奖1项、省部级一等奖4项。发表学术论文151篇;出版著作3部;申请中国发明专利132件,其中授权85件;授权实用新型专利6件;申请PCT专利10件;申请美国专利7件,其中授权4件。多项科研成果已转让企业进行产业化或中试开发。

机械化拆解是我国五金电器类废物拆解业的必由之路

马鸿昌

随着全球经济的快速发展，对原材料的需求量也在不断地增加。但世界上可开采的资源十分有限，有的有色金属矿产资源已濒临枯竭。面对全球矿产资源日益匮乏，发达国家都在不断提高再生资源利用率，降低原生资源的使用，这是目前全球经济发展的趋势。目前许多发达国家正在大力推行循环经济，推进建立循环型社会。循环型社会是一个抑制天然资源的消费，减低环境负荷的社会。因此，再生资源的回收利用已成为衡量社会可持续发展，实现经济、社会、环境协调发展的循环型经济模式的一个显著标志。再生利用行业由于节约资源、保护环境，还被联合国列为21世纪绿色产业之一。

中国是人口众多的发展中国家，人均占有资源极其有限，经济发展受到资源匮乏的严重制约，尤其是有色金属。虽然中国矿产资源相对丰富，但人均占有量仅为世界水平的58%，大型和超大型矿床比例很小，贫矿、难选矿和共伴生矿多，中国45种主要矿产资源人均占有量不足世界人均水平的一半，铁矿石、铜和铝等重要矿产资源人均储量分别相当于世界人均水平的42%、18%、7.3%。一方面，中国矿产资源紧缺；另一方面，中国矿产资源综合回收率低，平均不到50%，比发达国家低20%。因此，鼓励再生资源的回收利用，对解决国内资源短缺、减少原生资源开发和资源综合利用，具有重大的战略意义，是目前中国国民经济和社会发展过程中一项长远的战略方针。进口国外和回收国内金属废物加工利用，具有较好的社会效益、环境效益和经济效益。

国家鼓励废金属在再生资源加工园区拆解，但过去大部分园区在废料拆解方面除了少量的机械设备外，基本上都是手工操作，造成工人劳动强度大，劳动保护条件差，工作效率低。不利于产业化，基本上未形成从收集、拆解到深加工的产业链。机械替代人工拆解将是行业提升的第一大基点，由于行业起步较晚，工业基础薄弱，国内拆解行业95%的工作为人工操作，所谓人工拆解就是工人使用原始的铁锤、斩子对物料进行斩断、分离，且效率低下，回收利用率大大低于国外同行业。同时由此而产生了人身安全、环境污染、劳动保障等种种弊端。目前，仅欧美、日韩国家具有开发研究此类破碎机的专业厂家，且价格昂贵，发展中国家无力研发、制造。开发研究具有自主知识产权的机械拆解设备是当务之急，市场前景广阔。

为此，国家科技部在"十一五"科技支撑项目中设立了《废旧机电产品和塑胶资源综合利用关键技术与装备开发》项目，该项目共设十个子课题，由中国再生资源产业技术创新战略联盟负责组织，其中宁波再生资源加工园区承担的第五个子课题是《废旧机电产品综合利用工业园区产业链关键技术开发与集成示范》，宁波天地回笼公司承担了分课题《废五金类废物（包括废电机、废电线电缆、废五金电器）拆解利用成套设备国产化开发及示范》。

本研究课题的主要难点在于缺乏技术资料，对此在课题开题研讨会上，中国再生资源技术创新战略联盟领导指出：项目一是要走产学研相结合的道路，充分利用高校和科研机构的技术优势；二是要走出去请进来，吸收国外先进的设计理念；三是要深入废金属拆解基层，了解拆解的全过程。对此项目单位宁波天地回笼有限公司联合复旦大学、北京化工大学的教授和老师一起攻关，并出访意大利某机械研究院共同开发研究，并深入到台州齐合天地拆解现场调研，取得了明显的效果。

经过两年多的努力，在不断提高和改进的基础上，宁波天地回笼公司2010年1月制造了国内第一台电机破碎机，完成每小时破碎6～8t废旧电机，各项技术要求均达到国外同类产品的性能，每班可加工破碎废旧电机50～60t电机，可取代35～50人的工作量，且配套研发了粉尘处理系统、除尘系统的研究。废电机的结构决定着粉尘、塑料、纸屑、胶木、石棉等环境污染风险高的物质，通过对除尘系统的研究，在现有的除尘方法的基础上研发适合本设备使用的除尘方案，有效地控制环境污染的风险。还研发了粉碎物拣选设备、分选系统的研究。电机、铜杂、铝杂等在破碎之后，主要有铜、铁、铝、不锈钢等金属，由于是整体的破碎，各类物质混合在一起，通过对分选技术的研究，采用磁选有效的分离磁性与非磁性物质，通过多次涡电流分选有效地分离金属与非金属物质，以及铜、铝分离，完全提取高价值的含量高的金属铜，提高再生资源的利用率。而采用机械化拆解生产效率可以提高20倍，而生产成本仅为人工拆解的17%。宁波天地回笼公司制造了废旧电线电缆处理系统的开发、制造工作，设计处理能力为5t/h的铜米机，完全取代人工拆解。废线缆经过一系列的加工手段之后，可以得到纯净的铜米颗粒和塑料。废五金破碎机的处理设计能力每小时可破碎90t废五金。

废五金类废物再利用资源分析：废五金类废物（包括废电机、废电线电缆、废五金电器）大部分材料由金属、塑料等固体无机物成分组成，主要金属类型包括钢铁、铝、铜、金、银、铂及合金等。五金产品在制造过程中，由于工艺问题和性能问题而报废的比例很高，同时随着产品更新换代速度的加快，各种废弃产品已经成为一座不可多得的"城市矿山"，其中的贵金属含量比大部分贵金属矿物含量高很多。

拆解1t废电机所得到的各种物质成分：废钢铁0.70～0.75t，废铜0.05～0.08t，废铝0.06～0.11t，废塑料0.02～0.03t，不可利用的在0.03t以下。拆解1t废电线电缆所得到的各种物质成分：铜电线电缆里，含铜0.40～0.45t，含塑料或橡胶0.45t，废纸0.05t；铝电线电缆里，含铝0.45～0.50t，塑料或橡胶0.45t，废纸0.05t，不可利用的在0.02t以下。拆解1t废五金电器所得到的各种物质成分：钢铁0.70～0.75t，铜0.05～0.08t，铝0.06～0.11t，不可利用的在0.04t以下。若每年拆解500万吨废五金类废物（其中废电机200万吨，废电线电缆100万吨、废五金电器200万吨），经过拆解后，可每年获得废钢铁300万吨，废铜68万吨，废铝54万吨，废塑料73万吨。

该项目获得了科技部和中国再生资源产业技术创新战略联盟的认可并通过了专家组的验收，在专家验收会上，联盟领导鼓励说这套机械化拆解设备要在国内外广泛推广与应用。首先在再生资源加工园区中进行试点，并进行经济效益、环境效益、社会效益的分析研究，在试点的基础上再逐步推广。开发研究小型设备进入南亚、东南亚、西亚、拉丁美洲、非洲国家市场。

目前，宁波天地回笼公司正着手电机破碎成套技术的整合，进行系统化处理，并已具备商业化技术条件，随时可为市场提供废电机、废电线电缆和废五金处理系统。目前这套机械化拆解设备已在多个再生资源加工园区中推广应用，并准备进入东南亚市场。机械替代人工拆解全面提高环境保护、再生利用、人身安全等的社会效应。机械拆解的介入，使生产效率提高，工厂员工相对减少，缓解了用工紧张的趋势，缓解了用工成本压力。使行业的管理硬件、软件提升一个新台阶，形成和谐的工厂氛围，有利于社会稳定，有利于市场竞争的优势。

作者简介

马鸿昌，国际回收局（BIR）中国事务顾问，研究员，中国再生资源产业技术创新战略联盟专家委员会委员。长期从事全国固体废物管理和研究工作,参与制定固体废物管理法规和标准。负责联合国环境规划署的《巴塞尔公约》在中国的履约工作,参加历次《巴塞尔公约》缔约国大会。在国家环境保护部工作期间大力推动《巴塞尔公约》在中国的实施。

合肥工业大学绿色设计与制造工程研究所与联盟共发展

刘志峰

合肥工业大学绿色设计与制造工程研究所于1994年在国内率先开展机电产品绿色设计与绿色制造研究，2008年机械工业联合会批准建设"机械工业绿色设计与制造重点实验室"，并先后与奇瑞、合力、合锻、美菱等企业联合成立了数家绿色技术研发中心，形成了80余人的稳定研究团队。自1997年起连续20多年获得国家自然科学基金不间断资助，先后承担国家级项目32项，授权国家发明专利54项，获国家科技进步二等奖1项、安徽省科技进步一等奖3项、中国机械工业科学技术一等奖1项，及其他省部级科技奖励5项。

加入中国再生资源产业技术创新战略联盟10年来，合肥工业大学绿色设计与制造工程研究所一直致力于如下几个方面的理论方法与应用的研究。

一、机电产品绿色设计与低碳制造

机电产品具有产需量大、资源能源消耗多、拆卸回收处理困难等特点，其资源环境问题日益突显。针对典型机电产品，开展产品的绿色设计方法和关键技术的研究。主要研究内容如下。

（一）产品生命周期环境影响分析技术

针对我国家电、汽车、成型装备等产品其生命周期环境影响关系复杂、生命周期基础数据难于搜集、评价分析周期过长等多种问题，开展产品设计研发的产品全生命周期评估理论与方法体系、生命周期环境影响因素识别与分析研究。

绿色设计方法及其集成应用技术：针对典型家电（电视机、洗衣机、空调、冰箱）和电子（电脑、手机）产品等，从产品的需求分析、功能结构优化、工艺规划等多个设计层面出发，研究面向产品全生命周期的绿色设计方法并开发相应软件工具。

（二）绿色设计知识建模、管理和重用技术

在工业4.0和大数据背景下，研究绿色设计领域的数据、信息、知识的集成管理方法，构建产品绿色设计知识重用技术体系和技术标准。

（三）机电产品低碳设计理论方法

针对典型机电产品进行产品生命周期的能耗、物耗分析，研究产品的能量流及能量耗散机理、物耗流及物耗机理；基于面向低碳的产品零部件材料选择和结构优化原则，研究产品轻量化与节材设计方法和工艺路线的低碳优化方法。

二、机电产品再制造理论方法与技术

在对机电产品再制造理论与方法系统研究的基础上，针对盾构设备、轨道车辆及冶金、化工、能源设备中的液压泵阀、油缸、轮对等典型部件，研究其再制造相关的技术、工艺与装备，具体研究内容包括以下几方面。

（一）再制造毛坯检测技术与工艺

研究以超声波检测、射线检测、涡流检测、渗透检测、磁粉检测、磁记忆检测

为代表的再制造毛坯检测技术。针对发动机曲轴、汽轮机叶片、压缩机叶轮等高价值零部件，检测废旧零件的损伤程度，确定零件再制造的技术和经济上的可行性。

（二）再制造零件寿命评估技术

通过几何精度、表面质量、理化性能、潜在缺陷、材料性质、磨损程度、表层材料与基体的结合强度等与再制造零件寿命密切相关因素的计算建模、仿真分析和实验验证，建立再制造零件的寿命评估体系。

（三）主动再制造与在役再制造技术

产品的被动再制造存在修复困难、修复价值低等缺点，从设计信息模型、设计参数映射和优化、设计冲突消解以及设计反馈等方面，研究主动再制造设计的基本理论体系和应用模式。通过运用信息化、智能化技术对在线运行的装备进行技术改造，研究面向装备节能减排在役再制造技术体系。

三、产品回收与再资源化方法、技术及其应用

针对废旧电子电器、汽车、工程机械等产品及其关键零部件的拆卸方法与回收工艺及方法进行研究。对典型机电产品回收流程进行规划及决策，分析其回收利用率和再生利用率，开发与其相关的回收工艺装备和拆卸工具，实现回收过程的高效化和清洁化。具体研究内容包括以下几方面。

（一）典型机电产品拆卸和回收工艺决策技术

研究产品典型拆卸回收工艺，建立拆卸和回收工艺的工艺数据库。以制冷类家电产品空调、冰箱为对象，研究面向拆卸回收的智能CAPP技术，建立典型机电产品的拆卸规划方法和以回收经济性和环境性为目标的回收工艺优化模型。

（二）废旧机电产品回收和再资源化工艺与装备

以废旧线路板、废旧轮胎、碳纤维复合材料件、LCD液晶显示屏为代表，研

究报废产品的材料分选和提纯工艺并开发相应的工艺装备，并开发废旧产品在拆解、破碎、材料分选及废弃物处理过程中的二次污染控制与自动化处理技术及装备。

（三）产品逆向物流技术

以手机、平板电脑、废旧电池为例，建立集计算机网络、GIS技术于一体的服务于回收网络体系的决策支持系统，融合物联网、电子商务等信息化技术，以业务流程和优化算法为基础，建立消费者-收集中心-回收处理中心为一体的多维废旧产品回收网络。

（四）报废机电产品再资源化过程监控技术

以报废的工程机械为对象，在废物产生、分类、运输、处理和利用等过程进行废物自动识别、实时对资源化过程进行检测和风险控制。构建以物联网技术为核心的再生资源产销服务体系，实现废物向资源的高效转化。

在上述研究的基础上，研究所在以下领域取得了一定的成果与突破。

（一）绿色设计理论与方法及其支持工具

研发了高端家电及汽车产品绿色设计系统，解决了绿色设计中的数据支持与制造企业固有设计流程冲突难题，实现了绿色设计平台与现有设计工具的有机融合，成功应用于美菱高端主流系列冰箱以及奇瑞、江淮系列产品研发，有效应对了国际/国内的相关绿色法规。

（二）机械装备低碳制造方法及关键技术

基于机械装备运行阶段能量耗散特性，建立了负载平衡系统共享技术与全局能量匹配控制方法，研发了装备/工艺/车间多层级能耗监控系统，已在合锻、合压等装备制造企业进行了初步应用，节能潜力显著。

（三）机电产品再制造理论方法及其关键技术

研发了拆解损伤分析与评估技术、毛坯损伤弱磁/超声复合检测技术、磁场辅助增材修复与质量评估技术等关键技术，成功应用于徐工、合力、奇瑞等企业关键零部件再制造。

（四）废旧机电产品回收与再资源化方法及装备

研发了压缩机智能测量/切割一体化技术、子午线轮胎超高压水射流回收、废旧碳纤维复合材料超临界流体回收、LCD面板超临界/溶剂法回收等再资源化利用关键技术与装备，已在天津、石家庄和芜湖等地建立示范生产线，部分技术与装备已成功应用于国内相关企业，取得了良好的经济效益与社会效益。

随着我国制造业水平的不断提升，产品将更加丰富，消费升级和产品更新换代步伐将越来越快，各类废旧产品的数量也将不断攀升，对其回收处理能力和技术水平的要求也将越来越高。建设资源节约型、环境友好型社会将需要更多、更高效、更智能的技术方法和工艺装备，中国再生资源产业技术创新战略联盟聚集了产业链上的很多优秀企业和研究机构，联盟这个平台必定不断推动产学研用紧密结合、发挥行业引导和推进作用，为我国生态文明建设和"两型社会"的实现发挥更大作用。合肥工业大学绿色设计与制造工程研究所也会在联盟"合作、共赢、创新、发展"原则指引下，加强与联盟的沟通协作，以新技术、新工艺、新方法、新装备支持联盟工作，为联盟企业成员单位发展提供相应支撑。

作者简介

刘志峰，合肥工业大学党委常委、副校长、教授、博士生导师，中国再生资源产业技术创新战略联盟理事。主要从事机电产品绿色设计理论与方法、绿色制造工艺技术、废旧产品再制造与回收工艺及装备等研究，先后主持或参加了国家多项国家科技计划和国家自然科学基金重点项目、国家自然科学基金面上项目及企业合作等多个项目的研究工作。在国内外核心期刊及各种学术会议上发表研究论文100多篇，出版《绿色设计与绿色制造》《干切削加工技术及应用》等多部学术著作。获国家科技进步二等奖1项、国家级教学成果二等奖1项、省部级科技进步一等奖4项等。

依托联盟平台，推进再生资源产业技术创新

——庆祝中国再生资源产业技术创新战略联盟成立十周年

胡 彪

天津理工大学是中国再生资源产业技术创新战略联盟发起单位之一，自联盟成立以来，我校积极参加联盟各项活动，依托联盟平台先后开展了含铅废物的回收铅和水玻璃、废漆包线铜米脱膜精制、废纤维芯输送带再制造等方面的废弃物资源化利用的研究，获得了关键工艺技术，开发完成了关键装备及成套生产线，并依托研究成果为行业领域服务，得到了同行的充分肯定，为学校在资源再生领域的学科发展提供了支撑，为联盟赢得了荣誉。我个人也被推选为联盟专家委员副主任委员，荣获联盟有突出贡献专家的荣誉。值此联盟成立十周年庆祝之际，我结合近十年来科学研究和技术服务的体会，寄语联盟及成员，以期联盟事业走向更大辉煌。

一、技术升级是再生金属产业发展的当务之急

联盟成立的这十年时间是我国再生资源产业快速发展的阶段，以再生铜、再

生铝、再生铅、再生锌的产量为例，已经占到原生金属产量的四分之一以上。但是再生资源产业的发展也面临新形势、新挑战和新机遇。

首先，国家已经全面禁止了洋垃圾的进口，废塑料、废纸、废旧机电产品（含铜）、废金属切片（含铝锌镁）等废物，曾作为支撑我国再生资源产业的主要原料渠道，对我国再生资源产业产生较大影响，单纯依靠扩大外延和产量的粗放的增长方式已经走到了极限，开展精深回收，提高回收产品的价值，是破解原料制约困境的根本所在。

其次，从我国现有再生资源回收利用总体技术方面看，从回收体系的建设、储运、分类分选、粉碎分离、有价组分的提取、环境保护等各个方面，虽然取得了许多关键成果，但是技术水平和效率还较低，亟待进一步提高。

在解决国内废弃资源利用和环境治理问题为重的前提下，加强国内废弃资源回收，提高回收利用率，化解原料瓶颈。同时整个产业应该以此为契机，围绕节能减排和提高生产效率，研发新技术、新工艺和新材料，特别是通过技术创新提高技术水平，推进我国再生资源产业迈向新高度。

二、再生资源产业技术创新的大好时机已经成熟

经过近十年的快速发展，我国再生资源产业特别是铜、铝、铅、锌以及稀贵稀散金属再生产业作为我国再生金属生产的重要组成部分，为我国战略金属资源的生产做出了重要贡献。同时，整个再生资源产业技术水平也得到了大幅提升，形成了较为完善的技术体系和装备体系。

企业是技术创新的主体，依托企业的生产系统，密切结合企业质量、效率和新材料研发需求，开展新知识、新机理、新方法创新性研究，将取得的技术创新成果直接转化为生产力，进而步入科技效益型的良性循环的发展轨道，是企业不断进步和发展的根本所在，这也是发达国家和全球知名再生有色金属企业科技创新的历程。

目前，在我国再生资源领域，仍然有许多技术领域依靠国外技术和装备，如废杂铜再生制杆、再生铅冶炼、铅酸电池的生产制造，成为制约我国再生资源发展的瓶颈。另外，许多关键技术问题长期没有突破，如再生铝的除杂精炼，镀锌资源的有序回收、铅酸电池的短流程回收利用、废电子线路板稀贵金属的高效回收等。我们希冀在今后，紧密依托联盟的平台，开展创新性研究，攻克更多的关键技术难题，推进再生资源产业的发展。

三、联盟产学研合作机制的优越性凸显

我国高等学校人才荟萃，高校为教学科研人员提供了充足的时间、足够的资源和生活保障条件，高校的教学科研人员可以专心致志的开展科学研究工作。在制度方面，高校对科技创新建立了完善考核和促进机制，将获得的科研项目、发表的论文、申请的专利和奖项的级别、数量、经费数量等纳入例行年度考核，按年度和聘期考核，并与职称和级别晋升、薪酬准确挂钩，促进了高校科研持续创新，高校科研成为科技创新不竭的源泉。但是高校科研创新成果的转化和产业化应用则明显存在不足，特别是由于基础研究领域的基金项目的导向问题，研究内容及成果与产业化应用脱节。

由于认识、方法、手段和经验需要时间积累，科研人才的培养大约需要有十年左右的时间，且由于人力资源成本的不断提高，以及科技投入较低，企业难以拥有一支规模相当的科研队伍。从目前的情况看，企业科研力量的重心在保证企业生产运行方面，从事创新性开发研究的力量不足。

联盟成员企业应该制订中长期科技发展规划，将联盟内高校和科研机构的科研资源纳入成员单位的科技创新体系，特别要结合企业的前瞻性发展和解决生产过程的技术瓶颈，详细规划梯级技术需求计划，在充分论证的基础上形成科研选题，引领联盟的技术创新发展方向。

作为联盟成员的科研人员，要树立服务社会、服务企业的长远目标，密切结

合研究方向与企业需求,克服学术浮躁和急功近利,潜心研究奋力攻关,重视成果转化应用,通过不懈努力取得重大成果。

四、建立产学研合作研发的有效机制,推进技术创新

首先,联盟要结合产业的发展需求,组织筛选联盟内产业的前瞻性技术和其他目前亟待改进的技术问题,特别是涉及产业领域发展方向的重大科技问题,提供联盟内高校、科研机构和企业开展预研和技术开发,视进展和成果进展,结成产学研动态研发联盟,开展技术研发,突破关键技术问题,实现成果的直接转化,推进产业的持续发展。

第二,建立起产学研研发管理制度,形成严谨有效的制度保障。对于研发过程的技术秘密、商业信息,通过制订保密制度和签署保密协议,明确保密范围、时效,责任义务,形成有效约束。科技成果的公开和分配,在符合保密约定的前提下进行,论文发表署名、专利申请、奖励申报本着公平、合理和成果利益共享的原则,具有制度保障。

第三,建立起有效的科研资源配置和管理制度。联盟积极组织申报各类政府和企业的科技项目立项,获得经费支持,参研机构要合理管理和使用,在严格保证贯彻国家、地方和企业科研经费管理的原则下,重点保障经费要足额投入到科技研发工作中。参研单位的仪器设备、人员、交通和实验材料需要付费使用的,研究过程中需要按规定支付,确保研发工作的可持续进行。

作者简介

胡彪,天津理工大学教授、博士生导师,中国再生资源产业技术创新战略联盟专家委员会副主任委员。主要研究方向:管理科学与工程、生态工业工程、环境科学与工程、资源循环利用技术与装备。主要研究成果:废CRT分解切割设备、废CRT含铅玻璃回收铅技术与装

备、含铅冶炼渣资源化利用技术、废纤维芯橡胶输送带再制造技术与装备、废混合塑料自动分类分选设备、漆包线铜米脱膜精制技术与装备、废弃资源回收利用国家和地方标准编制、再生资源产业发展战略研究等。

十年磨一剑，谋篇铸伟业

张 伟

2009年初，由李士龙先生召集相关人员组织筹划，按照科技部《关于推动产业技术创新战略联盟构建的指导意见》部署，联合原装甲兵工程学院等专业从事再生资源开发利用的18家龙头企业、科研院所组建了"中国再生资源产业技术创新战略联盟"，围绕废有色金属、废机电产品再制造、废橡胶轮胎、废电子电器产品等主要再生资源领域，建立产学研结合的技术创新体系，解决关键技术的创新开发和产业化问题，提高我国再生资源产业整体水平，增强我国再生资源产业的核心竞争力。十年来，联盟不断拓展学科领域，创新求变，发展壮大，致力于支撑政府决策、构建产业发展创新环境，先后被评为国家试点联盟、国家A级产业技术创新联盟、国家重点研发计划重点专项项目组织申报的推荐单位，成为提供全方位创新服务的模范创新组织。在联盟的组织指导下，再制造作为联盟的重点产业方向，在国家科技部设立了多项科技支撑项目、863计划、重点研发计划等再制造重点项目，人员的科技研发水平、企业的技术创新能力、产业的政策标准规范等都得到了长足的进步与发展。作为联盟发起单位的主要成员以及联盟的专家，陪伴联盟发展壮大的过程中，我自身更是收益颇多，体会深刻。

在参与战略规划的起草学习过程中，科学前沿的认识与探索更加深入。在联盟组织和协调下，先后参与了发改委《第二批再制造试点方案设计、方案评审研究》，科技部《废物资源化科技工程"十三五"专项规划》《"十三五"循环经济技术预测》《资源领域"十三五"科技创新专项规划》，工信部《中国特色再制造技术支撑体系和发展模式研究》等发展战略研究，在研究过程中有机会向多名知名院士、学者学习，了解他们如何站在国家的高度，为国家发展战略方向把脉，如何开拓创新战略性新兴产业。针对院士专家提出的各种创新思想，带着问题对再制造深入调研，查阅了大量文献并深入实践调研，结合再制造的特点和属性，逐步形成了对再制造产业的系统思考和认识。

在参与产学研项目的合作中，理论与实践融合的能力得到了提升。10年来，在联盟的组织下负责或参与了3项国家科技支撑项目，与冶金、矿采、汽车及零部件、铁路装备等方面6家企业合作，取得了丰硕的科技及实践成果，这些合作企业先后被评为发改委或工信部再制造试点示范企业，与企业共同申报省级科技成果一等奖4项。在深入产业实践锻炼中，产业需求与方向的把握也变得更为敏锐。

古人云："不谋全局者，不足谋一域。"再制造是一个系统工程，不仅涉及技术问题，还涉及政策、法规、标准等一系列问题，联盟在开展再制造相关工作时，审时度势，不仅着眼于再制造的当前研究，更将目光投向再制造产业的未来和发展大局，为再制造的顺利发展谋篇布局。"十四五"相关的规划论证已经展开，相信在联盟的组织下和联盟各位专家的指导帮助下，再生资源产业以及再制造产业必将迎来新的辉煌篇章。希望我们每个人的一小步能够汇聚为联盟创新发展的一大步，一直跟随联盟的步伐共同成长。

作者简介

张伟，河北京津冀再制造产业技术研究有限公司董事长，再制造研究院院长，中国再生资源产业技术创新战略联盟专家委员会副主任委员。原装甲兵工程学院再制造工程系主任、教授/博导，长期从事装备维修与表面工程、再制造工程、机械摩擦学方面的研究。发表学术论文180余篇（SCI、EI收录80余篇）；授权国家发明专利20项；参与国家标准13项；参编论著6部；获国家级、省部级科技奖8项。

扬帆起航,创新不止

陆德平

十年前,在国家大力发展战略性新兴产业的背景下,中国再生资源产业技术创新战略联盟在北京成立,标志着中国再生资源领域科技创新大联合的开始。十年来,联盟致力于整合再生资源产业技术创新资源,推动行业的国内外合作与交流,推进产学研用深度结合,引导创新要素向企业集聚,并围绕国家再生资源领域的发展战略,成功组织实施了多个国家科技支撑计划项目和863计划项目,突破了一批行业共性关键核心技术,开发了一批先进实用装备,实现了一批科技成果大规模产业化应用,在中国再生资源产业技术提升、缩短与国际先进水平的差距等方面起到了巨大的推动作用,已成为推动中国再生资源技术与产业发展的重要力量。十年来,联盟蓬勃发展,硕果累累,陆续被国家科技部认定为国家试点联盟、国家A级产业技术创新战略联盟、国家科技计划组织管理优秀组织单位、国家重点研发计划重点专项项目组织申报的推荐单位,已成为再生资源等战略性新兴产业提供全方位创新服务的新型技术创新组织。

我所自2010年加入中国再生资源产业技术创新战略联盟以来,充分地见证了联盟的发展与收获。近十年来,我所在联盟的指导、支持与帮助下,积极开展再生金属资源的高效回收利用与再制造领域的研发与产业化,承担了联盟组织的国家科技支撑计划"典型废旧金属综合利用及废旧机电产品再制造关键技术与应用研究"项目中的"废钨合金材料回收利用技术与示范"课题,以及国家"863"计划子课题"白钨资源高值开发利用技术研究"、国际合作专项"金属表面结构纳米化强化技术研究"和国家自然科学基金"磁场对Cu-Fe形变原位复合材料组织与性能的影响规律"等国家级科研项目15项,"电解铝阳极钢爪再制造技术与装备研究"等省级重点项目28项。获得省部级科技奖励11项,发明专利30余项,制定国家和行业标准2项,发表论文300多篇,先后获批组建了科技部高性能钨、铜材料与表面强化技术国际合作示范基地、江西省铜钨新材料重点实验室和江西省金属表面强化技术工程实验室,引进和培养了博士20余名,在人才队伍和科研平台建设、科技成果产出与成果转化等方面都取得了较好的成绩。在再生资源领域的主要成果如下。

一、合金材料回收利用技术与装备

研究开发了具有自主知识产权的硬质合金、高速钢、无磁钢和不锈钢等高合金废料的原牌号再生技术和装备,通过特种冶炼技术去除杂质和气体元素,添加稀土进一步净化材质及优化组织结构,使再生材料的组织和性能达到同牌号原生材料的国标要求,W、Ni、Mo、Nb、V、Cr、Co等合金元素的回收率达到95%~99%;通过研究与开发电渣半连铸短流程成形技术和装备,实现了废旧合金材料直接生产同牌号的棒料、板料和管材,大幅度提高了材料的成材率、降低了能源消耗。

二、金属3D打印再制造技术

将金属3D打印技术应用于大型工业装备关键零部件的修复与再制造领域中,主要创新:通过对缺损部位逆向重构形成三维模型,再通过切片分层和路径规划与优化,配合相应工艺参数对缺损部位进行高精度修复。相对于传统激光熔覆技术,修复精度提高50%左右、修复前加工量减少60%左右;自主研发设计了同步铺粉式新型送粉技术，该技术通过计算机控制，将粉末定向精准铺设在激光光斑正前方，解决了同步送粉时粉末对熔池冲击大、粉末反弹量大等问题，提高粉末利用率80%以上；自主研发设计均匀液滴3D打印方法与装置，该方法利用熔融金属通过喷嘴后形成的均匀液滴，在电场和三维平台相互作用下定向沉积于金属零部件的相应位置，从而实现三维实体的直接制造，材料利用率接近100%。

三、铝电解阳极钢爪再制造工艺技术及设备

开发了具有自主知识产权的阳极钢爪再制造技术，该技术实现了全截面熔焊，熔焊区组织纯净、均匀，无气孔、夹杂和裂纹等缺陷，熔焊结合面的强度和导电性不仅远高于现有的人工焊接技术，而且均优于母材。自主研制出SX-GG阳极钢爪腿再制造设备，具有自动化程度高、生产效率高、再制造精度高和适应性好等特点，已在中国铝业兰州分公司、包头铝业有限公司、东方希望包头稀土铝业有限责任公司和山东邹平铝业有限公司等企业推广应用，大幅度降低了电解铝生产的电能和阳极钢爪消耗，获得显著的节能、降耗和减排效果。

十年磨砺成以往，再创辉煌待此时。十年的艰苦奋斗和发展换来了可喜的业绩，成为我们不可忘怀的记忆。相信联盟及所有成员将发扬光大，继往开来，开拓创新，锐意进取，砥砺前行，为我国再生资源行业的高质量跨越式发展做出新的更大的贡献。

作者简介

陆德平，博士，二级研究员，江西省科学院应用物理研究所所长，主要从事金属材料与材料表面改性领域的研发。中国再生资源产业技术创新战略联盟理事，中国热处理协会常务理事，中国热处理学会物理冶金技术委员会副主任委员，《热处理技术与装备》杂志理事长，享受国务院特殊津贴。

大道至简，实干为要

——纪念中国再生资源产业技术创新战略联盟成立十周年

张文达　白培康

2019年是中国再生资源产业技术创新战略联盟成立十周年，中北大学作为联盟理事单位，与有荣焉！恰逢联盟成立十周年之际，特将心中所感化为文字以纪念中国再生资源产业技术创新战略联盟成立十周年。

一、中国再生资源产业技术创新战略联盟在推动产业技术创新中的作用

联盟从成立到现在仅仅十年，然而已成为国家科技部认定的国家试点联盟、国家A级产业技术创新战略联盟、国家科技计划组织管理优秀组织单位、国家重点研发计划重点专项项目组织申报的推荐单位，已成为再生资源等战略性新兴产业提供全方位创新服务的新型技术创新组织。受到国家相关部委，再生资源行业产业界和学术界，以及相关重点区域政府部门的高度肯定。取得这样显著的成绩，在国内众多产业技术创新联盟中也属于佼佼者。

中国再生资源产业技术创新战略联盟在产业发展共性问题，推动产业技术创

新，加快突破核心技术攻关方面起着重要作用。联盟以成员利益共赢为出发点，充分发挥科技创新的驱动作用，通过企业、大学、科研院所间的互补性合作，形成高效率的合作创新机制，实现技术创新要素的优化组合、有效分工、合理衔接以及科技资源共享。

我国再生铝合金技术和装备落后，且受制于国外的知识产权，造成再生铝合金降级利用，环境污染严重和资源价值下降，如何实现废杂铝合金再生、保级还原，实现其高值化利用是所有再生铝企业面临的难题。李士龙理事长常说："再生资源产业是一个朝阳产业"，"再生资源开发与利用是一项造福子孙后代的事业"。我们团队有幸参与到这样一个伟大的使命行动中。在"十一五"期间，我校有幸参与了国家科技支撑计划（2008BAC46B02）："废弃家电有毒有害成分分离与资源化关键技术研究与示范"等项目。"十二五"期间，针对再生铝合金实现保级还原高值化利用这一产业共性问题，在联盟的指导和支持下，中北大学白培康教授团队会同北京科技大学张深根教授团队和肇庆市大正铝业有限公司开展了产学研合作，获得了科技部国家科技支撑计划"废铝易拉罐保级还原技术开发及应用"项目支持，进行了废杂铝再生目标成分铝合金产业化成套技术研发，提高了铝合金的回收率、节能降耗、减少或避免了污染，实现了绿色保级再利用，形成了废杂铝再生目标成分铝合金产业化成套技术，与国内外企业（如日本大纪公司）同期相比，具有明显的先进性。李士龙理事长主持了废铝易拉罐保级还原技术开发与示范课题验收会议。依托本项目成果在肇庆市大正铝业有限公司建成了国内首条年处理1.5万吨废铝易拉罐和30万吨其他废杂铝的生产线，可稳定生产出3104、ADC12、A360、A380、ALSI12等多种牌号再生铝合金，实现了废杂铝再生目标成分铝合金产业化。这对提升我国废杂铝保级，升级循环利用技术水平，建立和完善铝合金产业循环经济链具有重要意义，经济效益、社会效益和环保效益显著。

二、中国再生资源产业技术创新战略联盟对产业人才培养的促进作用

中国再生资源产业技术创新战略联盟不仅大力推动产业技术创新，还承担起了培养科技应用型人才的重任。如在常州工学院创立了长三角资源环境研究院，通过"专业+产业""教学+研发""培养+就业"等链条，把学校、企业等主体和人才培养培训各环节有机地联结起来，形成企业和高校"共建共享、互利共赢"的新机制。在研发和研究过程中，与相关企业合作，组建特色实验室和工程技术中心，推动科技成果转化，实现"产学研用深度结合"，将研究院打造成为校企合作的桥梁，人才培养的摇篮，科技创新的平台，成果转化的基地。同时，在2018年常州专题工作研讨会上，马帅主任代表联盟还宣布筹办联盟青年工作委员会，尚辉良秘书长也对筹办联盟青年工作委员会给予了补充说明。由此可见，联盟对人才培养的重视，青年工作委员会这个平台必将是我们中国再生资源产业技术创新战略联盟、再生资源领域的人才库、生力军，为产业持续创新和优化升级提供人才资源保障，同时也为中国再生资源产业技术创新联盟的健康发展提供必要的保障元素。

联盟在产业人才间接培养中也起着重要作用。在联盟内，高校和企业之间的信息沟通更加及时、准确，使我们及时了解和把握行业发展前沿动态以及产业发展对人才素质能力的基本要求，明确人才培养的目标和方向。"十二五"末期，联盟对成员单位提出了挖掘新的创新需求。针对再生铝领域的需求，我本人展开了一系列的调研。首先想到的是我们再生铝的用户对再生铝的需求是什么，于是我和某汽车厂压铸分厂取得联系，进行了现场走访和交流。然后我又和联盟内几大再生铝企业取得了联系，企业老总和具体主管都给予了热情接待，让我对再生铝领域的创新需求掌握了第一手资料。这些实地调研也丰富了我在教学中对学生的培养内容。最近几年，我指导的本科毕业设计、我的研究生课题大部分都来自我

们联盟再生铝企业实际需求，学生对这样的题目更感兴趣，做这样的课题让他们在新的工作岗位上工作也更加有信心。

总体来说，中国再生资源产业技术创新战略联盟在产业人才培养上起着重要的促进作用，拓展了人才培养方式，有效提高了科技人才培养的质量与层次。

三、与中国再生资源产业技术创新战略联盟共同发展

中国再生资源产业技术创新战略联盟成立已有十年，在这十年中，孜孜不倦地为产业技术升级、为行业的健康发展"鼓与呼"。在这十年中，大大加强了政府部门、高校、研究院所与企业之间的政产学研用，加强了再生资源行业内的交流与合作，促进了产业技术创新与进步。

在这十年中，依托具有一级博士学位授予权和博士后流动站的"材料科学与工程"学科、"材料加工工程"山西省重点学科、"军用关键材料"国防科工局国防特色学科和"山西省材料工程协同创新中心"等平台，我校再生资源相关技术开发也取得了可喜的成绩：历经近七年研发和产业化应用，我们团队所参与的"废杂铝再生目标成分铝合金产业化关键技术及核心装备"成果荣获中国有色金属工业科学技术奖一等奖；我们团队在2018年被认定为金属凝固控制与精确成形山西省重点实验室。这些成绩离不开联盟的指导与大力支持。经过多年发展，在团队带头人白培康教授带领下，我们团队已经在增材制造、精密铸造、激光再制造、材料再生综合利用技术等方向形成了特色，积累了一批有重要影响的科技成果。正如李士龙理事长常在会上强调的：我们高校、研究所一定要多到企业走走，加强与企业的产学研合作，把自己的成果应用到企业中去。我们团队既与英国艾克赛特大学、曼彻斯特大学、澳大利亚皇家墨尔本理工大学、挪威科技大学、新加坡国家制造技术研究院等国际知名大学和研究机构建立了长期的合作研究与学术交流关系；也与国内多家单位开展了产学研合作，重点在技术研发、成果转化、人才培养、学术交流等领域建立全方位的合作关系，把我们的科技成果转化为生

产力，服务经济社会的发展。

十年相伴、风雨同舟，我们团队见证了联盟成长的十年，联盟的健康发展促进了产业技术创新的发展，反过来，产业技术升级又在不断壮大联盟，健康联盟。十年有成，联盟围绕着技术创新和产业人才培养在扎扎实实地耕耘着。在中国再生资源产业技术创新战略联盟成立十周年之际，作为联盟大家庭的一员，衷心祝愿联盟一如既往地发挥为再生资源产业技术创新发挥鼓与呼的"排头兵"作用。让我们不忘初心，携手共创下一个辉煌的十年！

第一作者简介

张文达，中北大学材料科学与工程学院副教授，硕士生导师。中国再生资源产业技术创新战略联盟专家委员会委员。主要研究方向为金属材料再生与综合利用技术、高性能铝合金及其复合材料制备技术研究。近年作为项目负责人承担兵器预研基金1项、兵装联合基金1项；作为主要完成人参与并完成国家自然科学基金、国家科技支撑计划项目、总装预研项目、山西省自然科学基金、山西省科技攻关等项目10余项。获中国有色金属工业科学技术奖一等奖1项。发表相关学术论文20余篇，申请/授权国家发明专利15/13项，参与编写国防工业出版社教材1部。

近十年我国铅蓄电池及再生铅行业发展概况

曹国庆

一、近十年来，铅蓄电池和再生铅产业链上下游联动快速发展

（一）铅蓄电池应用领域扩大，产业地位重要

铅蓄电池广泛应用于汽车、摩托车、电动自行车、城市轨道交通、通信、电力、矿山、军事、船舰、航空等各个领域，铅蓄电池都起到了不可缺少的重要作用。铅蓄电池是风力发电和太阳能光伏发电储能系统关键部件，储能铅蓄电池和废电池回收利用行业是战略性新兴产业的重要组成部分。

（二）推进铅期货上市

2010年年底至2011年年初，上海期货交易所启动铅期货，为了评估铅期货市场对铅上下游产业和企业的影响，2010年11月，由中国有色金属工业协会、安泰科信息咨询公司、铅锌分会、中国电池工业协会等单位联合起草《我国铅工业发展环境和趋势与期货市场的关系》。

2011年3月17日，中国证监会发布《关于同意上海期货交易所上市铅期货合约的批复》，同意上海期货交易所上市铅期货合约。随后，上海期货交易所也发布通知，明确铅期货自2011年3月24日起开始交易。

上海期货交易所应当以高度负责的精神，按照"高标准、稳起步"的原则，进一步做好上市前的各项准备工作，发布《铅期货合约上市交易有关事项通知》，并前后在上海、深圳、杭州、长兴等地举办铅期货培训班，注意防范和妥善化解可能出现的市场风险，确保铅期货合约的顺利推出和平稳运行。上海期货交易所同时还发布了《上海期货交易所有色金属交割商品注册管理规定》《铅锭存储、包装、质量升贴水补充规定》，以及同意中储发展股份有限公司等10家单位成为上海期货交易所铅指定交割仓库的批复，同意河南豫光金铅股份有限公司生产的"YUGUANG"牌铅锭注册的批复等多项内容。

铅期货上市有利于优化铅的价格形成机制；可以为铅的生产、流通和消费企业提供低成本、高效率的风险控制手段；有利于以市场化手段促进国家铅产业政策的落实，优化产业结构，淘汰落后产能；有利于健全我国有色金属期货序列，推动期货市场更好地为国民经济服务。

（三）联合举办铅蓄电池与再生铅产业发展论坛，促进产业链协同发展

为了促进铅产业链协同发展，中国再生资源产业技术创新战略联盟会同中国电池工业协会等相关单位连续多年举办铅蓄电池生产与再生铅产业协同发展论坛，成为产业链交流平台，主要会议如下。

2009年9月3日，由中国再生资源产业技术创新战略联盟、中国电池工业协会主办，河南豫光金铅集团有限责任公司承办的第二届（2009）中国再生铅产业发

展高峰论坛在河南省济源市召开。

2010年12月28日,由中国再生资源产业技术创新战略联盟和中国电池工业协会共同主办,安徽省阜阳市政府和界首市政府承办的第三届中国再生铅产业发展高峰论坛在安徽界首市举行。来自工业和信息化部、环境保护部以及国内再生铅企业的有关专家,围绕加快培育新兴战略产业,启动再生铅行业准入制度,建立先进、完备的废铅酸电池回收体系,促进我国再生铅产业及铅酸蓄电池产业上下游的协调联动等进行了探讨、分析和交流。

2012年3月20日,中国再生资源产业技术创新战略联盟会同中国科学院高能物理所、中国电池工业协会在北京召开第四届中国再生铅产业发展高峰论坛暨铅蓄电池行业铅污染防治技术研讨会。

2013年5月,第五届再生铅产业发展高峰论坛在湖北襄阳召开。

2016年8月27日,中国再生铅与铅酸蓄电池产业协同创新发展高层论坛在阜阳召开,界首市被命名为"中国有色金属绿色循环利用示范基地"并授牌。论坛主题为"创新驱动绿色发展"。

(四)促进铅蓄电池企业延长产业链,形成循环经济发展模式

铅蓄电池与再生铅互为原料,通过铅蓄电池与再生铅企业兼并组合,或自建再生铅企业,形成区域性铅蓄电池生产、销售、回收、再生铅完整的资源循环产业链,典型企业如骆驼、南都、天能、超威、理士等。

(五)促进铅蓄电池与再生铅企业共建区域性资源循环产业链

实施《铅蓄电池行业规范条件》《再生铅行业规范条件》,与地方主导产业发展结合,规范建设铅产业链聚集工业园区,促进铅蓄电池与再生铅企业共建区域性资源循环产业链,例如浙江长兴、安徽界首、江苏高邮电池工业园区。

二、铅蓄电池产销情况

(一) 铅蓄电池产量增长情况

2008年,我国铅蓄电池产量为$9.077×10^7$kV·A·h,产量逐年增加,至2014年产量最高,达到$2.207×10^8$kV·A·h,随后逐年小幅下降,2018年铅蓄电池产量为$1.812×10^8$kV·A·h,如下图所示。

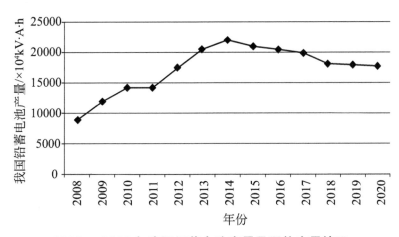

2008~2020年我国铅蓄电池产量及预估产量情况

根据安泰科统计,我国铅消费量约占世界总消费量46%比例,可以认为,我国铅蓄电池产量超过世界铅蓄电池总产量的40%。目前我国铅蓄电池生产企业约200家,其中外商在华投资铅蓄电池企业数量近30家。铅蓄电池集中区域有浙江长兴、安徽界首、江苏高邮等。

(二) 铅蓄电池出口情况

铅蓄电池分为三个商品编号,起动型铅蓄电池、其他类铅蓄电池、铅蓄电池零件。铅蓄电池出口情况如下图所示,从1998年起我国起动型铅蓄电池出口量小幅增长;其他类铅蓄电池出口量逐年增幅较大,2008年受金融危机影响,出口量下降,之后出口量回升。2008年铅蓄电池出口总额为21.75亿美元,2018年达到30.91亿美元。

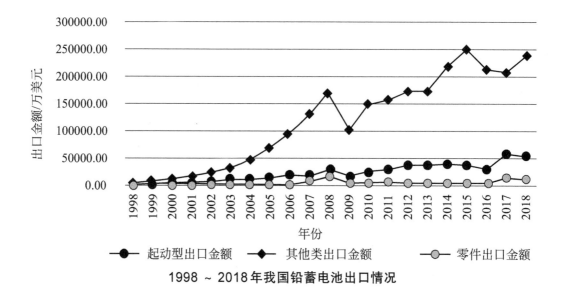

1998～2018年我国铅蓄电池出口情况

（三）铅蓄电池进口情况

铅蓄电池进口情况如下图所示，2008年后，起动型铅蓄电池进口量大幅增加，其他类铅蓄电池进口量平稳小幅增加。2008年铅蓄电池进口总额为1.39亿美元，2018年达到3.60亿美元。

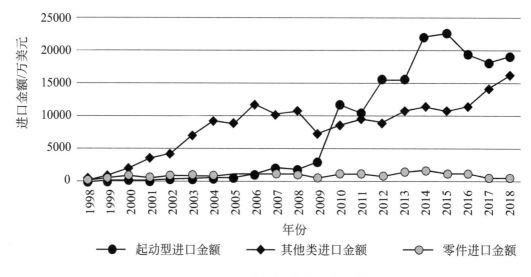

1998～2018年我国铅蓄电池进口情况

三、铅蓄电池用金属铅材料中,再生铅使用比例逐年提高

2019年2月12日,工信部原材料工业司发布《2018年有色金属行业运行情况及2019年展望》,其中铅产量为511万吨,同比增加9.8%。

我国铅蓄电池产量大,铅耗用量大,约占全国铅耗用总量的82%。根据安泰科铅产量统计,涵盖国内38家原生铅企业,33家再生铅企业,涉及原生铅生产能力390万吨,废旧电池拆解能力527万吨,折合再生铅产能316万吨。2018年,统计范围中的企业精铅产量457.3万吨,同比增长1.3%。其中原生铅产量251.2万吨,同比下降2.3%,即减产5.8万吨;再生铅产量206.1万吨,同比增长5.9%,即增产11.5万吨。再生铅产量占同期精铅产量的45.1%。与原生铅相比,铅冶炼过程中,废电池回收再生铅能耗低,污染物排放少,符合节能减排环保要求。

2008年再生铅产量约85万吨。2014年为我国铅蓄电池产量和消费量最高峰,随后产量逐年下降,即2018年为废电池产生量和再生铅产量高峰,随后废电池产生量将下降,其再生铅产量也将出现小幅下降。2001~2018年我国再生铅产量增长情况如下图所示。

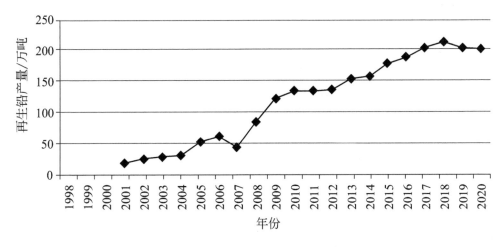

2001~2020年我国再生铅产量增长及预估增长情况

四、铅蓄电池行业节能环保与清洁生产水平提升情况

2008～2009年，环境保护部开展整治违法排污企业保障群众健康环保专项行动，严厉打击环境违法行为，切实解决突出的环境问题。

按照我国《重金属污染综合防治"十二五"规划》，将铅、镉、汞、铬、砷污染物排放列入重点管控，要求重点区域将重金属污染物排放总量，在2007年基数上减排15%。

2010～2012年，环境保护部开展环保专项行动，对重金属排放企业排查整治，对已确定的重金属重点行业、重点地区，落实整治措施，切实消除环境污染隐患。铅蓄电池企业的整治被作为2011年环保专项行动的首要任务。开展铅蓄电池行业环保现场核查，2011年7月30日前，各省、自治区、直辖市要在公开媒体上公布辖区内所有铅蓄电池企业（加工、组装和回收）名单，接受社会监督。2011年，环保整治企业近2000家。

2012年3月19日，环境保护部发布《关于开展铅蓄电池和再生铅企业环保核查工作的通知》（环办函〔2012〕325号），开展铅蓄电池（极板、组装和含铅零部件）和再生铅生产企业环保核查工作，并发布符合环保要求的铅蓄电池和再生铅企业名单公告。2012年底"在生产类"企业数量约396家，在建项目近50家，大幅度关停不达标企业（约80%），淘汰落后产能。

2013年，工业和信息化部推行电池行业清洁生产实施方案，要求2013年底前淘汰含镉铅蓄电池。调整产品工艺，逐步淘汰极板外化成工艺，减少废水排放量约85%。并鼓励深度处理含铅废水，部分企业废水处理在化学中和凝聚沉淀工艺基础上，采用双膜反渗透处理，减少含铅废水排放量，水循环使用率达到80%以上。减少熔铅锅，板栅制造采用"一锅多机"，采用拉网板栅，减少铅烟铅渣。含铅废气处理采用斜插式滤筒或垂直式滤筒+高效过滤器的上下一体式超高效除尘

器，其除尘效率99%以上。滤筒垂直式的安装方式比斜插式先进，垂直式安装，喷吹清灰效果好，克服了斜插式滤筒上背部始终积灰且清不干净的弊病，并提高了滤料的有效使用面积，减少了废气铅排放。

2014年4月，工业和信息化部联合财政部印发了《高风险污染物削减实施计划（2014～2017年）》，利用中央财政清洁生产专项资金，采取"后补助"的方式，支持涉铅企业实施技术改造。"计划"中的奖励标准要求铅排放至少比《电池工业污染物排放标准》内所规定的指标低于20%以上。

2015年11月4日，工业和信息化部、国家能源局发布2015年第69号公告，淘汰落后产能工作部际协调小组对各省（区、市）及新疆生产建设兵团2014年淘汰落后产能工作进行了考核，其中2014年淘汰落后产能铅蓄电池（极板及组装）总计3020万千伏安时，具体包括：河北34万千伏安时、江苏727万千伏安时、浙江166万千伏安时、山东685万千伏安时、安徽40万千伏安时、江西445万千伏安时、湖南5万千伏安时、广东59万千伏安时、福建525.88万千伏安时、四川320万千伏安时、重庆12.7万千伏安时。据统计，在2013年至2015年间，共计淘汰铅酸蓄电池产能5800万千伏安时。

2018年铅蓄电池企业总数量约200多家，其中通过铅蓄电池行业规范条件审核的企业数量为144家。可见，通过十年行业整治，约85%企业被淘汰，铅蓄电池产业环保水平和清洁生产技术整体提高。

五、废铅蓄电池产生量大，回收再生环节污染风险较大

铅蓄电池和再生铅行业经过多年持续环保整治后，铅污染主要风险在废电池回收环节，存在三方面问题：一是废铅蓄电池80%以上由流动回收商控制，大部分流向非法小冶炼厂，铅排放污染大；二是废电池打孔随意倒酸，倒酸量

每年超过26万吨，含铅废酸污染严重；三是电池回收商绝大部分没有工商注册，现金交易，如按增值税的70%测算，财税流失每年损失近27亿元。废铅蓄电池来源广泛且分散，部分非正规企业和个人为谋取非法利益，导致非法收集处理废铅蓄电池污染问题屡禁不绝，严重危害群众身体健康和生态环境安全。

据测算，2014年我国消费流通领域废铅蓄电池产生量约300万吨。但缺乏规范的废电池回收体系，废铅蓄电池有资质单位回收量仅占9%，2014年废铅蓄电池回收环节含铅废酸倾倒量约26万吨，污染土壤和地下水，逐年积累，存在重金属污染风险，亟待建立规范的废电池回收体系。

依据《危险废物经营许可证管理办法》，全国各级环保部门持续推动实施危险废物经营许可管理工作。截至2013年，全国各省（区、市）颁发的危险废物经营许可证共1763份。2014年15个省市30个持证单位废铅蓄电池回收27万吨。如果按2014年废铅蓄电池产生量300万吨测算，回收比例约9%。

2015年废铅蓄电池产生量约310万吨，32家持证单位收购废铅蓄电池按56.65万吨测算，仅占18.27%，但再生铅企业回收"无水"铅蓄电池，持证单位收集的废电池难以确认是否"带酸"。可见，一方面，电池回收资质申请持证和省际跨境转移很难，生产者申请资质极其复杂困难；而另一方面，废铅蓄电池规范回收比例很小，由此可见废电池回收环节存在的环境污染风险很大，管理制度亟待改进。

再生铅产能区域分布不均，但总产能过剩，亟待按照"无固废"城市要求，就地就近处理废电池的要求，制定铅污染整治行动方案，考虑再生铅行业产能区域合理分布。

2017年6月部分省市再生铅产能分布如下图所示。

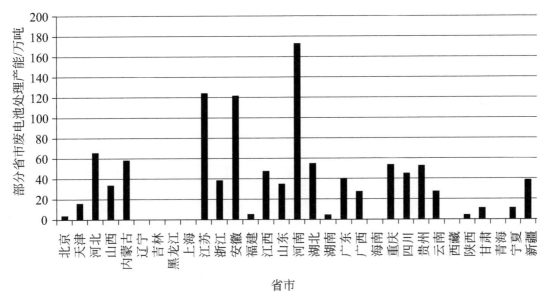

2017年6月省市再生铅产能分布（88家废电池处理能力1064万吨）

六、铅蓄电池行业发展趋势

1.储能铅蓄电池和废电池回收利用，铅蓄电池应用广泛，列入战略性新兴产业名录。铅蓄电池市场需求量大，在国民经济发展中具有重要作用和地位。

2.受新能源汽车动力电池和通信基站电池市场影响，铅蓄电池产销量将逐年小幅下降。根据《汽车产业中长期发展规划》，到2020年，新能源汽车年产销达到200万辆。到2025年，新能源汽车占汽车产销20%以上。根据国际能源署的预测，2030年前电动汽车将占中国汽车销量的1/4，而2017年该比例仅为2.2%。新能源汽车动力电池退役后梯次利用，替代通信基站用储能铅蓄电池。

3. 2019年，铅蓄电池工业实施排污单位排污许可证申请与核发工作，铅蓄电池列入重点管理，全面梳理生产工艺、环保治理工艺，核定特征污染物许可排放量，实行企业清单管理。

4.推行生产者责任延伸，在电池销售网络基础上，通过电池以旧换新，建立和规范铅蓄电池回收网络，实施全产业链闭环管理，完善法律法规制度，从源头抓起，规范流向，治理废电池回收环节铅污染。通过产品生态设计，产品全生命周期管理、企业环境管理、供应链绿色管理，全面系统提高清洁生产技术水平，促进铅蓄电池行业可持续绿色发展。

5.部分铅蓄电池企业产业链延伸，在电池销售网络基础上，以旧换新，实施废电池回收，并投资建立废电池再生处理企业，或与现有再生铅企业合资整合，形成区域性铅蓄电池生产、销售、回收、再生产业链，实行资源循环利用。

作者简介

曹国庆，苏州大学能源学院、轻工业化学电源研究所研究员级高工。中国汽车动力电池产业创新联盟副秘书长，中国再生资源产业技术创新战略联盟专家委员会委员。长期从事电池行业相关政策法规研究、知识产权保护、科技咨询、节能环保、电池标准、废电池回收体系建设等方面的工作。2002~2017年工作于中国电池工业协会担任副秘书长。

我的再生资源情结

江博新

我1986年7月从安徽工业大学金属材料与热处理专业大学毕业后分配到原物资部物资再生利用研究所工作。初到研究所工作时，对"物资再生利用"概念的认识是比较肤浅的，甚至多少还有些心理上的抵触，由于将"再生资源回收利用"与"收破烂"画等号，总觉得从事的"收破烂"工作低人一等。

随着有机会参加到了研究所相关科研项目，诸如废杂铜再生铜合金粉末产品研究；废蓄电池再生铅的环保化回收利用技术研究；从耐火砖中回收铂、铑、钯稀贵金属资源技术研究；铝制易拉罐脱漆工艺研究；石化行业重整催化剂中稀贵金属资源回收利用技术研究等等，深深地感受到从各种废弃物（再生资源）中是可以提炼出大量有价值的资源的，甚至是稀缺资源！不仅可以节约原生资源，减少对矿山的开采，而且具有保护环境、降低能耗、大幅度增加企业经济效益等诸多优点，真可谓"再生资源回收利用"是利国利民、功在千秋啊！

伴随着自己对再生资源回收利用行业理解的深入，从原先的抵触情绪演变为后来对该行业的无限热爱。自己在研究所不仅先后担任了研究室、工程中心的领导职务，而且作为项目负责人前后承担了国家"八五"科技攻关"固体废弃物资源化关键技术研究——合金钢磨屑料专项";科技部"废家电回收利用技术研究项目"和江苏省科技厅"废家电回收利用关键技术研究及产业化开发"等项目。通过在研究所工作的二十年磨炼,让自己基本成为再生资源回收利用技术开发研究领域的一名行家里手了。

2007年8月离开研究所正式到中国再生资源开发有限公司工作,专门负责废家电回收与拆解处理技术研究及产业化开发板块。通过11年的拼搏与艰苦奋斗,先后独立指导建成了十几个具有国家基金补贴资格的规范化家电拆解处理工厂,其中,分布于山东临沂、河南洛阳、江西南昌、广东清远、河北唐山、四川内江、湖北蕲春、黑龙江绥化的八个拆解处理工厂于2014年经整合并借秦岭水泥的壳成功实现上市——中再资环(600217)。中国再生资源开发有限公司废家电板块的成功上市与我十余年的辛勤努力和付出是密不可分的,也标志着我具备了在我国电子废弃物拆解处理领域成为行业专家的扎实功底。在这十余年间,本人既是我国电子废弃物拆解处理产业取得巨大进步的直接见证者,更是该行业取得大发展的有力推动者。

2009年,我在中国再生资源开发有限公司工作期间,因向科技部申报科技项目的需要,首次与中国再生资源产业技术创新战略联盟有了业务上的工作联系。自那时起的近十年里,我十分高兴地参加了该联盟组织的多项活动,收获颇多,信心满满。以前期我参加的联盟组织的"考察湖南省再生资源产业科技创新及科技合作对接会""京津冀蓄电池环保产业联盟一届三次理事会及2019年年会"这两次活动为例,联盟精心组织和安排,通过会议与现场考察企业或项目的形式,求真务实,十分高效且接地气。通过现场考察湖南鼎瑞装备与江冶机电这两家动力电池拆解处理设备制造企业以及河南豫光集团、河南金利金铅集团这两家废铅蓄电池回收处理企业,我发自内心的为我国多年来在废铅蓄电池再生利用领域工艺技术的创新、装备水平的提高、规模与环保要求的不断提升等诸多方面所取得的已完全能与国际巨头比肩的巨大成就深感赞叹,也为我国再生资源回收利用领域发生的翻天覆地的变化欢欣鼓舞！

我23岁大学毕业时就投身于再生资源回收利用行业，至今已经有33个年头了且从未改过行，可谓是再生资源行业的一名老兵了，如今发自内心的热爱上了这个行业，看来我一辈子的工作经历将与再生资源回收处理结下难舍难分的不解之缘啦！

作者简介

江博新，北京东方园林环境股份有限公司环保集团总工程师，教授级高级工程师，中国再生资源产业技术创新战略联盟专家委员会委员。先后曾获得省部级科技进步奖6项，发表各类学术论文、报告三十余篇，拥有各类专利9项。在再生资源回收利用（尤其是在电子废弃物拆解处理）领域享有较高的声誉。

观《流浪地球》有感

袁文辉

国产科幻片《流浪地球》在2019年春节期间热映，取得了票房佳绩。《流浪地球》讲述了太阳即将毁灭地球，为避免人类末日，联合政府在地球上建造了行星发动机，驱动地球改变运行轨道，途中摆脱了木星造成的危机，人类带着地球踏上了逃离太阳系的"流浪"征程。

这是一部极具视觉感官效果的灾难大片，影片中除了未来高科技给人留下深刻印象外，最冲击观众心灵深处的可能是人类末日时的悲惨世界景象。在大自然面前，人类是极其渺小的，但改变自然的能力，人类却是最强的，这部影片正是展示了人定胜天的英雄气概，充满了正能量。在末日来临之前，保护好自己赖以生存的家园，人类责无旁贷。毕竟，宇宙无限大，地球唯一家，家园不保护，人类泪两行。

我们把目光从科幻拉回到现实，影片中这一幕末日世界情景，难道不正在全球各地时有发生吗？在《寂静的春天》发出呐喊的50多年后，尽管人们的环保意识已极大地增强，环保与资源循环利用技术取得了巨大的进步，但生态平衡破坏和生存资源枯竭问题，仍然成为人类生存和发展所面临的最主要问题。据报道，因温室效应引起的全球气候变暖,北极冰川在过去几十年内以每年1.3%的速度在快速融化,最近几年还有加速融化趋势,到2040年可能处于完全无冰状态,这将导致全球海平面上升,淹没沿海岛屿和低地,北极熊濒临灭绝,北极熊的哀嚎不正是将来人类的哭泣声吗?此外,尽管在资源和能源的利用效率已经有了较大幅度提高,但自然资源是有限的,大多数即将枯竭,45种重要矿产资源可供利用储量对消费需求的保证程度愈发持续严峻,使人类还将面临严重的资源紧缺问题,未来资源贫瘠的子孙会怎么看待当今的人们?

面向未来,着眼现在。为建设美丽家园,落实到再生资源与环境保护领域,再生资源产业是21世纪的朝阳产业,在未来30年内,再生资源产业为全球提供的原料将由目前占原料总量的30%提高到80%,路漫漫其修远兮。当代科研人员的任务艰巨,使命光荣,需要有"功成不必在我"的精神境界和"功成必定有我"的历史担当。在我国,再生金属综合利用可充分利用国内外废旧金属资源,参与全球资源大循环,不仅对保障我国金属资源安全供给具有重要意义,也在节约资源、减少能耗和减少环境污染方面具有明显效益。

北京矿冶科技集团有限公司(原北京矿冶研究总院)是我国以矿冶科学与工程技术为主的规模最大的综合性研究与设计机构,拥有国家金属矿产资源综合利用工程技术研究中心、无污染有色金属提取及节能技术国家工程研究中心、有色金属资源循环利用工程技术研究中心、城市矿产资源化重点实验室。在金属资源循环利用与冶金节能、清洁生产等领域,以邱定蕃院士为领军人物的研究团队开展了大量的研究工作,针对冶金渣、尾矿、化工污泥、废催化剂,以及失效电池、含铅玻璃、废线路板、城市矿产等,取得了丰硕的科研成果与工程应用实例。今后,矿冶集团将持续加大资源循环利用和环境保护方面的技术研发、工程转化以及创新团队建设方面的支持力度,为建设美丽中国做出新贡献,为构建人类命运共同体增添力量。

作者简介

袁文辉，北京矿冶科技集团有限公司，博士研究生，教授级高工。中国再生资源产业技术创新战略联盟专家委员会委员，在有色金属冶金与资源循环利用领域从事科研与工艺开发方面的工作，尤其是在废电池、电镀污泥、冶金烟灰、CRT玻璃、废线路板等二次资源循环利用领域做了大量的研究工作。主持或参与多项国家科技计划，获省部级科学技术奖一等奖2项，二等奖3项，三等奖1项。

展望我国再生资源产业技术创新精细化机制设计

刘光富

改革开放四十年来,我国再生资源产业取得了巨大的发展,为促进国民经济快速、稳定、健康发展做出了产业应有的贡献。特别是中国再生资源产业技术创新战略联盟的成立,对我国再生资源产业技术创新起到了巨大的推动作用,联盟十年来整合国内外再生资源行业技术资源,坚持"合作、共赢、创新、发展"原则,为我国再生资源产业向更高阶段发展打下了坚实的技术基础。但也应看到社会发展已经进入智能化阶段,大数据、人工智能、产业物联网等新兴技术正在呈现爆发式发展,而我国再生资源产业虽然在技术创新方面取得了一些成就,但离国家和社会的期望还有相当大的差距,产业发展中的技术创新状态还比较粗放、不够精细化,目前,我国再生资源产业整体上还远没有达到技术密集型的产业形态,随着我国人口红利的逐渐消失,以往劳动密集型的产业形态不可持续。当然,正是由于这些问题,中国再生资源产业技术创新战略联盟的存在才显得尤为有价值。

我国再生资源产业必然要走向技术密集型产业形态,这需要一个良性的技术创新精细化机制设计。一个好的机制设计，在产业技术上可以形成你追我赶、互利共赢局面，一个不好的机制设计，会造成恶性竞争、互相倾轧局面。所以在下一个十年内，我国再生资源产业应该在以下四个方面进行精细化的技术创新机制设计。

一、精细化技术创新促进机制方面

全面对标发达国家的再生资源产业技术，制定精细化的技术十年发展目标。产学研结合，形成技术创新的自我造血功能。引导更多的社会技术力量进入再生资源产业，扩大社会新兴技术在再生资源产业的应用范围。进行再生资源的技术人才培养，组建人才梯队，形成有机互动的多层次人才结构。国家和地方政府可以在技术创新方面进一步强化资金投入、企业税费优惠等措施，给予再生资源企业在技术创新和融资方面更多的专门政策。

二、精细化技术创新保障机制方面

破除地方保护，形成全国性的再生资源技术市场，让再生资源新技术有快速转化为生产力的渠道，满足再生资源技术市场供需双方的需求。民营企业占据再生资源产业80%多的市场空间，对民营企业正常的企业行为需要有充足的长期法规政策保障，让民营企业安心搞技术创新。为提高再生资源技术创新的组织效率，中国再生资源产业技术创新战略联盟可以根据再生资源产品内容，成立若干个具体的技术分委员会，细化技术创新的组织力量。完善再生资源技术创新的知识产权保障。

三、精细化技术创新支持机制方面

落实以再生资源产业园区、主干再生资源企业为核心的再生资源技术创新平台，建设精细化的技术创新生态体系；再生资源产业技术创新涉及面广，技术要求综合性强,以联盟的形式,引进发达国家的成套先进技术,再逐步消化、吸收、创新是一条支持我国再生资源技术创新的捷径。进一步完善再生资源产业链中的各项工作和产品标准,也可以引进发达国家成熟的标准体系,再加以国情适应性调整,先试点使用,再全面推广,直至与发达国家在技术标准全面对接,支持我国再生资源企业参与国际化竞争发展。

四、精细化技术创新监督机制方面

不同于粗放型的技术创新形态,精细化的再生资源技术创新需要体现较高的投入产出比,这就需要用技术创新绩效监督的方式,来激励和修正再生资源技术创新的目标、路径和资源投入。再生资源产业的技术创新绩效体现于社会效益与经济效益,特别是环境保护方面。需要分门别类地设定并及时更新一系列的技术创新绩效指标,以方便社会监督和企业自我监管使用。

作者简介

刘光富,同济大学经济与管理学院教授、博士生导师,昆明市人民政府参事,中国再生资源产业技术创新联盟专家委员会委员。长期从事再生资源产业顶层设计、回收模式、管理体系、产业政策、知识产权、标准规范等方面研究。主持"十一五"国家科技支撑计划"废旧机电产品综合利用工业园区产业链关键技术开发及集成示范""十二五"国家科技支撑计划"废旧金属产品再生利用技术标准评价研究"等10多项科研重大项目,发表论文100多篇,出版《再生资源生态工业园区建设与管理》等专著。获得上海市科技进步二等奖、上海市哲社优秀成果二等奖、上海市决策咨询二等奖。"建立完善社会源危险废弃物回收处置体系刻不容缓""上海有害生活垃圾分类回收与处置仍需进一步加强"2014年、2018年分别获得上海市市长批示。

回顾我国废电池处置与回收的发展脉络

孙 峙 丁 鹤 曹宏斌

从意大利物理学家 Alessandro Volta 于 1800 年发明电池以来,经过两百多年的发展,电池家族成员丰富,包括锌汞电池、银锌电池、铅蓄电池、锌锰电池、镍镉电池、锂离子电池、锂电池、镍氢电池、太阳能电池、燃料电池等。新中国成立以来,我国电池行业也经历了从作坊式生产到今天智能化生产、从一穷二白到成为全球最大的电池制造和消费国、从技术短缺到拥有全世界最完整产业链的发展历程。

然而,随之而来的废电池产生量也在迅速增长。比如,据预测,到 2020 年我国一次电池报废量将达到 1512 亿只。作为一种具有显著污染特性的再生资源,废电池的管理与处置备受关注。其污染主要体现在重金属和电解液,而其资源性主要体现在相对于天然矿物有较高的金属元素含量。我国在废电池处理处置方面做了大量工作,从 1997 年中国轻工总会、原国家环保总局等九部委联合发布了《关于限制电池产品汞含量的规定》,到 2001 年禁止生产汞含量大于 250mg/L 的电池,再到 2005 年全面禁止生产汞含量大于 1mg/L 的碱性锌锰电池,我国对电池污染的管理强度逐步提升;2003 年我国发布的《废电池污染防治技术》规定:"废一次电池的回收，应由回收责任单位审慎地开展。在目前缺乏有效技术经济回收条件下，不鼓励集中回收已经达到低汞和无汞要求的一次性电池"；2008年，《国家危险废物名录》中规定："家庭日常生活中产生的废旧镍镉电池、氧化汞电池可以不按危险废弃物进行管理"（下表列出了部分2008年以前废电池管理相关政策，2009年中国再生资源产业技术创新战略联盟在京成立）。废铅酸电池的处理处置方面，从2002年《建设项目职业病危害评价规范》到2019年1月生态环境部联合九部委发布的《废铅酸电池污染防治行动方案》是随着相关行业的发展逐步完善和推进，公众意识尤其是对于污染与资源循环的认识也逐渐由弱到强；我国目前具有资质的废铅酸电池回收企业约为59家，覆盖了大部分省市和地区。

中国废旧电池管理的主要政策（2008年以前）

法律法规	颁布时间	主要规定
中华人民共和国固体废物污染环境防治法	1995	废旧电池为危险固废，需要单独回收
关于限制电池产品汞含量的规定	1997	从2001年1月1日禁止生产并从2002年1月1日禁止在国内生产和经销汞含量大于电池质量0.025%的电池，从2005年1月1日禁止生产并从2006年1月1日禁止在国内生产和经销汞含量大于电池质量0.0001%的碱性锌锰电池
国家危险废物名录	1998	铅酸电池为危险固废，需单独回收
危险废物污染防治技术政策	2001	根据相关规定淘汰含汞、镉的锌锰电池，废旧电池应单独收集、储存和处理；铅酸电池需被循环利用
废电池污染防治技术政策	2003	废旧电池收集的重点是镍镉电池、镍氢电池、锂离子电池、铅蓄电池等废弃的可充电电池和氧化银等废弃的扣式一次电池；在缺乏有效回收的技术经济条件下，不鼓励集中收集已达到国家低汞或无汞要求的废一次电池
国家危险废物名录	2008	家庭日常生活中产生的废镍镉电池、氧化汞电池可以不按照危险废物进行管理

近年来随着新能源汽车行业的快速发展，我国废旧锂离子电池的回收利用备受关注，各部委和地方政府也出台了大量的相关政策与法规，据不完全统计超过200项。其中，国家发展和改革委员会以及工业和信息化部共同推进的生产者责任延伸制对废旧锂离子动力电池的管理具有重要推进作用。2015年，国家发展和改革委员会联合五部委发布了《电动汽车动力蓄电池回收利用技术政策（2015年版）》，指出"电动汽车及动力电池生产企业（含进口商）是动力电池回收利用的责任主体"；2017年，国务院办公厅发布《生产者责任延伸制度推行方案》，指出"率先在深圳等城市开展电动汽车动力电池回收利用体系建设，并在全国逐步推广"；2018年，工业和信息化部联合七部委发布的《新能源汽车动力蓄电池回收利用管理暂行办法》指出"落实生产者责任延伸制度，汽车生产企业承担动力蓄电池回收的主体责任"，并在2018年7月发布了《新能源汽车废旧动力蓄电池综合利用行业规范条件》第一批企业名单。2018年，科学技术部推进的国家重点专项（固废资源化）明确支持在废旧动力电池利用的技术研发与产业应用，第一批指南重点关注废旧动力电池的梯级利用；2019年的新一批指南中也对废动力电池资源循环方面做了重点推进和部署。

中国再生资源产业技术创新战略联盟自2009年成立以来，对推动我国废电池行业的健康发展起到了重要作用，是国家科技部认定的国家试点联盟、国家A级产业技术创新战略联盟，并于2017年加入了国家铅蓄电池回收试点委员会，从废电池环境管理以及再生利用政策制定、技术创新推进、产业应用等方面，培育了一批具有影响力的龙头企业，形成了具有影响力的产-学-研-用模式。未来我国废电池行业发展将继续沿着分类分级、提质增效等思路，也会随着电池行业的发展，特别是在动力电池、太阳能电池、氢燃料电池等对产业链不同环节的影响，逐步优化产业结构、稳步推进；将会随着循环经济模式的逐步深入以及生态文明建设与绿色制造需求的迅速增加，废电池资源再生利用将在产业中起到越来越重要的作用;结合如互联网+等新兴经济模式,再生资源将在电池产业发展中成为发展的新动能。

第一作者简介

孙峙,研究员,北京市过程污染控制工程技术研究中心副主任,中国再生资源产业技术创新战略联盟专家委员会委员。主要从事资源循环与环境工程相关技术研究,开发的典型二次资源循环利用技术,在电子废弃物高效识别、金属选择性回收以及废旧锂离子电池短程清洁利用等方面实现了产业化应用。在 Green Chemistry 等业界主流期刊上发表论文90余篇。相关技术申请中国专利30余项,国际专利2项,企业技术秘密1项。

中国再生铅行业管理与技术取得辉煌佳绩

张正洁　佟永顺　朱合威　李宝磊　张　娜

谨值中国再生资源产业创新战略联盟成立十周年之际，回顾我国再生铅行业发展历程，当时我国废铅蓄电池处理处置和回收利用过程环境污染问题层出不穷。据不完全统计，2008年，我国废铅蓄电池再生铅厂近200家，年生产能力从几百吨到几千吨不等，5万吨以上的屈指可数，年生产总量在50万~130万吨之间，仅占铅总产量的30%左右，远远低于原生铅产量。但是从总体水平看，我国当时废铅蓄电池铅回收企业数量多、规模小、耗能高、污染重、工艺技术落后、金属回收和综合利用率低。这些再生铅厂主要采用传统的小反射炉等原始冶炼工艺，极板和浆料全部混炼，大都未经过预处理工艺；90%以上的企业没有采取烟尘处理，整体水平仅相当于国际20世纪60年代水平。在这种客观条件下，以每年冶炼150万吨废铅蓄电池、产出105万吨再生铅计算，年约排放二氧化硫61250t（其中煤排放二氧化硫8750t/a）；耗水约840万立方米（每处理1t废铅蓄电池，耗水约5m^3，洗水近0.6m^3）；年产弃渣量高达30万吨，其中含铅金属30000t，砷近3000t，锑10000t。

我国再生铅产业，无论是在废铅蓄电池回收收集还是在处理处置方面均与发达国家存在着相当大的差距。虽然也有少数大企业在开展铅回收方面做出了较好的典范，但是从目前我国该行业总体情况来看，废蓄电池回收大部分处于分散经营状态，且收集过程不规范，回收技术落后，装备水平低，企业规模小，进而也造成我国再生铅生产过程具有较大的不确定性，难以适应国际市场铅价的变化，市场竞争力较差。

一、近十年我国再生铅行业管理与技术取得进展情况

我国各级政府、行业主管部门、行业组织、再生铅企业都非常重视再生铅行业的可持续发展，无论政策、行业引领、技术装备、污染治理、行业自律等，经过近十年的发展历程，我国再生铅行业取得了辉煌的成绩，行业发生了巨大变化，可以自豪地讲，我国再生铅行业已经走到世界前列，引领世界再生铅行业的发展。

（一）建立了完善的再生铅行业管理技术体系

国家及地方针对再生铅行业相继出台了一系列政策，主要包括宏观的政策法规类、政策标准类及技术管理文件类等。

1. 涉及再生铅行业宏观政策法规类及政策标准类

（1）《环境保护税法》的出台（2018年1月1日起实施） 该法一是有利于解决排污费制度存在的执法刚性不足、地方政府干预等问题；二是有利于提高纳税人环保意识和遵从度，强化企业治污减排责任；三是有利于构建促进经济结构调整、发展方式转变的绿色税制体系；四是有利于规范政府分配秩序，优化财政收入结构，强化预算约束。

（2）新修改的《环境影响评价法》出台 新修改的《环境影响评价法》弱化了项目环评的行政审批要求，强化了规划环评，加大了处罚力度，提高了未批先

建的违法成本，大幅度提高了惩罚的限额。

（3）财政部发布《关于全面推进资源税改革的通知》（简称《通知》，2016年7月1日起实施）　该《通知》明确资源税改革的主要内容，包括扩大资源税征收范围，开展水资源税改革试点工作；实施矿产资源税从价计征改革；全面清理涉及矿产资源的收费基金；合理确定资源税税率水平；加强矿产资源税收优惠政策管理，提高资源综合利用效率等。

（4）《二噁英污染防治技术政策》的出台　该技术政策提出了重点行业二噁英污染防治可采取的技术路线和技术方法，包括源头削减、过程控制、末端治理、新技术研发等方面的内容，为重点行业二噁英污染防治相关规划、排放标准、环境影响评价等环境管理和企业污染防治工作提供技术指导。

（5）清洁生产标准的出台　《清洁生产标准　废铅酸蓄电池回收业》（HJ 510—2009）、《再生铅行业清洁生产评价指标体系》（国家发展和改革委员会、环境保护部、工业和信息化部公告2015年第36号）相继出台。清洁生产指标分为六大类，即生产工艺与装备要求、资源能源利用指标、产品指标、污染物产生指标（末端处理前）、废物回收利用指标、环境管理要求。

（6）《铅酸蓄电池生产及再生污染防治技术政策》　该技术政策中明确指出再生铅行业应重点控制含铅废气、含铅废液、含铅废渣、酸雾及二噁英等污染物。并提出了铅酸蓄电池生产及再生行业在清洁生产、大气污染防治、水污染防治、固体废物处置及综合利用、鼓励研发的新技术等方面的有关要求。

（7）《再生铜、铝、铅、锌工业污染物排放标准》（GB 31574—2015）《再生铜、铝、铅、锌工业污染物排放标准》于2015年7月1日开始实施，该标准的实施对污染物排放有严格规定。对再生铝、再生铅、再生锌企业来说，新标准、新法规的执行一定会对再生有色金属行业的规范发展起到促进作用。再生有色金属行业的监督不仅要参照行业排放标准，还需符合其他有关环保标准。新标准中对再生有色金属行业的要求更为严格，也更能体现行业的特征，再生有色金属行业的污染问题主要集中表现为重金属污染和有机物污染。

（8）《环保部推进绿色制造工程工作方案》实施　《环保部推进绿色制造工程工作方案》指出，环保部将以改善环境质量为目标，以健全完善促进绿色制造环境管理体系为平台，以健全环境污染预防和清洁生产制度为支撑，以引领绿色制造的激励机制为保障，以示范试点为抓手，以推动生活方式绿色化为手段，倒逼工业企业走绿色制造之路，实现污染源全面达标排放。同时，环保部联合财政部推进环保"领跑者"制度实施，大力推进和完善清洁生产制度，推进工业园区污染综合防治，开展绿色供应链管理制度建设，严格环境影响评价制度建设。此外，还将通过开展绿色供应链试点、绿色制造企业示范等方式，构建绿色发展的示范体系。方案提出，到2020年，基本实现我国环境管理从末端治理向全过程管理转变，促进大气污染防治行动计划、水污染防治行动计划、土壤污染防治行动计划所涉及的重点污染行业中的企业实现绿色化、清洁化改造，打造一大批具有核心竞争力的绿色制造企业和清洁生产工业园区，全面提高工业企业的清洁生产水平，减少重点行业的污染物产生量和排放量，促进环境质量明显改善。

（9）《国家危险废物名录》（2016版）发布实施　《国家危险废物名录》（2010版）于2016年8月1日起施行。新公布的《国家危险废物名录》，变化的内容中，涉及本课题的内容主要如下：在HW31含铅废物中，对废物代码431-001-31"铅酸蓄电池回收工业产生的废渣、铅酸污泥"进行了修订，修订之后的内容为"废铅酸蓄电池拆解过程中产生的废铅板、废铅膏和废酸"，废物代码为421-001-31。

（10）《"互联网+"绿色生态三年行动实施方案》印发　2016年1月，国家发展和改革委员会制定了《"互联网+"绿色生态三年行动实施方案》。通知提出总体要求，推动互联网与生态文明建设深度融合，完善污染物监测及信息发布系统，形成覆盖主要生态要素的资源环境承载能力动态监测网络，实现生态环境数据的互联互通和开放共享。充分发挥互联网在逆向物流回收体系中的平台作用，提高再生资源交易利用的便捷化、互动化、透明化，促进生产生活方式绿色化。

（11）《国家工业资源综合利用先进适用技术装备目录》印发 印发《国家工业资源综合利用先进适用技术装备目录》，工业固废综合利用技术装备有36项，其中涉及再生有色金属共有3项；其中再生资源回收利用先进适用技术装备有36项，涉及再生有色金属共有4项。

（12）工业和信息化部关于加快推进环保装备制造业发展的指导意见（工信部节〔2017〕250号） 为贯彻落实《中国制造2025》和《"十三五"国家战略性新兴产业发展规划》，全面推行绿色制造，提升环保装备制造业水平，促进环保产业持续健康发展，实现有效供给。

2.出台的涉及再生铅行业污染防治管理性文件

近些年来，国家发改委、工信部、环保部（现生态环境部）针对铅污染状况，颁布了一系列污染防治相关政策，提出源头预防、过程阻断、清洁生产、末端治理相结合的全过程综合防控原则，对再生金属行业企业的准入要求、生产工艺及末端治理工艺提出了具体的要求，为中国金属行业污染防治技术的进步提供了政策支持，促进了行业的整合及进步。近年来中国涉及铅污染防治管理的文件如下表所示。

近年来中国涉及铅污染防治管理文件一览表

序号	发布单位和日期	政策名称
1	环境保护部，2012年38号公布	《再生铅行业准入条件》
2	国务院办公厅，2009年5月	《有色金属产业调整和振兴规划》
3	发展改革委令，2011年第9号	《产业结构调整指导目录（2011年本）》
4	工业和信息化部，2011年12月	《有色金属工业"十二五"发展规划》
5	工业和信息化部、科学技术部、财政部，2011年51号公告	《再生有色金属产业发展推进计划》

续表

序号	发布单位和日期	政策名称
6	科学技术部，2012年4月	《废物资源化科技工程"十二五"专项规划》
7	工业和信息化部，2013年92号公告	《关于促进铅酸蓄电池和再生铅产业规范发展的意见》
8	工业和信息化部，2013年95号公告	《2013年工业节能与绿色发展专项行动实施方案》
9	工业和信息化部，2013年210号公告	关于做好《再生铅行业准入条件》实施工作的通知
10	环境保护部，2011年56号公告	《关于加强铅蓄电池及再生铅行业污染防治工作的通知》
11	环境保护部，2012年325号公告	《关于开展铅蓄电池和再生铅企业环保核查工作的通知》
12	工业和信息化部，2014年第39号公告	符合《再生铅行业准入条件》企业名单（第一批）
13	环境保护部，2012年	《重金属污染综合防治"十二五"规划》
14	环境保护部公告，2015年第11号	《再生铅冶炼污染防治可行技术指南》
15	工业和信息化部公告，2016年第60号	《再生铅行业规范条件》
16	环境保护部，2016年6月	《国家危险废物名录》（2016年版）

总之，我国政府部门建立健全了法律法规，规范回收体系，加强执法和宣传力度，制定了经济促进政策，完善了铅蓄电池回收利用体系。在充分发挥市场自身调节作用的同时，通过宏观管理来引导再生铅行业的健康发展。

（二）行业组织充分发挥了行业引领作用，效果显著

中国再生资源产业技术创新战略联盟自成立以来，发挥行业引领作用，积极推动我国再生资源产业创新驱动高质量发展。一是每年有组织地对再生铅企业相对集中区域，如江苏、河南、江西、湖北及湖南等地开展专题调研活动；了解企业的实际困难及现实需求，结合国家产业要求，通过开展针对性的专题调研和技

术对接活动,目的是依托中国再生资源产业技术创新战略联盟平台,发挥科技创新的核心引领作用,学习产业绿色发展、精细化管理的先进经验,推进产业链与创新链融合,着力推动再生资源产业高质量发展。二是积极参与国家产业政策、污染防治政策编制活动,引导政策良好落地;主持编制了《再生铅行业准入条件》《再生铅行业规范条件》,参与了《再生铜、铝、铅、锌工业污染物排放标准》(GB 31574—2015)、《再生有色金属产业发展推进计划》《废物资源化科技工程"十二五"专项规划》《再生铅行业清洁生产评价指标体系》《铅蓄电池生产及再生污染防治技术政策》《再生铅冶炼污染防治可行技术指南》等文件编制;组织各类会议,开展政策法规宣讲活动。三是积极组织科研单位、行业企业联合攻关,效果显著。环境保护部公益项目《典型铅生产过程含铅废物风险控制及环境安全评价集成技术研究》、国家自主产权自动破碎分选、富氧低吹熔炼技术在中国再生资源产业技术创新战略联盟的组织下得以有效开发与应用,打破了多年再生铅技术及装备被国外垄断的历史。

中国再生资源产业技术创新战略联盟站在国家战略高度和行业需求角度,严格把关,推荐了一批创新点显著、切实符合产业发展急需的关键共性技术开展联合攻关,推动再生资源产业技术创新链构建,集聚科技资源推进产、学、研、用深度结合,实现科技与经济紧密结合,提升再生铅产业核心竞争力。

总之,中国再生资源产业技术创新战略联盟不忘初心,在积极引导行业可持续发展方面,取得了显著成效。

二、我国再生铅行业污染减排效果显著

我国再生铅行业经过铅污染风暴整顿,引领行业健康发展,使得行业污染减排效果明显。我国再生铅行业减排效益评估指标主要包括单位产品综合能耗、单位产品新鲜水用量及废气中SO_2、颗粒物、铅及其化合物,废水各项污染物排放指标等,其中资源能耗指标评估以《再生铅行业规范条件》(2016)为依据。该行业减排效益评估结果如下表所示。

我国再生铅行业减排效益评估分析表

评估指标		企业1①	企业2①	企业3①	企业4①	企业5①	企业6①	企业7①	企业8①	企业9①	企业10①	企业11①	企业12①	企业13②	企业14②	企业15②	平均值	标准值
大气污染物排放指标/(mg/m³)	SO_2	4	61.3	80	35	18	39	59	36	67	54.7	35	68	155	160	174	46.42	150
	颗粒物	19	23	26	28	11	14	27	15	19	22	15	16	33	47	30	19.58	30
	铅及其化合物	0.4	0.5	1	1.1	0.8	0.9	1	1.6	1.5	1.2	1	0.5	4	3	3.5	0.96	2
	二噁英/(ngTEQ/m³)	0.56	0.83	0.5	0.73	0.69	0.82	0.48	0.34	0.7	0.8	0.41	0.63	0.9	0.88	0.8	0.62	0.5
水污染物排放指标/(mg/L)	COD	6.89	47	33	44	24	26	38	46	17	36	17	24	44	33	26	29.91	50
	悬浮物	7.3	35	19	22	15	16	27	20	12	16	15	26	15	18	19	19.19	30
	总铅	0.154	0.08	0.12	0.11	0.1	0.09	0.1	0.14	0.18	0.1	0.04	0.07	0.1	0.15	0.1	0.11	0.2
综合能耗/(kgce/t)		108	104	107	104	109	110	105	103	109	113	105	100	126	135	133	110	125
精炼工序铅总回收率/%		98.4	99	99.6	98.2	99.1	99	98	98.6	99.1	99	99.3	98.2	97	95	90	99	98
单位产品新鲜水量/(kg/t)		430	390	278	376	422	390	487	376	290	300	430	400	520	555	600	381	500

① 规模以上企业。
② 规模以下企业。

注：kgce/t代表千克标准煤每吨。

由上表分析可得出如下结论。

(一) 我国再生铅行业所有统计企业

大气二噁英排放浓度高于标准值约19.3%；单位产品综合能耗平均为110 kgce/t，低于国家《再生铅规范条件》限值约11.5%；精炼工序铅总回收率满足标准要求；单位产品新鲜水量低于再生铅清洁指标体系Ⅲ级基准值约27%；单位产品废气排放量低于标准值70%；大气SO_2排放浓度低于标准值约69%；大气颗粒物浓度低于标准值约35%；大气铅及其化合物浓度低于标准值约52%；单位产品废水排放量低于标准值65%；废水COD排放浓度低于标准值约40%；废水悬浮物浓度低于标准值约36%；废水总铅排放浓度低于标准值约46%。

(二) 我国再生铅行业规模以下企业

大气二噁英排放浓度高于标准值约42%；单位产品综合能耗平均为131.3kgce/t，高于国家《再生铅规范条件》限值约4.8%；铅总回收率、单位产品新鲜水量均不满足标准要求；大气颗粒物浓度高于标准值约18%；单位产品废水排放量高于标准值54%。

我国现阶段再生铅行业大气二噁英排放浓度水平与2010年相比如下图所示。

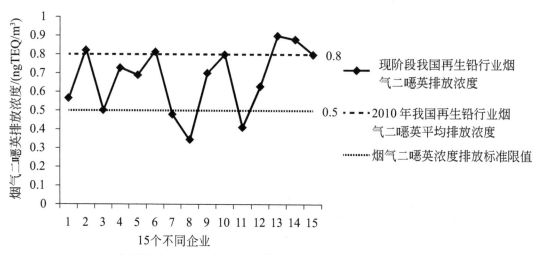

我国再生铅行业大气二噁英排放浓度水平对比分析图

我国现阶段再生铅行业能耗水平与2010年相比如下图所示。

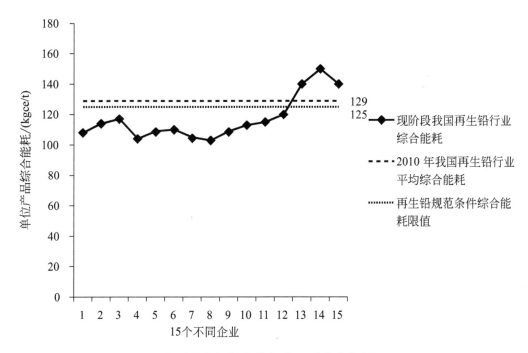

我国再生铅行业能耗水平对比分析图

上面两图表明：我国现阶段再生铅行业所有统计企业烟气二噁英排放浓度平均为0.62ngTEQ/m^3，低于规模以下企业约30.3%，低于2010年我国再生铅平均指标22.5%；我国现阶段再生铅行业所有统计企业单位产品综合能耗平均为110kgce/t，低于规模以下企业约16.2%，低于2010年我国再生铅平均指标14.7%。

再生铅行业与十年前相比，效果对比分析如下表所示。

再生铅行业与十年前相比效果对比分析

项目	效果分析
规模	废铅蓄电池预处理项目规模在10万吨/年以上，预处理-熔炼项目再生铅规模应在6万吨/年以上。最大处理规模60万吨/年
行业集中度	行业集中度明显提升，达到52%以上；全国规模以上企业大约30多家

续表

项目	效果分析
工艺与装备	与十年前相比,生产工艺与装备有了极大提升。先进企业采用全自动破碎分选,富氧熔炼技术、液态高铅渣还原熔炼技术、低温熔炼技术、自动铸锭机等,二次燃烧及吸附二噁英防治技术等
能源消耗水平	预处理-熔炼企业熔炼工艺能耗低于125kgce/t铅,精炼工序能耗低于22kgce/t铅,铅总回收率大于98%,熔炼废渣中铅含量小于2%;废铅蓄电池预处理工艺综合能耗应低于5kgce/t含酸废电池
污染物排放水平	规模以上企业达到了《再生铅行业清洁生产评价指标体系》规定的"清洁生产企业"水平,"污染物排放满足行业排放标准的要求"。对于二噁英排放控制还有待提高
污染防控设施	采用自动化破碎分选工艺和装备处置废铅蓄电池,企业预处理车间地面必须采取防渗漏处理,具备废酸液回收处置、废气有效收集和净化、废水循环使用等配套环保设施和技术
安全生产管理水平	遵守《中华人民共和国安全生产法》(2014年最新修订)、《中华人民共和国职业病防治法》(2016年修订)等法律法规,执行保障安全生产和职业卫生的国家标准和行业标准;项目安全设施和职业病防护设施严格履行"三同时"手续。企业大都开展了安全生产标准化建设工作,强化安全生产基础建设,必须配备泄漏报警、应急事故池和故障急停等装置
企业综合管理水平	企业管理制度完善,企业管理文化、管理人员素质有了较大提升

总体来看,中国再生铅产业提质增效趋势明显。随着再生铅产业相关配套政策不断完善,回收渠道逐步规范,技术装备水平和环保能力不断提升,再生铅将很快成为中国铅资源的主要来源,为铅工业的节能减排发挥更大作用。

三、结论

再生铅行业经过十年历程发展,取得了辉煌成绩。主要体现在以下几方面。

(1)工艺与装备水平提高、自主创新水平提高;随着国家技术创新政策扶植力度的加大，企业自主创新能力的提升，再生工艺技术与装备水平提高很快，甚至实现外销局面。

（2）污染防治设施完善，升级改造力度大；随着国家《水污染防治行动计划》（简称"水十条"）、《大气污染防治行动计划》（简称"大气十条"）的执行力度，企业污染防治设施更加完善，升级改造力度前所未有。

（3）污染防治水平有所提高，污染物基本达标排放；随着国家生态文明建设力度的加快，群众对环境质量要求的提高，再生有色金属行业污染防治水平有了大幅提高，除二噁英外，基本能实现达标排放。

（4）单位能耗有所下降，与发达国家相比依然存在差距；与十年前比，再生铅单位综合能耗有所下降。

（5）管理部门执法能力加强，行业组织引领作用明显、企业管理水平整体提高；在当前生态环境下，督察督办加大，各级管理部门执法能力加强，行业组织引领作用、联合组织关键共性技术攻关水平提高，企业管理水平整体提高。

（6）回收管理模式初步形成，有待完善；再生铅回收管理模式依然没有形成良性回收机制，依然困扰管理部门的管理及企业的原料来源，影响行业可持续发展。

（7）供给侧结构性调整未到位，需实现量变到质变的改变；供给性改革最直接的影响在于化解产能过剩，降低企业成本。未来需要进一步抑制技术落后、经营违规、环保不达标企业的发展，优化市场竞争环境，加快产业整合步伐。

第一作者简介

张正洁，沈阳鑫迪环境技术有限公司董事长，教授级高工，中国再生资源产业技术创新战略联盟专家委员会委员。主要研究方向为固体废物污染控制与资源化、重金属污染防治研究、环保功能材料研制等。

技术交流篇

资源循环利用的核心是技术和装备,直接影响生产效率和效益、环境和安全。中国再生资源产业技术创新战略联盟成立十年来,在联盟、企业和广大科技工作者的共同努力下,我国资源循环利用产业的技术装备水平得到了极大提升,已经从进口、简单模仿发展为自主创新和领先国际水平,并逐渐形成了一个新兴战略性产业的子行业——再生利用专用装备设计制造产业。

直接利用废杂铜生产黄铜合金的关键技术及对策

王成彦　刘　伟　赵洪亮　陈永强　郭淑梅　黄　腾　施利霞

一、引言

中国虽然是世界铜资源大国，但也是最大的铜消费国，同时由于资源禀赋关系，铜资源仍然是制约发展的重要因素。20世纪90年代末期，我国铜产业飞速发展，经过近三十年的积累，铜及其合金生命周期结束将迎来大量的报废产品，废杂铜再生循环利用也将迎来高峰期，以满足社会和经济发展的需求。

废杂铜原料间接利用法流程复杂、能耗高，回收原料中纯净杂铜和铜基合金废料最合理的再生利用途径是将它们直接冶炼成铜合金，即用已区分牌号和纯净的杂铜生产铜合金配以适当的纯金属或中间合金进行熔炼，便可制得各种牌号的合金，如此，铜废料中所有的有价成分都被回收到成品中。采用废杂铜直接重熔精炼制备铜合金产品具有高效、环保、低能耗、短流程等优点，正逐渐成为废铜再生利用的主要方法。然而，目前直接利用法生产黄铜合金的原料杂质含量高、预处理分选困难，熔炉净化未完全处理，导致产品中产生了许多缺陷。

二、产品缺陷表征

废杂铜再生黄铜合金产品缺陷有三种常见的类型：合金棒材的黑色硬质点（缺陷1）、冷锻产品表面的黑色异物（缺陷2）、冷锻零件表面的规律性裂纹（缺陷3），具体如下图所示。缺陷的存在不仅会影响工艺品或装饰品的美观，甚至会影响合金的加工和使用性能，现通过实验手段，对缺陷样品进行了不同的成分分析。

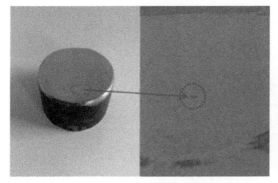

缺陷1：合金棒材的黑色硬质点

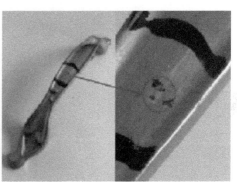

缺陷2：冷锻表面的黑色异物

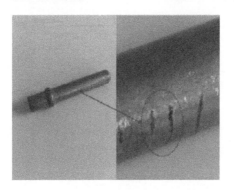

缺陷3：冷锻零件表面的规律性裂纹

（一）合金棒材的硬质点

由于黄铜合金具有明亮的金属光泽，样品表面存在微小黑点时肉眼下非常明显，最初使用铁制器件划动小黑点难以去除，因此称它们为硬质点。此类硬质点具有与黄铜合金不同的光泽,其存在可能会影响合金的质量,进而影响产品的竞争力,下图为硬质点在电子探针下的微观形貌图。

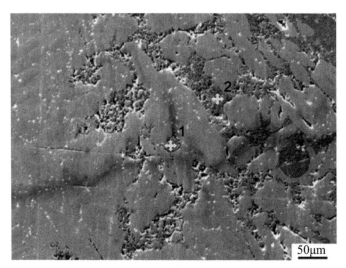

合金棒材硬质点在电子探针下的微观形貌

下表为硬质点缺陷微区成分分析。

硬质点缺陷微区成分分析　　　　　　　　　　　　　　　　质量百分数

对应区域	B	C	Al	Ni	Fe	Cu	Zn	Pb	Sn
P1	4.67	1.04	0.11	0.43	0.52	68.18	22.06	1.87	0.47
P2	4.53	1.09	0.21	0.57	0.68	63.30	25.45	3.75	0.30

硬质点处在铜锌元素的基础上杂质元素Fe、Ni和B含量明显增加。Fe、Ni是预处理分选中难以去除的杂质元素,B是熔体精炼中除杂剂的主要成分之一,根据成分判断该硬质点为杂质元素与除杂剂反应后未充分分离而残存在熔体中的中间化合物。由于硬质点的存在,在下游产品磨抛加工中,会对产品表面的光亮度造成影响。

(二)冷锻产品表面的黑色异物

冷锻产品门把手表面有明显的黑色异物,严重影响产品的外观,更会影响其性能，如下图所示，可以清楚地看到冷锻产品表面的黑色物质。此黑色物质在电镜低倍放大时可以发现有许多卷曲拉裂的鼓皮，局部区域再次放大可见较多具有光泽的鼓包。

冷锻产品表面黑色异物微观形貌

冷锻产品表面黑色异物缺陷微区成分分析如下表所列。

冷锻产品表面黑色异物缺陷微区成分分析　　　　　　　　　　质量百分数

对应区域	Al	Si	Fe	Cu	Zn	Pb
P1	2.14	3.33	62.61	22.59	0.00	9.33
P2	2.38	88.55	0.00	0.00	0.00	9.07
P3	0.00	0.00	1.98	76.79	19.01	2.22

上表成分分析结果表明，黑色异物区域明显含有较高的Fe、Si，熔炼除杂过程使用氟硅酸钾作为除杂剂，可以判断此黑色异物为杂质铁与氟硅酸钾发生反应后形成的氟硅铁渣，残留在熔体中未被除去。

（三）冷锻螺杆表面的规律性裂纹

下游产品冷锻件上的规律性裂纹在使用中容易断裂，存在安全隐患，对产品竞争产生很大影响，因此避免这种裂缝的产生是非常重要的。采用扫描电镜对裂纹进行分析，裂纹线扫描分析图和裂纹处点分析微观形貌图如下面两图所示。

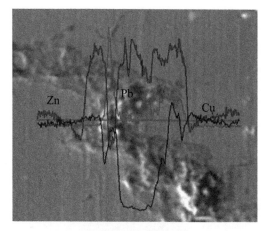 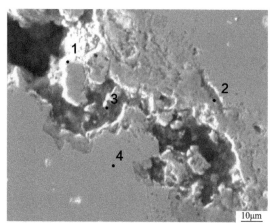

裂纹线扫描分析图　　　　　　　裂纹处点分析微观形貌图

裂纹线扫描结果明显可以看出断裂面附近有铅颗粒存在，Cu元素含量显著降低，Zn元素含量显著增加，进一步分析裂缝的组成，具体分析结果如下表所列。

冷锻件裂纹处打点分析结果

对应区域	Al	Cu	Zn	Sn	Pb
P1	2.55	9.27	79.31	0.00	8.88
P2	0.00	3.57	86.33	10.09	0.00
P3	2.19	29.55	15.96	0.00	52.30
P4	0.00	62.43	37.57	0.00	0.00

冷锻螺杆在裂缝处锌含量特别高，并且局部含量大于58%，黄铜合金中锌元素含量大于49%则形成γ相黄铜，γ相黄铜性硬而脆，不适于压力加工，因此，在零件加工成型时出现规律性裂纹。同时点P_2处Sn含量高达10.09%，局部的杂质含量过高亦会导致工件在加工过程中局部产生高应力区形成微小裂纹，再由微小裂纹逐渐扩展至周期性的大裂纹。

上述三类主要产品缺陷产生的重要原因就是在熔炼过程中的熔体净化不彻底，在铸造过程中引入各类杂质，在局部和扩展至较大范围形成产品缺陷。由此看来，减少废杂铜再生合金产品缺陷的重要举措就是实现熔炼过程中熔体的深度净化。

三、再生黄铜合金熔体净化及性能提升

（一）废杂铜原料的分类回收和预处理

废杂铜原料来源广泛、种类繁多，回收要根据成分、来源、种类等尽可能做到规范化分类，入炉原料更要进行多级预处理脱杂，以减小后续熔炼工艺的脱杂压力，主要包括人工/机械分拣、回收的某些原料要进行脱油、重力分选、磁选等，原料分类回收和预处理是直接利用法生产牌号合金最重要的部分。

将包括以回收铜为主的废电机（包括废电机、废电线、废电缆、废五金电器）等16个品种固体废物，从《限制进口类可用作原料的固体废物目录》调入《禁止进口固体废物目录》，自2018年12月31日起执行。上述规定将对我国废杂铜原料的进口产生较大影响，会加速我国国内废杂铜原料需求的大幅增加。比较来看，我国废杂铜尚未制定较为详细的废杂铜分类标准，分类程度和水平较低，导致我国废杂铜原料成分波动较大，杂质元素含量较高，这将对废杂铜熔炼、熔体净化及铸造过程带来较大影响，所以废杂铜原料的分类回收和预处理将发挥更加重要的作用。

（二）开发深度精炼剂除渣剂

运用热力学软件对照元素周期表逐一添加过量的精炼元素与杂质种类含量尽可能多的原料反应，理论结果表明最经济可行的是B-Ca基精炼剂会和废杂铜原料中的杂质元素（Fe、Pb、Sn、Ni、Al、Si、Mn等）结合成中间化合物，以利于与除渣剂形成聚集基团上浮。目前，需要进一步寻找恰当的清渣剂使中间化合物从熔体中分离。

（三）电磁冶金技术实现熔体净化

电磁冶金利用熔体中各杂质粒子导电性不同而实现除杂的目的，属于物理分离方式，其主要操作是使用电脉冲技术在熔体中加入电极，实现杂质的快速分离，与化学分离方式相比，其主要优点在于不引入新的物质。

（四）微合金化实现晶粒细化及有益元素合理分配利用

稀土元素作为一种可以有效改善合金综合性能的添加剂，在微合金化技术的发展过程中得到了广泛的应用，另外稀土元素的晶粒细化作用明显，对铜合金的性能改善具有十分显著的功效。

除了稀土元素外，废杂铜原料中的杂质元素也具有其有益的作用。少量锡能固溶于α黄铜和$\alpha+\beta$黄铜中，可提高铜合金的耐蚀性、强度和硬度，但在黄铜中加入锡的含量一般不超过1.5%，锡含量过多会使得合金的塑性下降；硼在铜中固溶度不大，一般作为脱氧剂使用，残余的硼可以细化晶粒，人们发现硼的变质作用十分显著，在加砷黄铜合金中同时加入0.01%～0.04%硼，具有更好的防止黄铜脱锌腐蚀的作用；在黄铜中游离态的铅质点具有强的润滑和减磨作用，使合金具有极高的可切削性能和减磨性能，切削易碎，但分布不均的铅对精密加工极其不利，而分散、均匀、细小的铅分布，对材料的耐磨性、精密加工等性能极为有利；在铅黄铜牌号为hpb59-1的连续铸造扁锭加入0.1%的铝，半连续铸造圆锭中加入0.04%铝，可改善铸锭表面质量，增加热加工温度范围，细化晶粒，使铅分布更加均匀，同时提高热轧上限温度；铁能够细化铸锭组织，也能够抑制再结晶时的晶粒长大，从而提高黄铜的力学性能和工艺性能。另外，铁与锰、锡、镍、铅相互配合时可提高黄铜的强度和硬度及在大气和海水中的耐蚀性，但同时存在铁和硅时，会增加切削刀具磨损，使合金的加工性能变差，黄铜中的铁含量一般不超过1.5%，含铁过高时，富铁相增加，会引起铁的偏析，降低合金的耐蚀性，影响电镀层表面质量；镍能够明显的扩大α相区，因而加镍能使得某些双相黄铜转变为晶粒细小的单相黄铜，从而改善黄铜的工艺性能和力学性能。

四、结论及展望

成分角度分析，某一种或者几种元素的富集量超过允许值容易增加缺陷的数量，常见的杂质元素有Fe、Si、Sn、Pb、Ni等，目前直接利用法生产黄铜合金除杂不彻底，对下游产品质量造成较大压力。

由于废杂铜原料的复杂性，各类杂质元素含量高，废杂铜原料的分类回收和预处理、开发深度精炼剂除渣剂、电磁冶金技术实现熔体净化技术的研究急需完善，同时利用稀土元素微合金化作用、恰当控制微量元素至有益元素的范围是废杂铜再生的最佳选择。

未来几年中国废杂铜回收量增加，将促使废杂合金直接利用进一步寻找适宜的精炼剂和开发新的炼技术以达到深度除杂的目的。相信随着精炼技术的进步，高品质再生黄铜合金高效、环保、低能耗的生产规模也将扩大，为我国铜工业的发展做出更大的贡献。

第一作者简介

王成彦，教授，博士生导师，国家有突出贡献中青年专家，"百千万人才工程"国家级人选，享受国务院政府特殊津贴。北京科技大学冶金与生态工程学院副院长，中国再生资源产业技术创新战略联盟专家委员会委员。长期从事多元复杂矿产资源高效综合利用和清洁生产的工程化研究，在多金属复杂矿的短流程冶金、多金属高效分离与提取、过程工程放大与关键装置研发等方面做出了突出贡献。发明了铅富氧闪速熔炼、红土镍矿综合利用、矿浆电解等原创性清洁生产新技术。先后承担和参加国家自然科学基金重点/面上项目、国家973计划项目、国家863计划项目、国家科技支撑计划项目20余项，主持完成企业委托项目近百项。发表学术论文180余篇，其中，SCI、EI收录近70篇。已获授权发明专利33项。获国家技术发明奖二等奖1项，部级技术发明奖一等奖1项，部级科技进步奖一等奖2项、二等奖3项，部级优秀工程咨询成果奖一等奖5项、二等奖3项。

聚烯烃废料再生利用实践探索

贾润礼

自1996年关注白色污染问题以来,我们团队在废塑料再生利用方面做了多方面的探索实践,其中以聚烯烃为主,现将20年来用化学改性方法回收利用聚烯烃方面进入生产环节的实践工作简要梳理总结如下。

一、交联聚乙烯热降解回收利用

交联聚乙烯热降解回收做了两方面的工作,交联聚乙烯泡沫热降解回收制备低密度聚乙烯(LDPE)和交联聚乙烯电缆废料热降解制备氧化聚乙烯蜡。

二、交联聚乙烯泡沫热降解回收制备低密度聚乙烯(LDPE)

由化学交联和辐射交联工艺得到的PE发泡片材,其生产废品和二次加工边角料对片材制造企业和从事泡沫制品二次加工的企业都是负担,体积大、安全问题、涉及环保而不适宜焚烧。从1997年我们开始研究交联聚乙烯泡沫废料回收,到2007年终于解决其中关键问题,实现了用双螺杆挤出机对交联聚乙烯泡沫的热降解化学(改性)制备低密度聚乙烯粒料。

交联聚乙烯泡沫热降解回收的难点在于：体积大，发泡倍数通常在60以上，必须低成本浓缩（减小体积），有助于提高后续工序的运行效率和降低生产成本，同时能保证降解工序的工艺稳定性；废料中通常含有AC发泡剂的第一次分解产物，当高温热降解时，第一次分解产物会发生第二次分解并伴随部分复杂化学反应，释放出的二次分解产物及伴随反应产物气体具有较强毒性和刺激性；交联PE热降解过程的显著特点是：热降解过程较容易发生，但随后伴随着两个方向的剧烈反应——快速炭化或快速交联，用开炼机进行热降解操作时，可观察到交联聚乙烯在降解变稀后在一分钟内很快交联失去流动性，用普通注塑机进行热降解操作时经历过30秒内螺杆抱死不动（卸开后看到完全交联或完全碳化现象）。

我们采用较低温度浓缩废料，在双螺杆挤出机上用化学改性途径实现了交联聚乙烯泡沫废料热降解制备低密度聚乙烯粒料，得到的粒料可用于挤出、注塑、吹膜等加工。需要说明的是：这里得到的所谓低密度聚乙烯只是出于方便的临时称呼，因为降解产物的加工流动性、力学性能、制品加工工艺性方面与LDPE相当，其分子结构与PE相比还是有较大的差异。

三、交联聚乙烯电缆废料热降解回收制备氧化聚乙烯蜡

来自废电缆回收皮层的交联聚乙烯废料，通常是经核辐射交联工艺得到的高交联度（90%以上）的交联聚乙烯，与交联聚乙烯泡沫降解回收相比要简单得多，体积密实，没有发泡剂因素，其中含有较多的润滑剂能有效阻止交联聚乙烯在热降解过程中的碳化和再交联现象，所以我们在普通双螺杆挤出机上经简单低成本化学处理得到氧化聚乙烯蜡。

四、聚丙烯氧化降解制备高熔脂聚丙烯

2002年我们用过氧化物氧化聚丙烯新料，实现了系列高熔脂聚丙烯（熔体流动指数为25，30，35，50，100，200，300，500，500～1000）可控降解挤出造粒，

后在聚丙烯超静音排水管专用料生产中为简化配方并保证生产工艺稳定，部分聚丙烯料采用聚丙烯回收粒料氧化降解制备高熔脂聚丙烯，持续近10年。

五、新疆微地膜一步法回收制备木塑板材

早些年新疆大量使用微地膜（当时通常厚度在3微米左右），当地有采用简单水洗后单螺杆挤出机带水回收工艺造粒，得到的粒料外观尚可但性能不稳定（主要含水量较大且波动幅度较大，含水量为10%～30%），烘干后只适合注塑生产低端制品，不能用于挤出加工，挤出会明显发泡并伴随产生大量焦煳秸秆烟气。经研究发现，微地膜使用后情况特殊，降解和表面氧化使微地膜表面粗糙且多绉，表面粘有大量细微尘土和细碎秸秆（大约在30%左右），即使精细清洗也不能去除，综合考虑后我们采用只加热熔化一次直接成型制品的一步法回收工艺，其中配方采用化学微交联提高PE分子量，最终工艺：清洗—烘干—破碎—配料—碾压浓缩（减小体积）—压制（或挤出）木塑板材。

六、聚乙烯（PE）废膜微交联回收

对较为干净的废聚乙烯膜采用过氧化物引发微交联挤出造粒，得到用于重包装袋膜料、煤矿用水管料、背心袋料。这些专用料有全部用废膜料，也有添加10%新料。

七、其他

近年来，我们对PE/PA、PE/PET、PP/PA、PP/PET复合废膜回收再加工做了一些工作，在制备低成本高强度地膜（长寿地膜和降解地膜）和包装膜（普通包装膜和可降解包装膜）方面有了较大进展，但因废膜来源问题而停滞，没有进入规模生产。

作者简介

贾润礼，教授，中北大学塑料研究所所长，工程塑料国家工程研究中心中北大学联合研发中心主任，中国塑料加工工业协会副会长，山西省人大代表，山西省人大社会建设委员会委员，中国再生资源产业技术创新战略联盟专家委员会委员。自1983年毕业于华南理工大学塑机专业后在中北大学（原太原机械学院，华北工学院）从事塑料相关教学科研工作，1999年组建成立塑料研究所后从事通用塑料和通用工程塑料改性与加工工艺的工程化和工业化技术研究，以塑料材料为核心，涉及塑料机械、塑料模具、脂肪酸系塑料助剂。

电子电器用塑料的高值化回收再利用

李迎春　王文生

在中国再生资源产业技术创新战略联盟的组织和领导下,我非常有幸参加了国家科技支撑"十一五"和"十二五"计划课题的研发工作,分别针对废弃电子电器中的热固性塑料和热塑性塑料的高值化再利用进行了研究,依据研究结果发表论文15篇,其中SCI收录7篇,EI收录4篇;申请发明专利12篇,授权6篇;培养研究生6名,其中博士2名。这些成果是在中国再生资源产业技术创新战略联盟的各位领导以及各位专家的指导下取得的,现将这些年的科研工作总结如下。

一、电子电器用塑料高值化再利用的前景广阔

目前,我国正面临着电子电器产品更新报废高峰期。据统计,这些即将报废的电子电器产品每年将产生废旧塑料高达1000万吨以上。如果能够对这些废弃塑料实现有效的回收和充分的再生利用,则可以节省大量石油资源并节约大量的能源。下面两个表中给出了主要家用电器中塑料所占的比例和塑料在主要家用电器中的应用。

主要家用电器产品中塑料所占的比例　　　　　　　　　　　单位：%

品种	电视机	冰箱	空调	台式电脑	洗衣机	吸尘器
比例	25	40	11	23	36	60

塑料在主要家用电器中的应用

塑料类型	应用范围
ABS，HIPS	电冰箱，洗衣机，空调器，电视机，电脑，吸尘器等
PP	洗衣机，吸尘器，电风扇等
聚甲醛（POM）	各种塑料传动件
聚氨酯	电冰箱，电冰柜
环氧树脂	电子线路板

电子电器用热塑性塑料的特点主要有：品种虽然多，但主要是聚丙烯（PP）、ABS树脂、耐冲击性聚苯乙烯（HIPS）三种塑料为主，占总量的80%以上；品质较好，性能下降较少；杂质少，易于清洗和纯化。

在我国，废弃塑料回收方法主要有材料式回收和能量式回收两种。其中材料式回收可分为机械式再循环、原料式再循环。机械式再循环是通过一定工艺加工经过富集分离后的塑料回收材料制得新产品的过程。这种方式比较适合大型家电、通信设备中的主要塑料以及材料单一的塑料回收；是一种高值化的回收。原料式再循环则是利用化学试剂、热解、水解等作用使废旧塑料分解生成单体或化学原料，获得有使用价值的产品，并加以回用的过程。原料式回收周期长，产生的单体提纯困难，并且容易产生环境污染。能量式回收是将废弃塑料直接燃烧或与其他物质共同燃烧回收能量的过程，这种回收方法是低值化的回收，不适合高品质的家电用塑料的回收再利用。针对废弃家电中的塑料特点，我们采用如下图所示的工艺流程来实现塑料的高值化再利用。

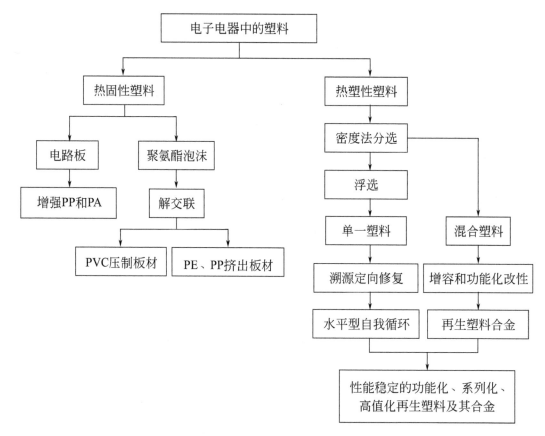

电子电器用塑料高值化回收再利用的工艺流程

二、热固性塑料的高值化再利用

(一)聚氨酯硬质泡沫塑料(WRPUF)的高值化回收再利用

采用力化学回收法对WRPUF进行回收再利用,此方法是在强剪切力(如双辊开炼机、挤出机等)的作用下,通过加入解交联剂使WRPUF小颗粒解交联,打开其中的一部分交联化学键,使其具有一定的塑性,最终将WRPUF解交联成黄色粉末状固体,即再生硬质聚氨酯(RRPU),然后再将RRPU与其他塑料共混制成板材。板材的冲击强度可达25.42J/m,拉伸强度可达43.17MPa,弯曲强度可达76.19MPa,弯曲模量可达2849.59 MPa。

(二)废弃电路板基材(WPCB)的高值化回收再利用

废弃电路板基材的扫描电镜照片和煅烧后的废弃电路板基材的扫描电镜照片如下面两图所示,玻纤的平均长度在300μm左右,直径为7μm左右,长径比在40以上,可以作为增强材料使用。

废弃电路板基材的扫描电镜照片

煅烧后的废弃电路板基材的扫描电镜照片

废电路板基材不仅能提高尼龙6的拉伸、弯曲性能,同时还能提高其冲击性能。其拉伸强度、弯曲强度、弯曲模量和冲击强度最大增幅分别为33.36%、21.86%、44%和9.2%。通过对复合材料SEM图片的分析,硅烷偶联剂KH-560可以很好地提高WPCB非金属粉和尼龙6基体的相容性,改善了玻纤与基体间的界面结合性能,从而提高其力学性能。通过以上研究,可以利用WPCB非金属粉作为尼龙6基体的增强材料,不仅能减少对环境的污染,还可以降低成本。从而实现废弃印刷电路板非金属粉的回收再利用。

三、热塑性塑料的高值化再利用

(一)浮选法分离ABS和HIPS

目前ABS与HIPS混合塑料在废旧塑料中占有很大的比列,ABS与HIPS的物理化学性质基本一致,导致ABS与HIPS分离困难,浮选分离是基于不同塑料具有不同的润湿临界表面张力,通过添加表面活性物质来控制液-气界面张力,使其介于待分离的塑料润湿临界表面张力之间,造成某些塑料因润湿而受抑制,而其他塑料的疏水可浮性不受影响,从而实现塑料的浮选分离。

以单宁酸为润湿剂,以松醇油、无水甲醇为起泡剂,在自制的塑料浮选装置上,详细考察了润湿剂种类及用量、浮选时间、调整时间、起泡剂用量、粒度等因素对分离ABS和HIPS的影响。浮选时间及调整时间对单一塑料浮选行为影响的研究结果表明,浮选时间和调整时间以15～20 min适宜。粒径分布研究结果表明,在气泡大小基本不变的情况下,小颗粒的可浮性明显优于大颗粒的可浮性。在甲醇浓度为100mg/L、单宁酸浓度为50mg/L条件下对ABS和HIPS混合塑料进行了分离,单次分离后上浮物中ABS回收率分别为88.9%。在松油醇浓度为30 mg/L、单宁酸浓度为50mg/L条件下,对ABS/HIPS混合塑料进行了分离,单次分离后上浮物中ABS的回收率达到96.3%。

（二）废旧ABS塑料的扩链及相修复研究

以酸酐为扩链剂，通过双螺杆挤出机将废旧丙烯腈-丁二烯-苯乙烯塑料（R-ABS）与酸酐进行熔融共混，研究了酸酐含量变化对R-ABS的相对分子质量、力学性能和断面形貌特征的影响。结果表明：R-ABS与酸酐发生了扩链反应，提高了R-ABS的相对分子质量；rABS的综合力学性能得到改善，尤其是抗冲击强度，由$6.7kJ/m^2$提高到$15.9kJ/m^2$；为R-ABS的2.4倍。同时拉伸强度和断裂伸长率均有明显的提高，说明酸酐作为扩链剂起到了提高r-HIPS性能的效果。

本研究以ABS老化降解产生的羟基为切入点，加入羟基型扩链剂酸酐，一方面利用酸酐基团和R-ABS中的羟基反应生成酯基，将断裂的分子链连接起来，使其相对分子质量提高，从而恢复其力学性能；另一方面，强极性的酸酐和同为极性的SAN相会产生分子间作用力，这样一来，酸酐一边连接着断裂的PB，另一边又和SAN产生分子间作用力，提高了PB相和SAN相的界面黏结力，达到相修复的目的。本文使用的酸酐类修复剂具有巨大的经济优势，市场上工业化的酸酐售价为5万元/吨，如果按每吨R-ABS加入1%的量来计算，1吨R-ABS只需使用500元左右的酸酐即可达到良好的改性效果，具有可行性与实用性。

（三）ABS和HIPS无分选高值化回收利用技术

ABS树脂具有复杂的两相结构，橡胶相是分散相，SAN作为基体树脂是连续相；正因为ABS树脂中SAN为连续相的缘故，导致ABS树脂具有极性，与非极性的HIPS是不相容的，所以ABS/HIPS共混物在加工时会出现分层、变脆、力学性能大幅下降等问题，对来源于废弃电器外壳的塑料，无需进行分选，直接进行共混改性，在相溶剂的作用使其形成宏观上均相，微观上分相的共混物体系。进而采用增韧剂对废旧电视机外壳塑料进行增韧改性，使回收料的性能达到或超过新料的性能。

研究了增溶剂的类型对ABS和HIPS共混物相溶性的影响，结果发现：

SMA对共混物的增溶作用是最好的,当共混物比例为ABS∶HIPS=70∶30,SMA=8%时,共混物力学性能得到很大的提升。在相溶剂存在的条件下,以SEBS为增韧剂对共混物进行了增韧,当含量为10%,使共混物的冲击强度达到20kJ/m²以上。最终材料的性能为:拉伸强度≥28MPa,断裂伸长率≥40%,弯曲强度≥45MPa,抗冲击强度≥20kJ/m²。基本可以替代新的HIPS,用于电器外壳料。

四、结论

电子电器用塑料随着电子电器报废量的增加,也在迅速增加,塑料来源于宝贵的石油资源,由于电子电器用塑料品质相对较好,只有通过合理的回收再利用的方法,实现其高值化再利用,既能节约石油资源,又能减少对环境的压力。所以,电子电器用塑料的高值化回收再利用具有非常广阔的应用前景。

第一作者简介

李迎春,男,博士,教授,现任中北大学材料科学与工程学院教学副院长,九三学社中北大学委员会副主任委员,中国兵工学会非金属材料专委会副主任委员,中国再生资源产业技术创新战略联盟专家委员会委员,山西省塑料协会专家委员会主任委员,《工程塑料应用》杂志编委。获得省部级二等奖2项,主持多项国家级以及省部级项目,发表论文80余篇,其中,被SCI、EI收录20余篇,申请发明专利22项,授权6项。

电子废物回收与资源化关键技术研发的探索与思考

李光明

一、深化对电子废物环境资源问题的认识

信息科技发展和电子电器产品的广泛应用与迅速普及推进了社会发明和进步，极大地丰富和便利了人们的日常生活。电子电器产品的更新换代及使用寿命的到来又给现代社会带来了新兴废物——电子废物。由于电子废物具有数量庞大、环境问题严重、资源化价值显著等特点，已成为世界关注的热点，对其回收处理被视为21世纪充满活力的新兴科技产业。进入21世纪，我国电子废物数量迅猛增加，对其拆解利用规模不断扩大。资料显示，到2020年，我国电子废物年产生量将达10000万吨，约占全球总量的1/2，回收处理产业发展潜力巨大。

同济大学电子废物管理与资源化技术研发团队自2002年以来，针对我国电子废物管理和回收处理等问题，开展技术研发与创新，通过对工艺技术、成套设备等科学研究、工程示范及产业发展，不断深化对电子废物环境资源问题的认识，取得了一系列研发成果。

二、着眼关键问题及解决方案的探索与实践

（一）研究电子废物管理体系，为政府决策提供科学依据

针对上海市电子废物的产生量，以各区人口密度、地域面积、经济发展情况及街道分布等为依据，结合各区县废品回收交投站的建设情况，采用逆向物流理论和设施选址理论，经建模求解，确定上海市电子废物回收的站点分布；利用集合覆盖模型和整数规划模型对电子废物中转站进行了二次优化选址，并选用改进的蚁群算法优化收运车辆的运输路径，从而研究构建上海城市电子废物收运网络。进一步基于现代信息技术，建立B2C回收网站，并以此网站为平台，构建复合型再生资源回收利用及现代物流综合网络服务平台和电子废物在线回收系统。

（二）聚焦废印刷线路板组成材料拆解分离与资源化

针对印刷线路板的结构组成与材料特性，设计了线路板元器件拆解、破碎解离、分离富集处理工艺路线。针对电子元器件与线路板之间的钎焊连接方式，采用加热融化焊钎方法拆除电子元器件；拆除电子元器件的线路板光板通过两级破碎至尺寸小于1mm的颗粒混合物，进而实现线路板所含金属与非金属基材间的相

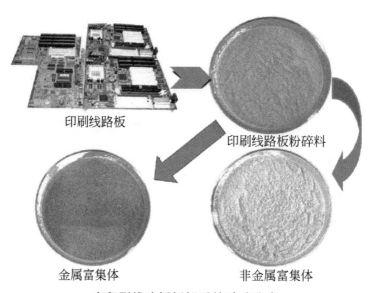

废印刷线路板拆解后的破碎分离

互解离；然后利用金属与非金属材料间的物理化学特性差，对其进行分离富集。分离富集后的非金属粉料采用热解方法转化生成气体、油、焦并加以回收利用。

（三）研发废液晶显示器（LCD）及阴极射线管显示器（CRT）拆解分离与资源化关键技术

1. 废液晶显示器面板水热处理关键技术

利用水热技术将附着于LCD玻璃基板上的液晶和偏光片等有机物进行水热分解，使之转化成乳酸或乙酸中间产物。通过控制温度、氧化剂用量、时间等反应条件，优化液晶与偏光片的水热降解进程，在对液晶无害化降解的同时，实现了偏光片水热产酸资源化。

2. CRT显示器拆解分离与资源化关键技术

根据CRT锥玻璃富含铅而屏玻璃不含铅的特点，设计CRT屏锥玻璃光谱连续自动分选系统，提高屏锥玻璃的资源化利用效率。利用CRT屏玻璃与锥玻璃的组成成分不同使其在可见光区-近红外光区具有完全不同的特征反射光谱的特点，借助气动吹扫分离装置进行CRT破碎料中屏锥玻璃的分离。以碳化硅为发泡剂，采用粉末烧结法研发将分离后的CRT屏玻璃掺加粉煤灰制备泡沫玻璃的技术工艺。该工艺在高温作用下，CRT玻璃呈黏滞流态与粉煤灰反应形成新物相的同时，利用SIC发生氧化反应所释放出的CO_2气体，在烧结体内形成闭合孔道。制备的泡沫玻璃具有优越的隔热、吸声、防潮、防火、轻质等性能，其抗压抗折强度满足我国建材行业标准《泡沫玻璃绝热制品》（JC/T 467—1996）等级的要求。

（四）探索废锂电池的拆解分离与资源化途径

研发锂电池在液相中实现破壁放电拆解的工艺技术。废锂电池放电拆解后，将正极破碎至一定粒径，致使相互黏结的钴酸锂和铝箔相互解离，然后利用钴酸锂和铝因具有不同的导电特性，在静电场中实现分离；研发锤振-筛分，并辅助静电分选工艺实现负极组成材料的分离富集。

研究发现钴酸锂失效的主要原因是其表面被有机物附着覆盖及内部晶体结构发生塌陷而引发电化学性能衰退。利用超声空化效应能为化学反应提供瞬态局部高温、高压强作用以及具有强氧化能力的羟基自由基等条件，研发在超声场作用的 LiOH 水溶液环境中对分离回收的失效钴酸锂进行一步法除杂与晶体结构重整修复的关键技术与工艺，修复后的钴酸锂材料能够达到商用电池的电化学性能。

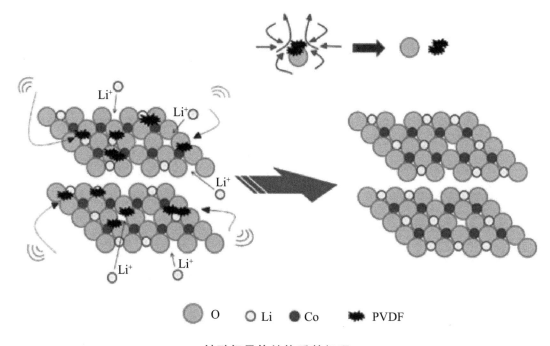

钴酸锂晶体结构重整机理

三、思考全生命周期视角的技术发展

电子废物是现代工业发展和社会消费的产物，解决电子废物的资源环境问题离不开从工业产品设计、生产、消费等全生命周期视角下各个环节的污染预防与控制。国际上兴起的绿色设计理念推进了电子电器产品设计制造时即考虑到该产品全生命周期的环境影响。生产者责任延伸制度的实施，可以使电子电器产品的制造者同时考虑回收和资源化再利用的技术创新，推进逆向产业链的发展。电子废物综合回收体系的建立以及电子废物深度拆解分离与高值化利用的科技创新已经成为电子废物回收与资源化关键技术研发的必然趋势。信息技术的发展、新材料和新工艺技术的发展，电子废物的资源环境问题不断面临新的挑战，同时也不断推进物理、化学、材料和环境等多学科的交叉与发展。

作者简介

李光明，同济大学环境科学与工程学院环境科学系教授，中国再生资源产业技术创新战略联盟理事。主要从事环境科学与工程学科领域的科研与教学工作，研究方向为过程工业污染预防与控制。申请或授权专利11项，主编、参编教材4部。1996年和2009年，分别获得上海市教学研究成果三等奖和二等奖；1997年，被评为上海优秀青年教师；1999年获宝钢集团优秀教师奖；2007年、2011年，分别获得上海市科技进步二等奖和三等奖，2010年，获国家"上海世博会先进个人"表彰。

短流程有机酸湿法技术，推进铅酸蓄电池清洁回收

杨家宽

近年来，电动助力车、新能源储能等行业发展势头强劲，使得价格低廉，技术成熟的铅酸蓄电池的产量与日俱增，推动了铅酸蓄电池产业的快速发展。但是，随之而来的是每年产生大量的废旧铅酸蓄电池亟待回收。虽然铅酸蓄电池技术经过一代代更新，发展出了诸如铅炭电池，铅酸液流电池等高性能电池，但是配套的废旧铅酸蓄电池的回收技术工艺陈旧，升级缓慢，严重地限制了铅酸蓄电池循环经济的发展。

成堆的废旧铅酸蓄电池随意堆放，简易的冶炼炉冒出冲天的刺鼻浓烟，这是20世纪典型的铅酸蓄电池回收厂的生产场景。进入21世纪以来，这种情况得到了很大改观。露天堆放改为室内储存，尾气直接排放改为脱硫除尘后排放，但是火法冶炼作为废旧铅酸蓄电池回收主流工艺的现状却维持了几十年不变。在现有的铅酸蓄电池的火法回收工艺中，铅化合物在超过1000℃的高温下被还原物质如碳粉，铁粉等还原成金属铅。而诸如硫酸铅等铅化合物在高温冶炼中会产生严重的SO_2和铅尘污染问题。来自权威期刊《柳叶刀》的采样调查表明，某废旧铅酸蓄

电池回收厂周围3108名儿童中，1008名血铅超过250μg/mL，远高于世界卫生组织建议的儿童血铅限值20μg/mL。

当前，铅酸蓄电池产业已经由高速增长阶段转为高质量增长阶段。铅酸蓄电池产业循环经济模式的打造与创新，除了可以实现铅酸蓄电池产业的健康发展外，还能给其他废旧有色金属的循环利用起到一定的示范和借鉴作用。但由于此前经历的无序发展，使我国铅蓄电池产业并未真正形成规范、健康、有效的循环利用模式。

废旧铅酸蓄电池的回收问题，归根结底是技术的问题。铅酸蓄电池产业的问题，则是铅酸蓄电池循环经济全链条的技术问题。为了解决这些问题，很多新型湿法技术大为发展。一些湿法技术着眼于铅酸蓄电池的回收过程，如由北京化工大学潘军青教授研发的原子经济法，东南大学雷立旭教授开发的甲醇还原法。这些方法不需要高温冶炼，无有害气体排放，在很大程度上降低乃至消除了铅酸蓄电池回收过程中的高能耗和高污染。华中科技大学杨家宽教授很早就将着眼点放在了铅酸蓄电池循环经济全链条。其开发的有机酸湿法回收废旧铅酸蓄电池的方法不仅实现了废旧铅酸蓄电池的清洁回收，还实现了回收产物的高值化利用。

在传统火法工艺中，铅酸蓄电池回收制备铅锭，然后经过球磨加工制备铅粉用于铅酸蓄电池的生产。在新型的有机酸湿法工艺中，废旧铅酸蓄电池铅膏经过有机酸浸出后，可以通过后续低温焙烧，球磨酸化，热碱沉淀等方法分别制备铅炭复合材料、高纯氧化铅。这些材料由于具有优异的电化学性能，可以用于高性能铅酸蓄电池的制备，实现从废旧铅酸蓄电池回收技术的创新到铅酸蓄电池循环经济模式的创新。如铅炭复合材料，可以直接用于制备高性能的铅炭电池。传统的铅炭材料一般需要将铅锭制备成铅粉，然后和活性炭等材料混合，这种方法制备的铅炭材料中铅和碳材料结合性能较差。而有机酸湿法回收制备的铅炭复合材料中铅和碳结合紧密，具有比表面积高，传质效率高，导电性好等优点。

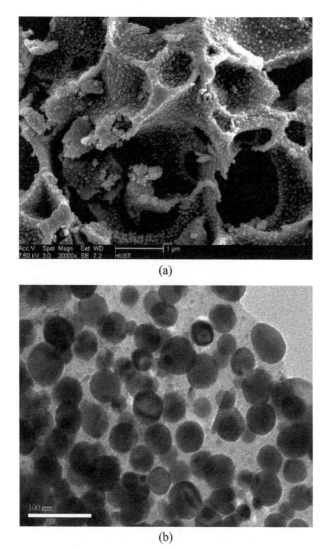

新型有机酸湿法工艺制备的高性能铅炭复合材料的电镜图

一种创新工艺的诞生,不仅仅是在实验室的小批量实验就能实现的。在推进新型有机酸湿法工艺实际应用的过程中,扩大化生产必不可少。在湖北金洋冶金股份有限公司、中国再生资源产业技术创新战略联盟的合作支持下,研发团队在湖北金洋冶金股份有限公司建立了年处理量1000吨废铅膏的有机酸湿法示范线,实际运行中做到连续生产6个月以上,验证了新型有机酸湿法工艺规模化生产的可行性。

经过实验室研究的理论创新,到示范线扩大生产的工艺创新,废旧铅酸蓄电池的新型有机酸湿法工艺已经从方方面面证明了其在推进铅酸蓄电池循环经济模式创新中的重要地位和作用。在铅酸蓄电池行业发展过程中,湿法技术作为后起之秀,必定有着光明的前景和未来。

作者简介

杨家宽,现任华中科技大学教授(华中学者)、博士生导师,华中科技大学环境科学与工程学院院长、中国再生资源产业技术创新战略联盟理事。主持在研和已完成的科研项目20余项,其中5项为省部级鉴定科技成果,1项为市级科技鉴定成果;参编著作3部;获得授权发明专利14项,授权实用新型专利13项。获省部级科技进步奖2项,市级科技进步奖1项,其中承担1项国家科技支撑计划项目,2项国家自然科学基金项目。发表学术论文140余篇,其中SCI收录的外文期刊论文50余篇,EI收录50余篇。

再生铅行业铅污染物减排控制及高效铅回收先进工艺

高云芳　宋文龙　娄可柏　徐　新

一、引言

中国是铅酸蓄电池第一制造大国、消费大国和出口大国,铅酸蓄电池产量约占世界总产量的1/3。国家统计局资料表明,2013～2018年我国铅蓄电池产量约为 $1.8 \times 10^8 \sim 2.2 \times 10^8 kVA \cdot h$,每年需消耗铅约300万～400万吨,由于铅蓄电池存在一定的使用寿命,每年约产生上百万吨废铅蓄电池。该废铅蓄电池是宝贵的铅资源,国内外针对废铅蓄电池的铅资源提取构成了再生铅行业,大多数工业发达国家的再生铅产量约占原生铅的40%～60%。目前,废铅蓄电池中铅资源的提取主要包括火法冶炼和湿法冶炼技术,火法冶炼是主流技术。

天能电池集团有限公司(简称天能集团)是中国新能源动力电池行业的龙头企业,创始于1986年。经过30多年的发展,现已成为以电动车环保动力电池制造为主,集新能源汽车锂电池、汽车起动启停电池、风能太阳能储能电池的研发、生产、销售,以及废旧电池回收和循环利用、绿色智造产业园建设等新能源的研发、生产、销售为一体的大型实业集团。2007年，天能动力以"中国动力电池第一股"在中国香港主板成功上市。集团现拥有50多家国内外子公司，拥有浙、苏、皖、豫、黔五省十大生产基地。集团综合实力位居全球新能源企业500强、中国企业500强、中国民营企业500强、中国电池工业十强。天能集团建立了完整的科研开发体系，技术研发设施和装备处于国内领先，拥有院士工作站、国家级博士后工作站、省级企业技术中心和省级高新技术研究开发中心。近年来，公司年投入科技开发经费占销售收入比重均保持在3.6%以上，承担了一批国家和省部级科技计划项目，每年开发省级重点新产品20个以上；目前已拥有授权发明专利366件；先后参加了70余项国际、国家和行业标准的制定工作。2010年，天能集团承担了国家产业振兴重点技术改造项目"规模化无害化年回收处理15万吨废铅酸蓄电池建设项目-发改投资（2010）2098号"；2011年承担了国家首批两化融合重点节能减排项目"自动化技术应用废铅酸蓄电池处理，工信厅信（20110164号）"。2014年，天能集团联合浙江工业大学，共同承担了"十二五"国家科技支撑计划项目课题"再生铅行业重金属污染治理与利用关键技术与工程示范"，围绕铅蓄电池及再生铅清洁生产工艺、铅烟铅尘的捕集和处理及生产废水零排放等关键技术问题，并开展应用示范，建成了国内领先的再生铅火法冶炼污染控制生成线，解决行业发展遇到的重金属污染防治瓶颈难题，实现行业的可持续发展。

二、再生铅污染物减排控制及高效铅回收技术

（一）技术路线

天能集团通过产学研合作，结合国家科技支撑计划项目课题、浙江省重大科技项目的实施，以再生铅工业过程中资源高效回收利用和污染防治为目的，从清洁生产技术、含铅污染物排放控制技术以及铅及废酸全回收技术三个紧密相连的

环节着手,针对废电池破碎、分选、铅膏泥深度脱硫、脱硫铅膏泥低温熔炼、火法精炼等若干工艺过程,运用冶金工程、环境工程、化学工程、机械工程等原理与方法进行防污减排技术升级,改进生产工艺。通过开展铅烟铅尘收集及洗脱、污水脱铅与循环使用、废酸处理及回用等技术研究,丰富和发展了以多级过滤、高效过滤为核心的铅烟、铅尘控制和中和沉淀-双膜处理技术联用的污水循环使用的新理论和新技术,开发成功梯级微负压集尘、多工艺组合铅烟净化、含铅废水全回用等铅污染排放控制技术;同时重点研发废铅蓄电池破碎分选、铅膏泥脱硫转化、天然气富氧助燃转窑熔炼、粗铅精炼等工艺,并通过关键技术集成实现高效铅回收。

经过三年的小试、中试工艺研究和规模化放大实施,开展了一整套工艺参数的条件试验和正交优化试验,自主研发了多项具有特色的先进生产装备,建立我国废铅蓄电池再生铅行业循环经济、铅污染物防控、先进装备开发等诸多技术集成的年处理15万吨废铅蓄电池清洁生产示范工程,较好地解决了再生铅行业发展中遇到的重金属污染防治瓶颈难题,实现行业的可持续发展。

(二)取得的成果

(1)采用高效破碎分选技术,利用斜板沉降技术,多级水流分选系统,废电池破碎物实现彻底分类分离。在水力和振动协同作用下,铅膏泥与ABS、PP塑料,残余板栅、汇流排等铅合金金属体分离,筛下为铅膏泥。筛上物料进一步在水静力、水动力、机械振动等作用下,经多级处理后,金属铅体沉入底部输送至精炼工序。塑料经分级分离后,清洗破碎形成副产塑粒。

(2)在原硫酸铅的脱硫转化率85%~90%的基础上,研制成功管式高效强制脱硫装置,利用湿式球磨方式,将铅膏中硫酸铅大晶粒打碎、细化,使硫酸铅细晶粒与脱硫剂充分接触和反应,加快了反应速度,使原来约2小时的反应时间缩短为1小时,提高了脱硫效率,膏泥脱硫率可达99%以上。铅膏泥的深度脱硫消除了铅膏泥还原熔炼中的SO_2污染（年减排SO_2约40吨），也为后道还原熔炼工序中节省50%以上的原辅材料，缩短了冶炼周期，降低了能源消耗。

（3）脱硫铅膏的还原冶炼温度由原来1100～1300℃降至700～800℃，辅料由每吨铅膏消耗140～160kg生铁屑，下降至每吨20～30kg，碳酸钠由原来的每吨铅膏添加20～40kg降至每吨铅膏添加10～15kg；产能由每48小时7炉（105吨还原铅），提升至每48小时10炉（150吨还原铅），缩短冶炼周期大大降低了能耗，减少了成本。

（4）转窑铅熔炼过程采用富氧燃烧替代空气助燃，燃料100%燃烧，燃烧温度高，热效率提高30%，节能30%～40%，尾气量减少50%以上。

（5）年处理15万吨废铅蓄电池清洁生产示范线废旧电池铅总回收率可达99%以上，塑料回收率达99%，残酸及工业用水均全部回收利用。本项目再生铅的生产成本比原生铅低38%，能耗仅为原生铅的35%，相比于传统的原生铅生产方式，每生产1吨再生铅可节约标煤60%，节水50%，减少固体废物60%，减排二氧化硫66%，上述技术成果中的环保指标均达到或超过国家清洁生产标准要求。

（6）循环经济产业园示范。集团通过废铅蓄电池再生铅过程的无害清洁回收技术升级，使铅蓄电池制造、再生铅两大产业构成闭路循环，实现两大产业的可持续发展。天能集团以此为契机，通过技术创新和产业转型升级，全面建设循环经济产业园，开展国家循环经济标准化试点工作，打造环闭式绿色产业链，在发展低碳经济、循环经济之路上跨出坚实步伐，为整个行业发展探索出天能特色的绿色、生态、可持续发展新模式，对相关废旧资源回收企业构建适合企业自身需求的循环经济模式提供了一定的借鉴。

（三）获奖情况

基于本项目实施的"废铅蓄电池资源再生利用污染防治关键技术研发与产业化"项目荣获2017年度浙江省科技进步二等奖。集团发明专利ZL 201310393532.1

"一种蓄电池回收分离系统"荣获第十八届中国专利奖优秀奖。上述获奖成果展示了天能集团较强的再生铅综合技术先进性,较好地解决了我国再生铅行业自动化水平不高、先进技术与装备自主研发能力较弱等难题,推动了我国再生铅行业的技术升级和可持续发展。

三、天能集团再生铅技术发展展望

天能集团将进一步加大科技投入,加强与相关高校及科研院所合作,主动瞄准再生铅领域国际前沿技术和发展动向,开展熔池熔炼等先进火法冶炼、湿法电解冶炼等技术的研发,发挥膜技术优势,从根本上控制铅等重金属污染,实现再生铅由清洁生产向"生态绿色制造"跨越,取得资源、能源、环保的协同发展,推进基于铅蓄电池-废蓄电池绿色化联同制造升级的天能集团创新工程建设。

第一作者简介

高云芳,浙江工业大学教授,博士;中国再生资源产业技术创新战略联盟专家委员会委员。主要研究方向为应用电化学(化学电源、电解合成、环境污染物电化学处理技术、资源综合利用和表面技术)和理论电化学(波谱电化学等)。兼任浙江省技术监督局方圆司法鉴定所聘请技术主专家,浙江省电源技术研究中心聘请铅酸蓄电池专家,浙江省纳米材料开发应用协会专家,浙江天能新能源研究院蓄电池专家。主持或参加完成国家创新基金、国家自然科学基金、化工部科技计划项目、科技部973计划前期研究专项、浙江省科委"九五"重点项目、浙江省重大专项优先主题项目共15项,企业横向项目30余项,获国家发明专利3项,实用新型专利3项。

铅冶炼协同处置废弃阴极射线管（CRT）含铅玻璃技术

郭朋辉　何志刚

2012年以来，在国家废弃电器电子产品处理基金的支持下，废弃电器电子产品处理企业拆解处理量不断增加，产生大量CRT含铅玻璃。据估算，我国拆解处理废弃电器电子产品每年将产生CRT含铅玻璃50000～80000t，目前包括制备节能灯管等用途在内的年利用处置能力无法满足处理需要。为此，环境保护部启动了铅冶炼企业协同处置CRT含铅玻璃试点工作。为解决CRT含铅玻璃处置利用难题，安阳市岷山有色金属有限责任公司利用自身具备的"富氧底吹熔炼-热渣底吹还原"一体化生产工艺，经过实践与探索，成功研究出一套处置设施与方案，可以在原生铅冶炼过程中协同处置CRT含铅玻璃。该设施于2014年通过河南省环保厅组织的验收，报河南省环保厅备案。同时，我公司于2016年5月24日取得河南省环境保护厅核发的危险废物经营许可证，危险废物类别HW49，代号900-044-49。

一、CRT含铅玻璃预处理和配料技术要求

根据工艺要求含铅玻璃需破碎到一定粒度以下，选用复合式玻璃破碎机，后

面配置一个直线筛,破碎后筛选所需玻璃颗粒,较粗的玻璃颗粒直接返回复合式玻璃破碎机继续破碎,合格的颗粒堆放待入炉处理。

在配料过程中主要控制配料的准确性,即每批次物料的用量,除石灰石、含铅玻璃等使用电子秤单称计量使用外,铅精矿、硫铁矿等均为料场混料,每批物料的配入均要过地磅称重配入使用以确保配料的精准度;制粒过程要严格遵循球料含水比例,严格控制在8%~11%之间,制粒加水时应注意加水的量,加水采用喷头喷洒;入炉后严格控制底吹熔炼过程中的氧料比,注意观察炉况,观察粗铅及其上浮渣情况,及高铅渣的造渣和脱硫情况,在还原熔炼阶段应严格执行喷煤及加煤条件,控制好还原气氛完成还原熔炼,关注二次粗铅的成分及其上冰铜成分。

对CRT含铅玻璃进行化学分析后,进行铅冶炼配料。将CRT含铅玻璃中的SiO_2作为辅料进行配料。经配料制备成合格的混合球料后进行冶炼,使CRT含铅玻璃中的SiO_2在高温下与铅原料中的无害贱金属生成稳定的硅酸盐炉渣。

配料方案应遵循铅冶炼配料原则,按照正常生产的渣型来控制配料比例,石英砂目前的配入比例约为3%,含铅玻璃含硅平均约为50%,每批次可以配入含铅玻璃量约为4.5%,底吹炉每月球料入炉量约为22000t,因此,正常情况下我公司每月含铅玻璃的配入量可达900t,每年有效生产约为9个月,总处理量约为8000t。

二、CRT含铅玻璃厂内输送的技术要求

① 运输时应当采取密闭、遮盖、捆扎、喷淋等措施防止扬散。
② 对运输设施和设备应当加强管理和维护,保证其正常运行和使用。
③ 转移时,必须按照规定填写危险废物转移联单。
④ 禁止将危险废物与旅客在同一运输工具上载运。
⑤ 运输设施和设备在转作他用时,必须经过消除污染的处理,方可使用。

⑥ 运输人员，应当接受专业培训。

⑦ 运输的单位应当制定在发生意外事故时采取的应急措施和防范措施。

⑧ 运输时，发生突发性事故必须立即采取措施消除或者减轻对环境的污染危害，及时通报给附近的单位和居民，并向事故发生地县级以上人民政府环境保护行政主管部门和有关部门报告，接受调查处理。

三、CRT 含铅玻璃的铅冶炼协同处置技术和工艺

处置技术为富氧底吹-熔融还原冶炼过程中掺入 CRT 含铅玻璃进行冶炼。

主要操作有配料、制粒、底吹炉放铅、底吹炉放渣、还原炉放铅、还原炉放渣。混合料由铲车送入料场地仓内，再由行车转入配料钢仓内，经电子秤按料比由 6 条皮带把混合矿、石英砂、石灰石、含铅物料等送入制粒机，底吹炉烟灰和还原炉烟灰由刮板机直接送入制粒机与混合料等一起制粒为含水分 8%～11% 的球料，由皮带送入炉上部两个球料仓，经电子秤计量按质量进入氧气底吹炉。按照入炉料量及炉时每两个小时放一次渣和铅，铅由虹吸口自动流出进入底吹炉铸铅机内，用水冷却后用电葫芦吊出送电解，放渣待到炉时到时及炉内渣线达到 1.3m 左右时，炉前操作工烧氧烧开渣口，把渣放开流入还原炉，同时粉煤由氧枪由炉底部喷入，上部下料口根据还原炉渣含铅及渣型加入粒煤和溶剂石灰石，粒煤和石灰石由皮带经电子秤计量。还原炉进渣时间一般为 40min，期间粉煤喷入量为 1.6t/h，粒煤加入量为 1t/h，进渣完成后，氧气底吹炉炉内渣线一般为 1.1m 左右，底吹炉用由耐火土混成的泥块堵住放渣口，粒煤加入量为 3t/h，40～50min 后在还原炉上部探料口量取炉内渣线并取出渣样观察送化验，根据渣含铅结果，通知还原炉渣口操作工烧氧放渣，还原渣直接由渣溜槽流入烟化炉进行提锌，渣流较小时，再在还原炉探料口量取渣线，一般渣线控制在 0.8m 左右时堵渣，烟化炉进渣后，压力一般达到 8 个压。

四、铅冶炼协同处置过程中的关键铅排放环节

熔炼系统产生烟气分别为:底吹炉产生的高硫烟气经两转两吸制酸系统后经脱硫塔脱硫后达标排放;还原炉和烟化炉产生的烟气经脱硫系统脱硫后达标排放。日常监测以国家重点企业在线监测系统为主,在处置过程中还需按照环保部门要求进行例行性监测。

主要检测成分为SO_2、NO_x、颗粒物、CO、CO_2、温度、流量、压力、湿度等。根据《铅、锌工业污染物排放标准》(GB 25466—2010),大气污染物特别排放限值要求达标排放,具体排放限值要求如下表所列。

大气污染物特别排放限值要求　　　　　　　　单位:mg/m^3

序号	污染物项目	适用范围	限值	污染物排放监控位置
1	颗粒物	所有	10	车间或生产设施排气筒
2	二氧化硫	所有	100	
3	氮氧化物(以NO_2计)	所有	100	
4	硫酸雾	制酸	20	
5	铅及其化合物	熔炼	2	
6	汞及其化合物	烧结、熔炼	0.05	

五、污染物排放全过程控制管理和技术措施

熔炼系统产生的废渣为烟化炉高铁水淬渣,性质稳定,不具有渗出毒性,一般采取堆放,达到一定量后,外售至建材厂家,堆放场地为水泥硬化地,并在水淬渣上用篷布覆盖,其危险特性的检测为浸出毒性的检测,按规定办法浸出水溶液,然后对水溶液进行分析,分析项目有汞、镉、砷、铬、铅、铜、锌、镍、锑、铍、氟化物、氰化物、硫化物、硝基苯类化合物等。

环保设备的配备及安装注意事项如下。

脱硫塔两个位于硫酸车间外排烟囱前和烟化炉还原炉外排烟囱前,炉前岗位

放渣口及放铅口均设有通风除尘系统，物料输送采用皮带输送，原料车间及配料车间均配备除尘及回收处理装置进行处理，并在各监控点安装经环保总局指定的环境监测仪器，检测机构适用性检测合格的自动监控系统进行监测。

六、铅冶炼协同处置CRT污染事故控制应急方案

含铅玻璃入炉熔炼后偶尔出现反应不彻底，在粗铅浮渣中出现玻璃状物，会影响后续的电解工序的生产。也可能会导致熔炼渣和铅分离不好，出现粗铅杂质较高，铅含量降低，带有大量渣的情况，也会影响后续电解工序的生产。

在生产过程中如果出现上述情况，以及在每天的日常分析监测过程中，出现异常后，应立即停止含铅玻璃的配入，对配料进行调整，论证后再进行。并对生产出来的粗铅根据粗铅品位质量采取在除铜少量配入，逐步消耗，或者对其进行破碎重新返回配料。

七、铅冶炼协同处置CRT量化考核指标数值

1. 总铅资源回收率

烟化炉产出的氧化锌经过锌电解回收铅后，铅总回收率$\geq$98.5%。废渣含铅量$<$0.5%。

2. 能源资源利用率

粗铅单位综合能耗（标煤）$<$245kgce/t、总硫利用率为96%以上、硫捕集率99%以上、水重复利用率为95%以上。

八、结语

经过近几年的协同处置工作，我公司已总结出一套实用可操作的CRT含铅玻璃处置技术方案，包括从电废拆解企业出厂后CRT铅玻璃的联单转移、运输，到我公司的接收、贮存、破碎、配料、处置、达标排放等各个环节，能够形成一个

危废闭环处置的系统。在处置过程中各项设施及环保设备运行正常，维护状态良好，生产环保管理水平较高。根据第三方监测结果表明，有组织排放和无组织排放，各污染物均可以达到特别排放限值标准的要求。

第一作者简介

郭朋辉，安阳市岷山有色金属有限责任公司工程师，硕士研究生，主要从事废旧有色金属循环利用研究。

废旧塑料聚碳酸酯的回收再利用与生命周期评价

张海孝

一、塑料制品的再利用

自从塑料因其出色的性能表现被发掘出来后,全球工业发展使得塑料制品从20世纪50年代开始大量生产,并且产量逐年稳步增加。至2016年,全世界塑料制品总量已达3.35亿吨。随着塑料制品的滥用,白色污染侵袭而来,因此资源化再利用是塑料废弃物最理想的再利用方法。

经过数十年的发展,国内已形成一批较大规模的废塑料回收和再生塑料交易市场和加工集散地。废塑料回收、加工、经营市场规模逐年加大,年交易额达百亿元以上。再生塑料总产量达到2000多万吨(含国内回收和进口废塑料),成品率大概82%,占2016年塑料消耗总量的25%左右,成为塑料工业的重要基础原料。另一方面,将再生塑料应用到民生的各个方面,例如,建筑领域就利用可再生聚碳酸酯(PC)塑料制造环保砖,或将再生塑料粉末掺入普通混凝土中,能够改善混凝土的各种力学性能,实现塑料废弃物的再利用,同时促进了其他行业的发展。

二、再生PC塑料的生命周期评价

塑料产品再生利用无疑是塑料循环发展的最佳模式,而将生命周期评价(LCA)方法论引入到塑料再生循环利用的产业链上,将塑料再生利用所产生的环境效益进行量化评估,如进行碳足迹分析,将促进塑料再生利用的行业发展。

(一)研究目的和范围

我们通过对浙江宁波的一家大型废旧塑料处理公司进行实地调研,对其再生聚碳酸酯(PC)塑料进行生命周期评价。

研究目的:分析来自再生聚碳酸酯(PC)塑料的制作生产的总体环境负担,以及获得关于个别产品特点的环境负担(例如:碳足迹)。

研究范围:宁波某塑料厂通过废料再生造粒工艺,处理1t的聚碳酸酯废料。

(二)工艺流程解析

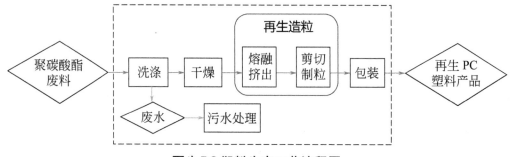

再生PC塑料生产工艺流程图

某塑料厂通过对聚碳酸酯废料进行洗涤、干燥、熔融挤出、剪切造粒四个工艺,得到再生PC塑料产品。

(三)数据收集及处理

本次研究清单分析开始于PC废料,终止于再生PC颗粒的形成。

研究中量化的内容包括资源、能源消耗和向环境排放的(包括气体、液体、固体废弃物)。数据类型包括初级数据与次级数据。初级数据如再生PC物料清单

（BOM）由生产厂商及供应商直接提供，数据等级为实际现场值，数据质量高；次级数据如电力能源等来源于德国GaBi数据库。

每处理1t聚碳酸酯废料的洗涤工艺清单

输入	数量	单位	输出	数量	单位
聚碳酸酯废料	1000	kg	洗涤后的废料	940	kg
碱片（NaOH）	35	kg	未处理的废水	2500	kg
硫酸（90%）	45	kg			
自来水	2700	kg			
电	57	kW·h			
蒸汽	835	MJ			

每处理1t聚碳酸酯废料的废水处理清单

输入	数量	单位	输出	数量	单位
未处理的废水	2500	kg	达标废水	2500	kg
絮凝剂（氧化铝）	1.5	kg			
NaOH	6	kg			
硫酸（90%）	10	kg			
电	16	kW·h			
蒸汽	234	MJ			

每处理1t聚碳酸酯废料的干燥工艺清单

输入	数量	单位	输出	数量	单位
洗涤后的废料	940	kg	干燥后的废料	930	kg
电	32	kW·h			
蒸汽	468	MJ			

每处理1t聚碳酸酯废料的再生造粒工艺清单

输入	数量	单位	输出	数量	单位
干燥后的废料	930	kg	再生PC母粒	930	kg
抗氧化剂	0.5	kg			
电	92	kW·h			
蒸汽	1346	MJ			

每处理 1t 聚碳酸酯废料的包装工艺清单

输入	数量	单位	输出	数量	单位
再生PC母粒	930	kg	再生PC母粒产品	930	kg
PP编织袋	3.7	kg			
电	8	kW·h			
蒸汽	117	MJ			

（四）数据建模

利用专业生命周期分析GaBi软件，对PC废料的洗涤、干燥、熔融挤出、剪切造粒四个工艺生命周期建模分析，根据已经获得的LCI（生命周期清单）分析结果，结合GaBi软件模块化的特点，建立PC废料再造粒各个阶段的过程图。

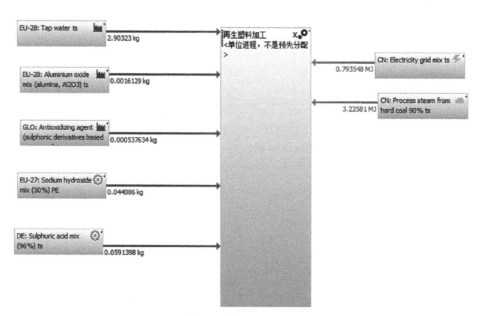

PC废料再造粒GaBi模型图

（五）环境影响评估及结果解析

本研究运用LCA理论，借助GaBi数据库平台及内置的CML2001方法，对废旧PC塑料再造粒工艺进行生命周期清单（LCI），并定量评估其生命周期过程环境影响。包括全球变暖潜能(GWP)、酸化潜能(AP)、臭氧损耗潜能(ODP)、富营养化潜能(EP)、人类毒性潜力潜能(HTP)、光化学氧化潜能(POCP)和地球生态毒性(TETP)、淡水水生生态毒性潜能(FAETP)、海水水生生态毒性潜能(MAETP)九种环境影响类型。

最终研究结果如下图所示,最后发现,同样生产1吨PC颗粒,再生PC造粒相比传统常规的PC造粒工艺,其各个环境影响排放值均低于常规造粒过程,而在所有的环境排放里面,造粒工艺中,海水水生生态毒性潜能(MAETP)的排放值是最大的,这与目前全球正在呼吁的海洋生态环境治理呼应起来,海洋微塑料研究将是后续的重要研究内容。

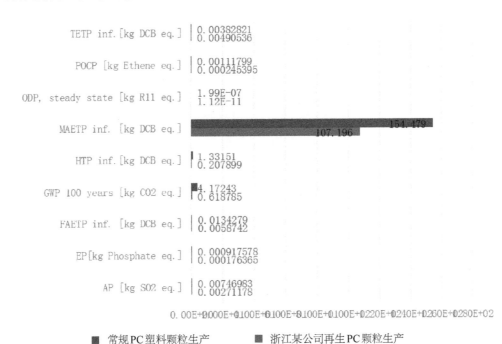

常规PC塑料颗粒生产与浙江某公司再生PC颗粒生产环境排放对比图

三、存在问题和展望

目前LCA中比较成型的一些方法主要是依据发达国家的数据背景开发的,评价所需的基础数据也不够系统完善,本项目虽然做了一定的研究工作,但还有许多地方存在不足，需要不断改进。

此次研究的废旧PC质量属于较高级别的，因此最终环境排放数据值较好，若是废旧PC污染严重或分类不完全的话，会造成数据质量变差，因此建议完善塑料分类制度，为塑料的再生利用提供有力保证。

据初步估算，人类每年向海洋输出的塑料垃圾可达480万~1270万吨，微塑料已遍及全球。因此，健全塑料再生利用制度，发展有机高性能塑料刻不容缓。

作者简介

张海孝，德国钮尔庭根大学工程硕士，Thinkstep国际集团中国区总经理，宁波希耐科环保科技有限公司总经理，专业方向LCA生命周期评价。目前负责大中国区GaBi软件的销售和技术支持以及生命周期评价项目咨询工作，以LCA为核心技术，服务于国内的低碳经济，在产品碳足迹、能源效率、绿色制造、绿色建筑等诸多领域提供生命周期评价咨询服务；参与国家重点研发计划课题4项。

连续熔盐式废轮胎环保裂解综合解决方案

林 红

一、引言

随着经济的快速发展,截至2017年,我国机动车保有量已经突破2.17亿辆。伴随机动车保有量不断攀升而来的是废旧轮胎数量的大幅增长,据了解,2015~2016年,我国废旧轮胎产生量从1200万吨增至1400万吨,以16.67%的速度快速增长,原预计的2020年我国废旧轮胎产生量2000万吨很可能提前到来,而与此同时,有效回收利用的废轮胎却不足产生量的1/2。废旧轮胎大量的堆放、填埋以及不当的"土法炼油"等处理方式又造成了严重的二次污染,废轮胎的无害化、减量化、资源化处理已经成为中国乃至世界性的难题。

废轮胎处理的主要方式有翻新、再生橡胶、橡胶磨粉、焚烧和裂解。目前,我国轮胎翻新率不足7%,而且主要翻新重型车的废轮胎;生产再生橡胶的原料也仅限于大车胎,且大量技术落后、污染严重的企业正在被急剧淘汰;而废轮胎磨粉存在着耗能高、胶粉经济附加值低等不利因素,因此,无论是废轮胎磨粉还是焚烧热能利用都没有真正意义上实现其资源化再利用的目标。而利用裂解技术处理废轮胎是其资源化利用最具潜力的处理方式，实现了废轮胎的完全回收和"吃干榨净"，同时得到了高附加值的燃料油、炭黑和可燃气。长期以来，中科钢研节能科技有限公司在废轮胎裂解技术领域开展了大量的理论和实践研究，并取得了显著的成果。

二、废轮胎环保裂解技术介绍

（一）中科钢研节能科技有限公司

中科钢研节能科技有限公司是国资委于2016年批复成立的新型央企控股混合所有制企业，由中国钢研集团新冶高科技集团有限公司、国宏华业投资有限公司、北京弘睿天蓝科技中心共同创立，是以新材料、节能环保、新能源领域应用技术及相关产品的研发、产业化、市场推广为主的科技创新型企业。其中，中国钢研科技集团有限公司通过其全资子公司新冶集团持股40%，为公司第一大股东实现相对控股，弘睿天蓝作为公司管理与技术团队的持股平台占股25%，外部战略投资者国宏华业占股35%。公司在保持央企控股的基础上创新了股权结构，既引入了战略投资者，又实现了骨干员工持股，为公司适应"大众创业、万众创新"的经济发展新模式提供了有效的内生动力。

中科钢研节能科技有限公司秉承创新发展是第一生产力的理念始终以科技创新、技术进步为发展理念，先后开发了高品质大规格蓝宝石晶体制备工艺技术及长晶装备、高品质碳化硅晶体及衬底片制备工艺技术及长晶装备、废轮胎再生循环利用工艺技术及生产线，新型金刚石复合材料及成套生产装置等多项达到国际一流技术水平，以上技术有多项填补了国内行业空白；公司取得的多项科研成果获得国家发明专利；公司建设的碳化硅晶体实验室被评定为第三代半导体制备关键共性技术北京市工程实验室。依托技术领先优势，先后在全国多地进行了蓝宝石长晶及下游应用产品项目、碳化硅晶体及衬底片制备项目、废轮胎循环再生利用项目的产业化布局,所有项目均被列为省级或省级以上高科技创新型重点项目,在将最新的科研成果转化为实际生产力的同时,也为项目所在地的产业结构转型做出了重要贡献。

(二)连续熔盐式废轮胎环保裂解技术

中科钢研节能科技有限公司在技术引进的基础上,经过充分消化吸收,开发出了一套低温微负压熔盐式废轮胎再生循环利用技术。该套技术通过热裂解方式实现废轮胎的减量化、无害化和资源化处理,在解决废轮胎堆积造成的"黑色污染"问题的同时,制备出燃料油、炭黑、可燃气,并回收钢丝,实现废轮胎的完全资源化回收。其中,裂解过程产生的可燃气可完全提供整套装置的动力来源而无需外供燃气,大大节省了装置的运行成本。

中科钢研废轮胎环保裂解技术工艺流程如下图所示。

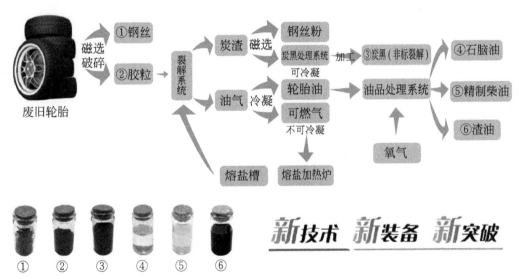

中科钢研废轮胎环保裂解技术工艺流程

废轮胎环保裂解处理工艺流程主要包括三大主工艺段,分别是废轮胎破碎、胶粒裂解和炭黑制备工段。

1. 废轮胎破碎工艺段

在破碎阶段，通过对轮胎的多次破碎，将废旧轮胎原料破碎到合适的颗粒状，再通过磁选工艺将大部分钢丝杂质取出，将颗粒状的胶粒送入下一工序。

破碎工艺单套设备处理能力5t/h，可破碎直径1300mm、宽度350mm以下的轮胎。轮胎破碎过程中产生的粉尘由专用除尘设备收集，粉尘收集后直接与破碎后的胶粒一起进入裂解炉进行裂解。进行初步破碎的双轴破碎机采用冷却水降温方式，保证设备的高效持续生产能力。冷却水的循环使用，以及每部破碎机均设有安全装置和降噪装备，实现了破碎生产线的环保、安全生产。

破碎系统工艺流程示意如下。

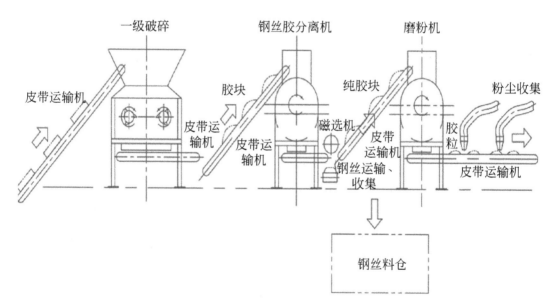

破碎系统工艺流程示意

2. 低温、微负压、连续式裂解工艺方案

低温微负压连续裂解工艺是本项目的技术核心。

目前市面上存在的裂解设备主要在台湾地区生产及使用，此类设备在台湾已使用多年，但其在技术上存在明显的局限性，主要表现在两方面：一是采用热风加热的方式较难保证橡胶裂解温度的稳定性，裂解反映波动大；二是缺少油、气、杂质分离装置，冷凝后油品杂质含量高，后续处理难度大，热耗高。针对上述问题，本项目基于低温连续式裂解的设计思想，一方面创新性地将熔盐炉和裂解炉有效结合，利用熔盐炉的热稳定性对裂解炉进行恒温加热，实现最佳温度下的稳定裂解反映，确保了各类产品质量稳定性。同时通过对进料与出料系统的优化设计以及微负压工艺，确保裂解炉炉体内物质不外泄。另一方面，配置了油、气、杂质分离装置，提高了轮胎原制油的品质。

裂解工艺流程示意图如下。

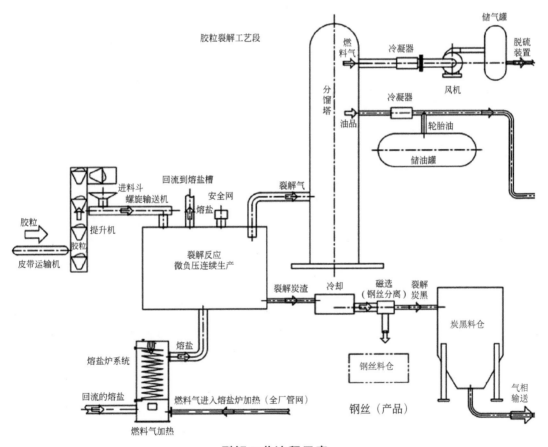

裂解工艺流程示意

整个裂解生产过程从进料到出料均采用密闭生产，利用熔盐炉在恒定温度下对炉体内胶粒进行加热，产生出的油气和燃气通过冷却器冷却后，不可冷凝燃气通过脱硫处理供给熔盐炉使用。裂解炉体内剩余粗炭渣经过管道输送至炭黑加工工序,进行深加工。

本套裂解工艺,因采用低温微负压连续式裂解工艺,避免了国内现有土法炼油的间接明火正压高温裂解所存在的跑冒滴漏问题;同时,低温裂解能避免二噁英的产生,而裂解炉内的负压工况和管道输送使得生产过程中无停炉开盖产生的污染;此外,在裂解工序方面使用循环水冷却,不会产生水污染;过程密闭与负压生产,不会产生粉尘污染问题;不可冷凝燃气通过脱硫处理供给熔盐炉使用实现了全产物的全利用。

3.炭黑制备工艺方案

本项目通过深加工处理轮胎裂解获得的粗炭渣,生产出可以在市场销售的裂解炭黑。炭黑生产采用全封闭生产线,实现了环保、安全、高效的清洁生产。

炭黑工艺流程示意图如下。

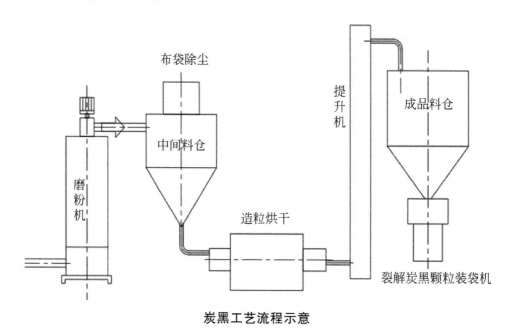

炭黑工艺流程示意

炭黑湿法造粒生产线工艺大致分如下几个工序:原料输送—精细研磨—湿法造粒—快速烘干—计量包装—尾气除尘。

炭黑生产流程简介如下。

原料由料仓经管道风送入炭黑加工设备，经过磁选工序去除钢丝残渣，在微粉工序粗炭黑变为炭粉，随后在造粒机中造粒，最后经过烘干工序生产出裂解炭黑，裂解炭黑采用装袋包装方式进行仓储和销售。

整个生产过程中没有气体排放和污水排放，同时生产流程都处在密闭状态下，可有效防止粉尘污染。对产品选用特殊密封口包装，在正确的操作方式下不会有粉尘的污染及泄漏情况发生。

4. 熔盐热载体裂解技术

为了显著提高裂解效率，达到裂解过程充分、产物品质优良、节能型和环境友好型的目标，本裂解工艺采取冶金行业的熔盐热载体低温加热技术方案。该熔盐系统由两级封闭子系统组成，其中，第一级子系统是以熔盐炉为主要设备的工艺系统，第一级子系统通过熔盐罐为第二级子系统供热。该系统可实现精确的裂解温度控制以满足系统工艺要求，实验测试表明，采用熔盐炉热载体的加热温度在495℃±5℃，并可进行温度的精确调节和控制。因此，熔盐热载体的突出技术效果是实现热裂解炉内的热载体进出口温差由当前技术的300℃左右降至10℃以内，采用该套技术方案，产油比按全胎计算由当前技术的35%提高到45%（若按破碎后的胶粒计算，提高到51%）。此外，本方案在热载体温度不高于500℃的低温环境下完全裂解，不需任何催化剂，极大地降低了灰分产物比例，显著地提高了产物炭黑品质，生产出了具有高品质、高经济价值的裂解造粒炭黑，炭黑中挥发分比例从现有技术的16%降低到不高于7%。

5. 高效油气分离回收技术

本技术方案采取高效的裂解油气冷凝分离及回收方案，将裂解炉产生的300℃左右的气体混合物进行旋风除尘、裂解油冷凝回收和裂解气降温、净化和回收再利用等工艺过程，实现废轮胎裂解过程的高效化、环保化，并得到高附加值的裂解产物。

为了防止裂解油气产物冷凝过程中产生含炭粉颗粒的渣油及蜡状物，解决渣油和蜡状物造成的管道堵塞等问题，同时提高油品质量，本工艺方案提出了设置旋风除尘器，首先分离裂解油气中的粉尘等颗粒物，可大大减弱裂解油冷凝和结蜡过程；通过物理离心力原理以及管道配置设计，在油气冷凝降温的同时，将油品中的渣油和蜡状物分离出来并实现渣油和裂解油的单独回收和装桶；通过设置两级油气冷凝分离装置强化裂解油降温冷凝以及和裂解气的分离过程；为了防止生产过程中蜡状物堵塞冷凝器管路，设置了裂解油反冲洗装置，该装置不仅能够保证油品纯度，还提高了油品回收率；进一步设置裂解气的脱硫净化程序可脱除其中98%以上的硫化氢，在其下一步作为燃料利用时便可不必设置烟气净化措施。

三、中科钢研废轮胎环保裂解技术成果和前景

（一）技术成果

截至2016年年底，2×10^4 t/a废轮胎裂解生产线已于河北省石家庄市深泽县桥头开发区生物产业园完成建设和调试，并实现稳定运行，目前项目二期已在筹备建设中。

中科钢研节能科技有限公司承担的北京市科技计划"废旧轮胎低温微负压连续裂解关键技术研究及再生利用工程示范"已于2018年初顺利通过课题验收，并被推荐到北京市新技术产品推广目录中，评审专家也一致建议加大该课题技术的推广力度。

中科钢研节能科技有限公司"连续智能化熔盐式轮胎裂解再利用技术及装备"已于2018年4月11日通过中国发展战略学研究会组织的科技成果评价。来自国务院发展研究中心、国家发改委城市与城镇发展中心、工信部原材料工业司、中国轮胎循环利用协会、南开大学、北京化工大学、北京大学等多个单位的专家出席

了该次评价会，专家在听取了成果完成单位的研制和技术报告、检测报告、用户使用报告及文件资质审查报告的汇报，并经详细质询、认真讨论和现场查定后一致认为：该项目核心技术水平达到国内领先，国际先进，同意通过科技成果评价。同时，专家委员会建议进一步完善和提高智能化水平，加大该技术成果的推广力度，满足市场需求。

（二）发展前景

作为以技术研发与集成创新为核心竞争力的科技创新型中央企业，依托自身的技术研发、市场品牌与运营管理等多方面强大优势，在国家产业政策支持与节能环保战略新兴产业的大发展前景下，将致力成为废旧轮胎循环利用行业技术创新与产业化项目推广的领军者。

以市场为主导、政府为依托、研发平台共建为纽带，以多方合作、产学研结合为基础，以先进理念、先进工艺、先进制造为核心，以全链条覆盖的产业化项目为载体，推动我国废旧轮胎循环利用产业的规范和发展，建立经济效益与社会效益共同繁荣且多方共赢的全新产业模式。

作者简介

林红，中科钢研节能科技有限公司裂解技术工程师。毕业于中国矿业大学（北京）矿物加工工程专业硕士研究生，主要从事节能环保领域热裂解技术等的研发及产业化工作，发表论文数十篇，申请专利多项。

成果展示篇

促进科技成果转移转化是实施创新驱动发展战略的重要任务,是加强科技与经济紧密结合的关键环节,对于推进结构性改革尤其是供给侧结构性改革、支撑经济转型升级和产业结构调整,打造经济发展新引擎具有重要意义。

中国再生资源产业技术创新战略联盟自2008年以来,受科技部委托,先后组织承担了国家科技支撑计划"典型废旧金属综合利用及废旧机电产品再制造关键技术与应用研究"(项目编号:2011BAC10B00)、国家"863"计划"废旧稀土及贵重金属产品再生利用技术及示范"(项目编号:2012AA062300)等4项国家科技计划项目,总经费61723万元,其中,国拨经费共16513万元,多项科技成果转化推广应用,为再生资源产业发展提供了强有力的技术支撑。本书编委会系统梳理总结了依托四个国家科技计划项目研发的科技成果。

国家科技计划项目介绍

一、国家科技支撑计划"废旧机电产品及塑胶资源综合利用技术与装备开发"项目

项目主要围绕废旧机电产品、废旧家电产品、废塑料橡胶综合利用等方面开展了拆解预处理、再制造和加工利用等关键技术环节，开发了20多项具有自主知识产权的核心技术和成套装备，建立了10条示范生产线；构建了废旧机电产品全流程循环利用产业链技术模式，建立了废旧轮胎再制造产品使用过程在线检测平台。相关工艺技术满足工业化推广要求，并成功应用于多家废旧机电、废家电、废橡胶、废塑料综合利用企业。

二、国家科技支撑计划"典型废旧金属综合利用及废旧机电产品再制造关键技术与应用研究"项目

项目以再生利用价值高、带动产业链长、技术水平要求高的废杂铜、废铝易拉罐、废电机、废钨合金材料等典型废旧有色金属资源和废旧矿山采煤机械、废旧工程机械发动机、铁路内燃机车涡轮增压器等废旧机电产品为目标，重点突破了废杂铜火法精炼直接制杆、废铝易拉罐保级还原、废旧采煤机械设备绿色清洗

及关键零部件再制造、铁路内燃机车涡轮增压器激光再制造等49项关键技术，研制了废杂铜精炼连铸连轧、再生高速钢电渣重熔、离子熔覆再制造、立磨辊再制造堆焊等26台成套装备。建成了11条废旧金属综合利用和废旧机电产品再制造示范生产线，产品符合相关质量标准，相关技术实现了规模化推广应用。

三、国家863计划"废旧稀土及贵重金属产品再生利用技术及示范"项目

项目以废物资源高效利用和污染减排为核心，重点突破废旧稀土永磁材料、废旧稀土发光材料、铂族金属废催化剂、废旧高温合金、含钨废旧资源、废旧机电设备贵重金属回收利用关键技术28项，关键装备15台套；建立了废旧稀土发光材料回收再利用、铂族金属产业化技术集成等11条示范线，项目实施对提升我国稀土、稀贵金属和钨等回收再利用技术装备水平和产品附加值，对保持我国稀土、稀贵金属和钨等战略性资源优势、经济优势、社会和环境安全具有重要意义。

四、国家科技支撑计划"电子废弃物清洁化处理与利用技术研究及示范"项目

项目以电子废弃物拆解分类产物中废旧混杂电子元器件、显示器屏类及荧光灯材料、多金属粉末和电磁线、废旧电池（铅酸蓄电池、镍氢电池和锂离子电池）等废旧资源高值化清洁利用为核心，开展关键技术和装备研究开发及应用。依托本项目的研发成果，建立了废动力电池、废铅蓄电池、废元器件再生利用等相关的13条示范线，推动了新兴产业集群形成，拓宽和拉长了产业链，形成了新的经济增长点，具有重大的经济效益、社会效益和环境效益。

代表性科技成果展示

废旧有色金属循环利用

一、废杂铜直接制杆技术

（一）内容概要

废杂铜预处理、杂质含量分析及分类研究；废杂铜的熔化、火法精炼工艺、特效精炼试剂、装备（含精炼炉）及自动控制系统的研发；从炉区到连铸连轧过程的铜液流量及液位自动控制系统设计；连铸机、连轧机系统选型与设计、配套装备和质量监测系统；铜杆在线涡流探伤或磁性探伤等；铜杆紧捆绕杆机的研发与配套。

（二）主要成果

成功地使用含铜量96%及以上废杂铜，通过竖炉、精炼炉、保温炉可连续生产电工用合格的铜水（$Cu+Ag \geqslant 99.90\%$、$O \leqslant 400mg/L$）。

研究并使用能满足各炉组的国产化耐火材料，大幅度提高了耐火材料使用寿命（30%左右），成本降低30%左右，减少非金属夹杂进入铜水而影响产品质量。

开发了铜水流量自动浇注控制系统。在铜水自动浇注控制系统方面取得国产化首次突破性进展，完成浇注流量及液位自动控制系统设计并在现有国产连铸连轧生产线上进行了实验，可以实现浇注过程的稳定自动化控制。

集成再创新了新型两辊式连轧机。机架单独传动，可实现整体轧制系统延伸率可调；又可实现轧制孔型快速精准调整，具有显著实用优点；很好地解决了润滑油和乳化液互混的难题，提高了设备使用寿命和产品质量。

二、废铝易拉罐保级还原技术

（一）内容概要

紧密围绕废铝易拉罐再生利用生产3104铝合金铸锭面临的废易拉罐质地薄、表面积大、再熔炼过程中氧化烧损严重、金属回收率低等问题，解决废易拉罐表面漆层脱漆问题和废易拉罐混合熔炼之后成分复杂调整难度大等问题，开发废铝易拉罐的保级还原技术，实现废铝易拉罐保级利用和资源的高效利用。

（二）主要成果

研发了废铝易拉罐破碎设备，实现了破碎、分选功能。设备处理能力达5～6t/h，铁、铝分选率高于95%，取得了良好的破碎效果，满足了下一步脱漆需求。

开发了废铝易拉罐旋转热脱漆技术及装备，实现了氧分压可控、温度自动控制和旋转脱炭等功能。利用该中试设备进行了脱漆工艺研究，优化的工艺参数为：脱漆温度550℃、脱漆时间30min、真空或6%O_2的气氛。

开发了旋转式隧道窑脱漆炉窑。该炉窑采用双室炉烟气，利用其600℃和氧分压为6%O_2的特点入窑加热铝片，对表面油漆进行炭化，依靠隧道窑旋转过程的自身震动，使炭粒全部脱落；同时因低氧含量还防止了铝片碎料的氧化烧损。该旋转脱漆隧道窑实现了对铝片脱漆和烘干效果，杜绝了因油漆燃烧产生二噁英等污染，提高了铝片的回收率。

研发了3104铝合金成分在线调整技术，实现了在线成分测试和调整，高纯净3104合金连续铸造。研究了质量分数为1.1%的Al-5Ti-1B对3104铝合金熔体进行晶粒细化作用与机理，以混合稀土变质剂（质量分数为3.0%）对废铝易拉罐制备的3104铝合金熔体进行变质细化处理，得到组织性能良好的合金。

三、废电线电缆与废五金拆解利用成套设备开发

（一）内容概要

开展电机（废电线电缆、废五金）的分类和金属含量评估研究，研发废电机成套分解设备、除尘系统、分选系统。研发铜米分选机以及风力送料机，研究液压切割电线设备和破碎设备；研究强力破碎机、多功能破碎机、分选设备等的有机集成装备。

（二）主要成果

废五金及小微废电机集成式干式回收生产线，集成式干式回收生产系统采用了物理方法无害化处理及资源回收设备，将人工预先分选的废电机定子、线包、水箱等物料（严禁带有轴承、轴、齿轮或块状的坚硬物料等）经输送机输送至一次破碎（两轴对辊式）；经输送机输送至二次粉碎；经强磁辊筒分选机将矽钢片和铜混合物分选出来；再将铜混合物由输送机输送至JZ-630A粉碎机进一步粉碎细化得到纯度较高的产品。

基于图像识别智能破碎分拣技术，通过图像判断零件的外形尺寸和位置，由计算机根据图像信息控制执行机构动作，通过分流机构等实现自动分拣系统，由机械手等完成特定的细分工作任务，协同工作，大大提高了工作效率，降低了工作强度，实现了资源的定向富集。

废电机自适应等离子快速切割技术，等离子体电弧切割温度高，切割速度快

捷，由直流电源供电，采用氩气等惰性气体作为切割气体，安全性好，环境污染小，可控性好，结合图像处理和自动控制技术，使切割系统相对封闭，并使其处于负压，不仅可以将切割过程产生的废气集中进行处理，还可以避免金属蒸气外泄。

基于产品特征信息的定向资源富集技术，通过图像识别技术可以快速判定，根据结构尺寸由称重系统、计算机处理等完成特定资源的分析，为特定资源进行定向富集提供依据。

四、废钨合金材料回收利用技术

（一）内容概要

研究开发出具有自主知识产权的废钨高合金钢电渣连铸高速钢型材和电渣熔铸高速钢复合轧辊辊环的短流程高值再生技术，再生型材质量达到相应牌号的国家标准要求，轧辊的主要性能指标明显优于国内的离心铸造高速钢复合轧辊产品，达到进口产品水平；研究开发出废硬质合金涂层刀具高效回收利用新技术，再生硬质合金的主要性能与原合金相当。

（二）主要成果

再生高速钢的质量控制技术，采用电炉+电渣连铸工艺，再生材料的低倍组织一般疏松0.5级、中心疏松0.5级、锭型偏析0，无气泡、白点、夹渣等低倍缺陷，达到国家标准《高速工具钢》（GB/T 9943—2008）的要求。碳化物级别7级，达到国家标准《高速工具钢》（GB/T 9943—2008）的锻造后的碳化物不均匀度级别的要求，大大地提高了再生材料的价值。

废钨高速钢短流程制备高速钢型材技术，研究开发的电渣连铸制备高速钢型材技术及装备，通过无臂自耗电极连续下料、连续加渣和连续抽锭系统与控制设计，以及加入稀土氧化物技术，解决了电渣连铸型材质量均匀性、电渣变质和网状碳化物技术难题，成功生产出电渣连铸高速钢棒材和板材，再生材料的低倍组织和碳化物级别均达到高速钢锻材的国家标准要求。

废钨高速钢短流程制备高速钢复合轧辊辊环技术，研究开发的电渣连铸制备高速钢复合轧辊辊环技术及装备，通过无臂自耗电极连续下料、连续加渣和外结晶器与水冷空心钢管内结晶器连续抽锭系统与控制设计，以及加入稀土氧化物技术，成功生产出电渣连铸大口径（外径＞Φ500mm，壁厚为80～200mm，长度为4000～6000mm）高速钢辊环，辊环的质量远优于离心铸造辊环，轧辊的使用寿命提高60%以上，达到了日本CPC专利技术产品同等质量。

废涂层硬质合金涂层的去除技术，通过设计涂层剥离液配方，优化工艺，实现了有效地剥离当今国际上主要的多元复合涂层，并对硬质合金基体损伤很小，形成了高效再生利用废硬质合金涂层刀具过程中的涂层剥离技术，使废硬质合金涂层刀具再生利用更经济、更高效。

从废旧硬质合金中提取碳化钨、钨和钴技术，开发了新型"破碎法+选择性电溶法"高效回收工艺制造技术及装备，工艺流程简捷，可以处理低Co含量合金（Co含量为3%～6%），对环境不会产生二次污染，劳动条件清洁安全。

再生硬质合金技术，通过添加稀土化合物抑制WC晶粒长大和净化晶界，同时针对再生材料的特性优化球磨、烧结工艺，使得再生材料的力学性能大幅度提高，添加稀土后再生的YG8合金的抗弯强度达到2503MPa，比未添加稀土提高幅度约20%。在5MPa压力烧结工艺下制备的再生YG8硬质合金抗弯强度为3250MPa。

五、废旧稀土永磁电机拆解及回收利用技术

（一）内容概要

通过开发自动化高效稀土电机拆解关键技术及设备，实现废旧磁体的回收、分类。采用分离-初步提纯-深度纯化技术实现稀土与非稀土元素的分离、提纯，

得到高纯的单一稀土化合物，实现回收过程中废液及废渣的环保处理。采用氢处理技术、纳米颗粒掺杂改性技术研制再生磁体，性能指标达到主流电机磁体水平。

（二）主要成果

开发废旧磁体中稀土分离、提纯的新流程及工艺规范。使用有机溶剂清洗，蒸发回流方法取代常规的焙烧工艺，以减少废气排放并回收原料中的油。稀土元素间分离选择化学输运法代替萃取方法，可以高效、快速地得到稀土单一化合物，减少传统方法分离级数多，分离系数低的缺点。稀土回收中产生的废水、废渣也进行绿色环保处理，减少废水排放造成的环境污染。

开发稀土及过渡金属纳米颗粒改性掺杂烧结技术制备高性能再生磁体的新技术及工艺规范。综合采用吸氢、机械粉碎等工艺，开发废旧磁体破碎制备钕铁硼单晶颗粒粉末的新技术。开发气氛保护（反应）蒸发冷凝制备粒度可控且具有窄粒度分布的多种稀土及过渡金属纳米颗粒制备新技术。开发制备高性能再生磁体的纳米颗粒掺杂以及后续烧结专用工艺规范。

研发了盐酸浸出技术、草酸盐选择沉淀稀土技术和硫化物选择沉淀非稀土技术，获得了多种有价元素，其中总稀土回收率达到99%，铁、钴的回收率可达96.6%，分离提纯得到Pr、Nd产品的纯度大于99.9%，Tb、Dy产品的纯度大于99.95%。开发了废旧磁体氢破碎技术和稀土氢化物颗粒掺杂烧结技术，制备出多种牌号的高性能再生磁体，磁性能不低于原始磁体。

六、稀土荧光灯快速识别及发光材料回收利用技术

（一）内容概要

以废旧稀土发光材料高效回收再利用为核心，研究废旧稀土荧光灯快速识别和分类技术；研究废旧稀土发光材料剥离、分选和收集技术；研究废旧稀土发光

材料脱汞技术；研究废旧稀土发光材料分解提取技术；研究稀土元素萃取分离技术；研究萃取尾液处理技术。

（二）主要成果

稀土荧光灯快速识别技术，利用光谱、电磁辐射共同检测识别的技术，实现废旧稀土荧光灯的快速识别。准确率≥98%，识别速度≥0.5t/h。

稀土发光材料的分选技术，破碎与分离阶段利用活性炭过滤器残留的汞蒸汽，除尘+蒸馏除汞的废气经MRT系统自带气旋+旋风二级除尘后，烟尘汞含量小于0.01mg/m³；废旧稀土发光材料蒸馏回收液态汞，蒸馏废气经过活性炭吸附，汞含量在0.01mg/m³以下；汞回收率达到98.5%。

研发了废旧稀土荧光粉"两代酸解回收技术"，首先酸解废旧发光材料中的红粉，未溶解的蓝绿粉经过碱熔后水洗，去除其中的Al^{3+}，洗涤后的滤渣，采用盐酸进行第二次酸解，使得稀土高效浸出。与传统工艺相比，两代酸解工艺稀土总浸出率由42.08%升高到94.60%，辅料：节约盐酸41.67%、节约片碱37.5%、降低碱熔能耗43.18%。

研发了废旧稀土荧光粉除硅工艺，可将废旧稀土荧光粉中的粗、中、细颗粒玻璃渣和其他硅铝氧化物杂质全部去除，避免了后续回收稀土元素过程中因形成硅铝胶体而影响稀土元素浸出和萃取分离。通过除硅工艺，废旧稀土发光材料中的SiO_2杂质可有效去除大于85%，稀土回收率显著提高。

七、含铂族金属废催化剂资源再生技术

（一）内容概要

针对含铂族金属废催化剂资源中铂族金属、稀土等稀贵金属这一类具有重要战略价值的稀缺资源的高效回收技术瓶颈问题，重点突破废汽车催化剂等离子熔

炼捕集技术；含铂族金属难溶硅铁合金高效溶解技术；难处理低品位铂族金属废料焙烧-磨选富集技术；铂族金属铑铱等多元素分离提纯技术；有机催化剂焚烧清洁富集技术。

（二）主要成果

开发含铂族金属废催化剂制取样系统技术及相关配套设备构建的精确定量识别系统，采用接料称重-一次焚烧-二次焚烧称重-球磨混合-初样缩分取样-研磨混合-缩分器二次取样工艺路线，对含铂族金属炭载体催化剂的制取样进行研究，最终得到焚烧渣体积小，易均匀，得到样品具有代表性，检测结果误差少，准确性高。

有机催化剂、炭载体催化剂焚烧富集处理技术，研发的分段富氧焚烧工艺，通过控制温度并分段燃烧的方法，使得有机物缓慢并充分燃烧，以保证铂族金属较高的回收率，同时采用富氧二次燃烧以及尾气净化技术，使得最终尾气达标排放，避免了环境污染问题。

失效汽车尾气催化剂等离子熔炼富集技术，采用等离子熔炼从汽车尾气催化剂中富集回收铂族金属技术，可实现金属回收率大于98%，工业废水量相对于湿法减少了90%以上，具有很明显的优势。

低品位铂族金属废料焙烧-磨选富集技术，开发的焙烧-磨选技术对以低品位含铑废催化剂，通过一定的添加剂，进行焙烧、磨选富集，获得了含铑、铁合金粉，回收率大于96%，实现了低品位铑催化剂的富集。

铂族金属铑、铱、钌等多元素的高效分离与提纯技术，开发的溶剂萃取、沉淀分离、分子识别技术相结合的分离工艺，使得铂族金属铂、钯、铑、钌和铱的分离提纯水平得到大幅度提升，铂族金属回收率大于98%，纯度99.95%。

八、废旧高温合金再生技术

（一）内容概要

针对经济发展对高温合金二次资源高效利用的迫切需求及废旧高温合金资源综合利用开发的技术瓶颈，突破废旧高温合金高效批量预处理、快速溶解、分离、提纯、再生等关键技术，实现废旧高温合金中的稀贵金属元素高效分离与合金再生技术。

（二）主要成果

针对高温合金的组成及特性，形成了废旧高温合金批量预处理关键技术，实现了废旧高温合金的快速溶解。

针对气雾化制粉技术获得的高温合金粉末粒度分布特征，采用焙烧炉和反应釜设备，利用碱焙烧-水浸-酸溶技术高效选择性溶解镍、钴，实现了废旧高温合金中主金属镍、钴与稀贵金属的分离。

采用离子交换和萃取技术，利用强碱性阴离子交换树脂吸附和解吸钨、钼、铼，胺类萃取剂萃取和反萃钽、铌技术工艺，实现了废旧高温合金中稀有金属元素的分离与提纯。

对含铂族金属渣开展活化溶解、氧化焙烧、蒸馏、离子交换、氢还原等分离及提纯，实现了废旧高温合金中铂族金属再生。

最终实现高温合金中有价金属的高效溶解、分离提纯，获得的镍粉、钴粉、铼粉、钼粉、钨粉、钌粉产品达到国家标准，可作为制备高温合金的原料。

九、废旧动力电池及其过程废料资源化技术

（一）内容概要

以镍氢动力电池、锂离子动力电池及其过程废料等富含高价值物质资源为原料，研究安全高效的模组分离（拆解）技术，开展物理分离过程及材料还原过程

所产生的"三废"无害化处理与清洁处理工艺技术，开展以N、C、M为主的多元素复杂溶液体系基体可控合成技术。

（二）主要成果

研究动力电池过程废料及次品的回收处置、报废动力电池组及模块的模组分离技术、动力电池多元金属元素的高效回收、动力电池材料逆向产品合成技术、动力电池回收处理过程中的"三废"处理。实现了动力电池的无损拆解和动力电池单体的机械化拆解。

在电池切割方面，根据电池单体的结构特点，开发一台多功能切割机，该设备可对不同型号的电池进行切割，动力电池单体的拆解基本可实现机械化；电池切割面平整，采用封闭式设计，可以完全掌控切割过程中产生的废气、废液、废渣，确保安全清洁生产。然而动力电池包、动力电池单体的机械化拆解，由于受到其内部结构复杂等因素的制约，短期内无法实现全程机械化拆解。但可根据拆解过程的需要，设计辅助设备，提高拆解效率。

利用前驱体与碳酸锂混合，开展以Ni、Co、Mn为主的多元素复杂溶液体系基体可控合成技术研究，主要以镍钴锰酸锂材料定向还原为主要研究重点，镍、钴、锰综合收率提高至98.58%。同时，通过离子掺杂和包覆改性后的材料，在充放电性能、循环性能均有所改善，此外还可以减小电池中电极反应的极化阻抗，有利于克服充放电过程中存在的动力学阻力。

确保工艺的清洁生产，实现了运行系统自动化控制。开发"三废"处理技术，保证废气符合国家标准，废液和废渣妥善收集处理，交由有资质的单位处理。

十、废铅蓄电池无害化再生关键技术

（一）内容概要

针对目前废铅酸蓄电池铅膏火法回收工艺中能耗高、污染大、金属回收率低等缺点，开发新工艺采用无污染脱硫技术，直接制备超细铅粉材料用于制作新的铅酸蓄电池，具体为基于废铅酸蓄电池铅膏湿法浸出及低温焙烧直接制备超细铅粉新技术。

（二）主要成果

开展了有机酸湿法回收废铅膏技术研究及工程示范，采用第三代新型湿法浸出工艺，湿法浸出总过程中溶液残存Pb^{2+}在0.5%以内，铅回收率可达到99%以上，同时该清洁工艺无二氧化硫和含铅烟尘的排放。溶液中残存的Pb^{2+}可随着浸出液的封闭循环使用返回到湿法浸出系统。

研发出基于废铅酸蓄电池铅膏湿法浸出及低温焙烧直接制备超细铅粉的新技术，纳米晶结构的超细铅粉粒径达到100nm，超细铅粉自制电池的初始性能优异，大电流放电性能好，优于传统铅粉，活性物质利用率达到了54%，铅膏比能量密度71 Wh/kg。

十一、再生铅行业重金属污染治理与利用关键技术

（一）内容概要

围绕再生铅行业铅污染物减排控制及高效铅回收先进工艺重点内容进行研究，并开展应用示范。研究废铅蓄电池破碎分选、铅膏泥脱硫转化、天然气富氧助燃转窑熔炼、粗铅精炼等工艺，研发梯级微负压集尘、多工艺组合铅烟净化、含铅废水全回用等铅污染排放控制技术。

（二）主要成果

针对废铅蓄电池资源回收利用中火法熔炼、精炼中铅烟尘的理化特性，建立了以高效过滤、湿式净化为核心的铅烟尘集成处理系统，组建了梯级微负压的铅烟尘车间处理系统，并对影响铅烟尘脱除效率的工艺因素进行了研究，实现了集

尘率提高到95%以上，每1000m³废气能耗小于1.0kW·h。

研发了废电池资源回收中废硫酸的深度净化工艺，开发了活性吸附和电渗析法净化法组合工艺，较好地去除了废电解液中的铁等金属杂质离子，可使初始硫酸浓度约为20%，初始铁离子浓度＜12mg/L的废酸，回收率大于85%，回收酸中铁离子浓度在2 mg/L以下，满足铅蓄电池对硫酸中铁离子的浓度限值要求，为硫酸资源的循环利用创造了条件。

针对再生铅生产中产生的含铅废水，研发了以双膜技术为核心的含铅废水处理工艺，初步建成了生产装置，日回用水量≥329 m³/d，脱盐率≥95 %，系统出水的总铅、电导率、COD、氨氮等指标均达到冷却冲洗等生产用水标准，出水完全可以回用于生产。

开发了适用于铅蓄电池再生铅还原熔炼的富氧助燃旋转窑铅熔炼技术，经工艺优化试验，再生铅收率达98.6%；热效率提高30%，节能30% ～ 40%，综合能耗减小至130kg标准煤/吨铅。

研发了基于浮选技术的含铅废铁渣中铅二次提取新工艺。根据浮选原理和两精一扫工艺，获得铅品位20%左右的富铅渣，铅回收率达95%。

开发了再生铅生产涉铅区梯级微负压集尘系统和高效膜过滤为核心的铅污染物多技术组合工艺，实现了铅污染物高效收集和去除；开发了工艺参数自动调整控制的旋转短窑熔炼技术，实现铅回收率99%以上，热效率及燃烧产物排放量减少效果显著，避免了NO_x污染；针对含铅废铁渣（含铅铁饼）中铅进行二次提取，经深度脱铅后的废铁渣转入炼钢、水泥等行业用作原料。

十二、废电磁线资源化和保级生产无氧铜杆技术

（一）内容概要

针对我国废电磁线再生利用过程污染严重、铜线表面树脂难以环保回收利用、

铜线基体保质利用水平低的现状，研发废电磁线聚合物涂层清洁化处理和基体直接再生无氧铜杆的关键技术，开发废电磁线表面涂层的绿色环保处理关键技术与成套装备。

（二）主要成果

废电磁线表面涂层高效环保分离工艺技术及成套装备研发，经过破碎分选处理后的废旧电磁线纯度达到98%以上，能够有效去除硅钢片等磁性物质，焊点因经过高速捶打，去除率达到90%以上，通过增加色选装置，提高了铜、铝的分选效果，铜、铝分选率达到96%以上。废电磁线表面的漆能去除60%以上。

研发出一种用于深度优化氧化工艺的高效环保造渣剂，确保熔体中易蒸发元素如锌等大部分氧化蒸发，其他金属杂质反应生成高熔点金属氧化物与熔剂反应形成熔渣排出熔体。

研发出一种新型深度氧化/还原工艺与覆盖剂，克服氧、氢平衡所带来的控氧则氢多的问题，在严格控制氧含量的前提下，保证采用常规处理工艺难以彻底除去的铁、铅、铋、磷等杂质，同时实现脱硫、脱氢，从而提高铜合金产品的质量与综合成材率。

研发了一种废旧电磁线铜生产高品质无氧铜杆的熔炼-精炼一体化整体装备及协同作用的规模化、连续化生产技术。

电子废弃物综合利用

一、废弃家电有毒有害成分分离与资源化关键技术

（一）内容概要

研究废弃家电中有毒有害物质的污染特性与快速识别技术；研发废液晶显示器无害化高效分离技术与设备，研制CRT显示器玻璃破碎料中锥玻璃快速识别装

备，研发锥玻璃铅回收利用技术；开展废弃冰箱发泡塑料切割分离、分解交联及胶黏剂等研究，开展氟氯烃等有害物质无害化与资源化研究，研发发泡塑料无害化分离回收利用技术；研究废电路板锡焊去除工艺与设备；开展废弃家电中危险部件无害化处理及回收利用等技术集成与示范研究。

（二）主要成果

开发了废弃冰箱和电视机中危险部件环境无害化识别和拆除关键技术，实现无害化率不低于99%，拆余物可回收利用率大于90%。开发废阴极射线管破碎料锥玻璃识别分离技术，含铅锥玻璃分离效率大于95%；废弃冰箱发泡塑料切割分离设备实现发泡塑料中氟氯烃等发泡剂收集率大于90%；废弃电路板锡焊去除装置对铅去除率达到95%。生产过程中，废气处理系统对发泡剂、制冷剂和铅、汞的去除效率达到95%以上，并满足排放标准；工艺用水循环利用率达到93%以上。

二、废旧小型电子电器产品再制造和资源化关键技术

（一）内容概要

针对废旧手机等小型电子电器产品富含高价值资源物质，且随意丢弃污染问题严重的特点，重点开发整机和零部件性能检测与再制造、高效绿色拆解分选、充电电池处理、有害物质无害化处理等关键技术与装备的开发，以及针对废旧手机等小型电子电器特性的资源化综合处理技术与装备。

（二）主要成果

研制出废旧手机等小型电子产品及零部件剩余性能检测专用设备及技术，实现检测正确率达到90%以上。

开发出废旧手机等小型电子产品高效自动化拆解分类装备及其工艺技术，实现可资源化利用率大于90%，无害化率100%。

研制出废旧手机等小型电子产品物质综合回收利用技术与设备，实现铜、金、银、镍、钴、锂等金属回收率分别大于90%、85%、90%、95%、90%、90%；外壳塑料等高分子材料回收率大于90%以上；物质综合利用率大于90%以上。

开发出手机废电池有害物质处理技术与设备，无害化率达到100%。废旧手机等小型电子电器处理过程中，对铅、汞的去除效率达到95%以上，并满足国家环保排放标准。工艺用水循环利用率达到60%以上。

三、废线路板全组分高值化清洁利用关键技术

（一）内容概要

针对废旧线路板成分复杂、富含稀贵-重金属、难处理的特点，以清洁处理工艺和产品高值化为技术导向，以关键技术突破和技术集成为工作重点，以全过程污染控制和过程经济效益最大化为引导，建立废线路板物理预处理、贵-重复合金属化学（电化学）分离与产品高值化、过程废气和废水控制与资源化治理一体化集成技术。

（二）主要成果

开发了基板和器件自动分离技术和装备，实现了对所有报废线路板（包括废覆铜板、边角料）、覆碳铜箔等的直接回收和分离，金属回收率≥95%，铜米、铜箔、各种再生金属纯度≥99%，废线路板资源化率≥98%（另外2%用于回收热能）。

研发了废线路板与电镀污泥火法协同处理技术。将废线路板全组分高值化利用关键技术处理后的约2%的废线路板粉末（含铜约2%），与电镀污泥按一定比例混合（1∶4），在自主研发的线路板密闭回转焚烧专用炉和相关设备内进行混合处理，不仅降低了电镀污泥的黏性，焚烧更充分，而且减少了二次污染，节约了能源，提高了铜、铅、锡的回收率。

开发了烟气二次燃烧技术和烟气速冷技术及设备，自动控制氧气的流量和燃烧室温度，使烟气在1000℃的温度下得到二次燃烧，使有机物得到彻底裂解，避免二噁英的产生。烟气速冷技术及设备，使烟气在小于2s的时间内从1000℃降低到300℃以下，避免二噁英的再次合成，并在速冷过程中充分利用烟气的热能。

研究开发了"拆解所得元器件和电解阳极泥中金属的分离和提纯系统"，它可以实现贵金属与贱金属、贵金属相互之间、有色金属相互之间的高效清洁分离，贵金属回收率达到98%以上，主要有色金属回收率达到95%以上。

四、废旧机电设备贵重金属回收利用技术

（一）内容概要

针对废旧机电设备（行程开关、硅稳压二极管、直流接触器、转换开关、自动空气开关、硅双基二极管等）中贵金属（金、银）的解离与富集，研究多功能含贵重金属废旧机电设备整体多级破碎、复合分选关键技术与成套装备，研究金属富集物中重金属（Pb、Cd、Zn等）的真空冶金-真空热解关键技术和装备，研究开发化学技术提取经分选的含贵金属的金属富集物。

（二）主要成果

多级破碎、复合分选技术，废旧机电设备经过拆解和分拣后的零部件中的含金、银等贵金属废旧机电器件（行程开关、硅稳压二极管、直流接触器、转换开关、自动空气开关、硅双基二极管等），首先进行多级破碎-复合分选，此过程中除去铁和非金属材料，最终得到的金属粉中含铜、镉、铅等重金属，同时贵金属金、银等在金属粉中得到富集。

真空分离技术，金属粉采用真空冶金及真空热解技术，将重金属铅、镉等分离，含贵金属金、银等的金属粉进入化学提纯系统。化学提纯技术，金属粉在特

制容器中进行选择性酸解,用硝酸循环溶解,经沉淀后得到银产品。而后用王水循环浸出,而后还原得到金产品。

五、电子废弃物清洁化处理与利用技术研究及示范

(一)内容概要

重点突破废旧电子电器资源化过程中难处理拆余物预处理技术与设备、拆解物有色金属与稀土元素回收技术及二次污染控制技术,建立典型电子电器拆余物有害物质基础数据库,提出废弃计算和显示设备等典型电子电器资源化过程污染控制措施。

(二)主要成果

典型拆余物中金属单质离子液体高效剥离及污染控制关键技术研究,以离子液体 1-丁基-3-甲基咪唑四氟硼酸盐〔$(BMIm)BF_4$〕作为对象,当废电路板设置加热温度 250℃、停留时间 15min、转子转速 50r/min,电子元器件拆解率超过 95%、焊锡回收的纯度高于 90%。

废电路板机械活化强化有色金属浸出技术研究,球磨转速为 400 r/min,球料比为 20,球磨时间为 60min 时金的浸出率值达到最大值;球磨转速为 400 r/min,球料比为 20,球磨时间为 90min 时,银的浸出率值达到最大值。

废锂离子电池机械化学活化协同乙酸提取技术研究,最优的锂和钴浸出条件为活化转速 500 r/min,浸出时间 15 min,乙酸体积浓度 20% 和双氧水体积浓度 5%,锂和钴的浸出效率分别可达到 99.8% 和 99.7%(质量浓度)。同时,经济性分析显示机械化学活化结合高性价比的乙酸回收废弃锂电池中的金属优于传统的湿法冶金工艺。

废荧光粉机械活化强化有色金属浸出技术研究,机械活化对废荧光粉进行预处理,能够大大强化废荧光粉中稀土元素 Tb、Ce 和 La 的浸出效果:三种元素的

浸出率从常规浸出的不到3%，分别提高至90.0%、94.0%和91.6%。同时，Eu和Y的浸出也得到了一定程度的促进，由常规的80%和90%左右，可分别提高至90%以上和95%以上。

六、废旧显示器屏类及荧光灯材料无害化清洁利用关键技术

（一）内容概要

针对我国现有废旧显示器屏类材料以及荧光灯材料回收处理技术普遍存在着回收困难、全资源化综合利用率低、二次污染严重等共性问题，拟采用含铅电子玻璃搭配炼铅技术、无害化拆解液晶显示器和回收铟技术、无害化处置废荧光灯中汞的技术对原有工艺流程进行改造和创新。

（二）主要成果

引入闪速熔炼回收工艺，铅富氧闪速熔炼过程中同时处理废弃电子玻璃，开发了含铅电子玻璃搭配炼铅技术、无害化拆解液晶显示器和回收铟技术和无害化处置废荧光灯中汞的技术，铟回收率90%以上，汞和铅脱除率达到95%以上，汞和铅的回收率为90%。开发了适合搭配CRT含铅玻璃的闪速炼铅炉和配套的悬浮喷嘴，形成了电子玻璃与铅精矿混合熔炼技术，实现了铅回收率97%以上，渣含铅控制在1.5%以下。

研发废荧光灯中汞的无害化处置利用技术，汞的无害化处置后得到的溶液中含汞低于30ug/L，达到国家污染物排放标准中汞的排放标准。通过选择性絮凝实现了废弃荧光粉中稀土元素的分选和富集。初步提高了废弃荧光粉中稀土元素的品位，为下一步的化学浸出提供了优质的原料，可大幅降低化学浸出过程的药剂和能量消耗。针对绿粉和蓝粉结构稳定导致常规酸浸Ce、Tb浸出率低的问题，采用亚熔盐法实现了稀土元素Ce、Tb及Al的高效回收。

机电产品再制造

一、废旧机电产品典型零部件高值化利用关键技术

(一) 内容概要

以废旧机电产品中量大面广、附加值高、易磨损的大量报废的轴、轴孔或齿类典型部件,变速箱锁止压盘、输入轴、制动带毂、油路板等为对象,研究零部件再制造中拆解、清洗、检测及修复工艺,构建零部件再制造中环境、资源、技术和经济评估模型,开发废旧机电产品零部件高效拆解、清洗、检测与再制造的技术和设备。

(二) 主要成果

在再制造费效评估与无损拆卸研究方面,针对指标开展了面向再制造的费用管理预测及经济性研究和面向再制造的无损拆卸技术研究,进行了产品拆卸仿真模拟,设计并搭建了再制造效费评估软件平台。成功开发了自动变速箱油路板快速装夹装置以及模拟换挡曲线软件一套。实现了油路板总成检测中不同种类、不同型号自动变速箱的快速、稳定装夹。

在关键共性技术研发方面,针对变速箱锁止压盘、输入轴、制动带毂等关键零部件的再制造修复难题,研发了用于零件磨损失效表面修复的等离子熔覆装置一套,针对不同零件的材质、服役工况和失效形式,开展了等离子熔覆再制造工艺研究,并在变速箱关键零件上进行了示范应用,形成了批量再制造能力。为解决变速箱中不同尺寸、结构复杂零件的再制造提供了关键技术支撑,提高了旧品利用率、降低再制造成本,解决了废旧零部件再制造的共性技术问题。

在再制造专用装备攻关方面,成功研发了机器人快速激光熔覆装备和高效随

行加工配套装备各一套。针对气体激光器进行现场作业的实际困难和缺点，如：气体激光器体积大、运输困难；电光效率低、稳定性差、有效工作寿命短、需要硬光路传输，光路调整时间长（需数天）等，成功开发了具有体积小、电光效率高、稳定性好、有效工作寿命长、系统免维护、光纤传输、六自由度机械手作为执行机构的1000W全固态固体激光器和现场随行加工设备，统称为移动式激光加工系统。

二、废旧采煤机械设备绿色清洗及关键零部件再制造技术

（一）内容概要

以采煤机械设备典型零部件中附加值高、易磨损失效、结构复杂、零部件种类繁多的液压支架立柱、刮板输送机链轮轴、行星减速器行星架、乳化液泵曲轴等关键零部件为对象，以典型零部件的再制造工艺路线为主体，开展零部件再制造中绿色清洗、无损检测、寿命评估和修复工艺等共性关键技术的研究与攻关，开发废旧机电产品零部件绿色清洗、检测与再制造技术和设备，提供一系列的轴、轴孔和齿类等典型机电产品零部件再制造的共性方法工艺。

（二）主要成果

废旧采煤机械设备典型零部件无损拆解与绿色清洗技术。无损拆解技术方面，以采煤机械设备典型零部件为研究对象，开展了面向再制造的无损拆解技术研究。无损拆解率由项目实施前的70%提高到85%，拆解效率提高了1倍。绿色清洗技术方面，研究了超声清洗、高压水/磨料射流清洗、超细磨料喷砂清洗等绿色化学清洗和物理清洗技术对去除零件表面氧化物、固体结垢物、油污等污染物的去除方法与工艺，清洗效率较项目实施前提高了40%，化学清洗剂的使用量降低了65%。

废旧机电产品典型零部件检测与剩余寿命评估技术，研究零件表面失效形式

以及残余应力水平变化。结合金属磁记忆无损检测技术对齿类、曲轴类零件的重点失效部位检测，基于有限元分析和动力学仿真方法建立齿类、曲轴类剩余疲劳寿命评估方法。以谐振式弯曲疲劳台架为试验平台，集成了金属磁记忆、机器视觉、声发射及模态分析等先进无损检测评估手段，研发了乳化液泵曲轴零件再制造寿命评估试验系统。

以典型报废零部件为毛坯的特形修复成形技术与处理技术，主要研究了复杂零部件表面缺损三维"反求"及建模技术；根据采煤机械设备典型零部件的失效规律和服役特点，通过再制造成形与加工关键技术研究，形成了大型轴类零部件表面激光熔覆特形修复成形技术；齿、板类零部件等离子熔覆成形技术；孔类精密零件纳米电刷镀再制造修复技术；超音速等离子/火焰喷涂再制造技术；通过以上再制造加工成形技术、材料和装备研究，获得了符合中国国情的废旧矿山采煤机械零部件再制造修复技术。

三、废旧工程机械发动机再制造成套设备开发

（一）内容概要

以典型零部件的再制造工艺路线为主体，研究零部件再制造中寿命评估、修复工艺、修复用材料及材料制备工艺等共性关键技术。开发废旧工程机械产品零部件再制造材料、工艺和设备，提供一系列的轴、轴瓦和辊类等典型大型工程机械机电产品零部件再制造的共性方法工艺。

（二）主要成果

研发大型发动机曲轴再制造用材料制备加工技术，设计并制备出了曲轴再制造用的热喷涂粉芯丝材，优化了粉芯丝材生产工艺，主要包括粉末处理工艺参数、成型机工艺参数、拉丝机工艺参数、热喷涂工艺参数等。对曲轴再制造用粉芯丝材进行性能测试包括金相组织、洛氏硬度、结合强度、涂层孔隙率等。

对于优化出的粉芯丝材，采用优化电弧喷涂工艺参数制备出了相应的涂层，对其结合强度等性能按照GB/T 9793—2012标准进行了进一步检测，该涂层的结合强度的测试结果为30～45MPa，其中，YYQZ-232试样结合强度值高于40MPa。

研发大型发动机轴瓦再制造用材料制备加工技术，通过挤压工序细化晶粒，破碎化合物。在挤压过程中，严格控制挤压温度，避免在挤压过程中晶粒长大。挤压后重要的是优化拉拔成丝工艺，合理调整中间退火温度和两次退火之间的累积变形程度（以下简称变形程度），以制得软硬适度，适合火焰喷涂技术使用的丝材。丝材在多道次的挤压加工过程中，熔铸形成的大量硬质相得到了破碎，硬质相的细化改善了合金的加工性能。同时大量硬质相的存在使锡基巴氏合金11-6具有更好的耐磨性能，适用于大功率发动机对轴瓦材料的需求。

四、铁路内燃机车涡轮增压器激光再制造技术及示范

（一）内容概要

以报废铁路机车柴油机涡轮增压器为主要目标，开发专用材料，利用激光再制造工艺，最终实现废旧铁路内燃机车柴油机涡轮增压器的再利用。开发损伤、报废增压器零部件检测与可修复性评估方法与技术、再制造的无损拆解、绿色清洁和组装技术。开发激光再制造铁路机车柴油机涡轮增压器的典型工艺和专用材料。

（二）主要成果

研究了内燃机车涡轮增压器废旧零部件激光再制造过程所涉及的一系列技术问题，完成了一系列共性关键技术的研究工作。建立了再制造性评价方法，获得了内燃机车涡轮增压器零部件再制造熔覆层加工工艺，初步解决了判定废旧零部件是否再制造的难题，开展了激光再制造无损拆卸和绿色清洗技术研究，为提高增压器零部件利用率、降低再制造过程中的环境污染提供了关键技术。

研发了半导体直接输出激光器成套设备、全固态固体激光加工成套设备、增压器组装与无损拆卸工装等关键专用设备,解决了铁路机车涡轮增压器关键零部件的再制造难题。

废旧高分子材料资源化

一、城乡生活垃圾中废塑料高效稳定裂解技术

(一)内容概要

在国内外城市生活垃圾资源化和废塑料炼油的基础上,以城乡生活垃圾中的废塑料为对象,根据生活垃圾和其中废旧塑料的粒径分布特点,开发从生活垃圾中分选富集塑料的工艺技术;开发三段式动静态复合流化床裂解系统和流化床式催化改质塔和高效多功能催化剂。

(二)主要成果

研发了年处理万吨级规模以上的三段式动静态复合床废塑料热裂解炉,裂解产物收集和再处理的成套工艺和设备,技术和设备国产化率均为100%,并实现裂解产品中油品产出率达到塑料量的65%以上,质量达$8^\#$燃料油以上的质量标准,具体指标优于180 CST;裂解产品中的可燃气产率超过塑料量的15%~20%,使用裂解燃气替代整个裂解系统自身燃料消耗的100%,燃烧烟气排放达到国家燃油锅炉排放标准的指标或以上;整个系统中废塑料裂解的油、气、碳产品转化率不低于废塑料自身质量的99%。研发了适合于城乡生活垃圾中废塑料的裂解制燃油的复合催化剂,每克催化剂产出600g以上,催化长效稳定性催化裂解2h以上。

二、废旧橡胶催化裂解高值化利用技术与示范

(一)内容概要

研究复合裂解催化剂,在进行油品成分测试分析的基础上,对催化裂解工艺的方案进行优化;针对裂解炭渣制备精细炭黑质填料和活性炭进行研究,使燃料油、柠檬油精、炭黑和活性炭产品达到国家质量标准。

(二)主要成果

实现连续的清洁生产过程。整个催化裂解作业是在微负压的条件下进行的,因此,避免了废气外溢。生产过程中的固体废渣,作为炭黑和活性炭的原料,进行深加工,使其全部转化为相关产品;冷凝产生液体产品,经过精制,转化为各种液体燃料和化工物质;裂解气体先经旋风分离装置去除焦油和焦炭小颗粒,然后进入燃烧系统,再在尾部脱硫除尘后排放。系统使用的冷却水,经冷却处理后再循环重复使用。热解炉采用进料、出料密封自动操作,改善了炉体的密封性能,使轮胎胶粒处于无氧(或贫氧)状态下裂解,从而减少了热量损失,使热解炉的安全生产有了保障。

采用自主研发催化剂,以改性粉煤灰和Fe_2O_3构成的复合催化剂进行橡胶裂解,催化剂具有催化裂解和脱硫双功能。使催化裂解温度低于普通热裂解温度,实现在低于450℃的温度下快速裂解。从而不仅降低了能耗,也改善了废气处理的难易程度,为可燃气净化提供了保证。

产品的高值化利用。通过采用自主研发的燃料油精制技术和设备,对裂解油精制分离,提取出高品质燃料汽油和化工产品。对裂解粗炭黑进行粉碎,改性和造粒等处理,使产品的质量指标达到了N330半补强炭黑的水平。采用H_2O/CO_2的联合活化炭渣得到中孔比较发达的活性炭吸附材料。

三、废橡塑材料高质量改性沥青技术

（一）内容概要

通过对大量的各等级废橡塑材料分类与预处理，获得不同来源、不同等级、无回收污染的废橡塑材料的结构、种类、组成与性能关系，以及废橡塑与改性沥青及其混合料的结构与性能关系。在此基础上，将废橡塑材料合理搭配，进行配方与工艺研究，制备高品质的公路用改性沥青的改性剂，代替目前的沥青改性剂SBS。开发无二次污染的万吨级废橡塑材料改性沥青及混合料的工艺技术与装备，形成废橡塑材料改性沥青及其混合料的技术标准。

（二）主要成果

根据改性沥青的结构与性能，以软化点为指标，建立了改性沥青的废橡塑分类方法和系统。实现了废橡塑改性沥青的快速分散性和低成本化。通过组合不同的回收橡塑材料种类，提高了聚合物在沥青混合料中的分散速率，使干拌时间缩短至5s以内。建立了废橡胶基热塑性弹性体直接投放改性技术。采用动态脱硫工艺，改善废橡胶的分散性，性能指标达到合同要求，混合料性能达到了SBS改性沥青水平。建立了废橡塑改性沥青的检测手段，实现了改性沥青混合料效果的快速检测。形成了"干法原位分散技术"和"动态脱硫挤出技术"两项技术。提出了干法原位分散工艺，系统地解决废橡塑材料在沥青中的稳定化分散，并进行了产业化推广和应用，成功大面积用于重交通高等级路面。制备了ZQ改性剂，建立了年产万吨的工业化装置，制定了企业标准，改性剂出口到国外。

四、废旧特种工程轮胎再制造技术

（一）内容概要

通过废旧轮胎检测评价与检测技术及装备开发、可调节周长预硫化环状胎面开发、港机专用再制造轮胎成型设备的设计、再制造轮胎结构设计与开发、轮胎再制造材料与工艺设计与优化等关键技术攻关和集成创新内容研究,开发出适用于港机作业方式的再制造轮胎。

(二)主要成果

开展了可调周长预硫化环状胎面技术研究。进行了可调周长预硫化环状胎面设计、胎面用材料配方优化设计,同时进行了可调周长预硫化环状胎面成型工艺设计、优化与控制,不但可以解决目前国际上最先进的再制造技术中采用预硫化环状胎面方法存在的再制造不同规格轮胎需要开发不同型号成型设备的问题,也将解决轮胎再制造技术中的条状胎面存在的硫化压力大、接头处硫化质量差、极易出现开胶等问题。

研制了港口机械用特种工程轮胎再制造成套技术与装备。通过材料配方设计与优化,提高其抗老化性能、抗张强度、耐磨耗性能,满足港机轮胎特殊作业环境下对材料的特殊要求及其平衡硫化体系的要求,保证再制造轮胎胎面和胎体经硫化后的一体性;通过再制造轮胎结构开发,发挥再制造轮胎材料优越性能的基础上,提高轮胎在行驶中对地面的抓着力、扭转力、机械作用力,解决目前港机轮胎作业时遇到的一系列问题。

开发了轮胎三维模拟(扭转)试验机,建立了港口机械用特种工程轮胎专用测试方法和测试标准。针对港口机械用特种工程轮胎的特殊作业环境和作业方式,开发了能够进行轮胎正向压缩、双向水平移动的港机轮胎专用三维测试试验设备。在所开发的专用检测设备的基础上,结合港机轮胎的特殊作业特点和条件,建立了港机轮胎专用的测试方法和标准。

五、废旧塑料制取木塑结构复合材料技术与装备

(一)内容概要

主要研究开发以农业废弃木纤维、废旧塑料为原料生产木塑板材的工艺、配

方及其生产设备，研究木纤维的非极化表面预处理技术；研究木塑复合材料的结构、性能与优化配方。开发高性能复合材料制备工艺技术与装备；进行木塑复合材料寿命评价、标准化与应用规范研究。

（二）主要成果

开发了木纤维的非极化表面预处理技术。采用热锅流动式除湿，均匀而全面，第二次除湿为烘箱除湿，时间长同时兼储备。第三次除湿挤出式除湿，即除湿配方加特殊喷试螺杆，在剪切挤出过程中把最后水分挤出来，通过三次除湿之后水分含量已完全达到挤出标准。

研制了木塑复合材料的结构、性能与优化配方。采用混合助剂作接枝剂。在处理工艺上，采用高温混合与保温相结合，使木纤维能够充分地、均匀地与处理剂相结合。

开发了高性能复合材料制备工艺技术与模具。优化设计了产品结构，开发保温、阻燃、耐磨、耐老化等高附加值、高性能木塑制品，设计复合共挤等专用成型装备。

六、电子废弃物中热塑性塑料高值化清洁利用关键技术

（一）内容概要

针对电子废弃物中热塑性塑料数量大、混杂程度高的特点，研究混杂元器件的自动分类识别、废旧热塑性塑料高效低成本分选、溯源定向修复、增容及功能化改性、多元复合共混改性技术，开展废旧热塑性塑料高值化利用过程中二次污染的减控技术研究。

（二）主要成果

废旧热塑性塑料高效低成本分选技术，以自来水代替蒸馏水来配置浮选液以

降低浮选成本，以分离废旧ABS和HIPS混合物体系为主要研究对象，研究不同的浮选条件如搅拌时间、浮选时间、浮选液pH值、自来水内干扰离子的影响规避等对浮选行为的影响，明确了较为适宜的浮选环境并结合混杂废塑料实际情况以及分选工业化操作所面临的实际问题，开发出了一套密度浮选组合工艺装置，可有效实现多种混杂料的高效低成本分选。

原位扩链修复制备再生复合材料，针对废旧HIPS（wHIPS）、废旧ABS（wABS）及废旧PP（wPP），根据其老化机理，充分利用老化分子生成的活性端基，辅以活性交联剂，在挤出再生时进行原位扩链反应以实现链增长及链修复，同时改善其因老化引起相容性及黏附力降低导致的界面破坏，最终低代价地使废料的分子量和形态结构等微观属性有效修复到接近原有材料的水平，从而全面大幅提升了再生塑料的综合性能。另一方面，通过原位扩链修复制备的再生复合材料，其基材的综合性能得到全面修复的同时，还可以与常规改性剂复配使用，突破仅使用常规改性时的性能瓶颈，从而有效提升废料的改性潜能及再生材料的目标性能。通过本技术，分别制得了废ABS基、废HIPS基、废PP基的多种再生材料。

气味抑制型废PCB粉料基再生复合材料的制备，以废PP、废ABS等热塑性废料为基体，通过优选并复配物理吸附消味剂及化学螯合消味剂，配合改良工艺，制备了一系列性能优良，致嗅性得到显著改善的高含量废PCB粉料再生复合材料。

政策法规篇

近年来，我国再生资源循环利用产业发展迅速，行业规模明显扩大，技术水平不断提升，为实现绿色发展和生态文明建设提供了有力支撑。为进一步引导、规范再生资源回收利用产业健康可持续发展，加快转变发展方式、着力推动再生资源产业技术创新，我国出台了一系列涉及再生资源循环利用产业、科技、税收、环保等方面的政策法规。

为了方便再生资源行业企事业单位及专家系统查阅，本书编委会系统梳理了2015年1月至2019年2月期间我国再生资源领域以及科技创新方面的政策法规，供参考。

时间	名称	主要内容
2015年1月	商务部等5部门印发了《再生资源回收体系建设中长期规划（2015—2020年）》（商流通发〔2015〕21号）	着力加强再生资源回收管理法律法规建设，推进再生资源回收管理体制改革和回收模式创新，提升再生资源回收行业规范化水平和规模化程度，构建多元化回收、集中分拣和拆解、安全储存运输和无害化处理的完整的、先进的回收体系。到2020年，全国大中城市再生资源主要品种平均回收率达到75%以上，实现85%以上回收人员纳入规范化管理，85%以上社区及乡村实现回收功能覆盖，85%以上的再生资源进行规范化交易和集中处理。培育100家左右再生资源回收骨干企业，再生资源回收总量达到2.2亿吨左右。
2015年2月	环保部发布《再生铅冶炼污染防治可行技术指南》（公告2015年第11号）	适用于以废铅蓄电池等含铅金属废料为主要原料的再生铅冶炼企业。明确了生产工艺及污染物排放节点，提出了再生铅冶炼污染防治技术、再生铅冶炼污染防治可行技术。
2015年5月	中共中央、国务院印发《关于加快推进生态文明建设的意见》（中发〔2015〕12号）	指出按照减量化、再利用、资源化的原则，加快建立循环型工业、农业、服务业体系，提高全社会资源产出率。完善再生资源回收体系，实行垃圾分类回收，开发利用"城市矿产"，推进秸秆等农林废弃物以及建筑垃圾、餐厨废弃物资源化利用，发展再制造和再生利用产品，鼓励纺织品、汽车轮胎等废旧物品回收利用。组织开展循环经济示范行动，大力推广循环经济典型模式。推进产业循环式组合，促进生产和生活系统的循环链接，构建覆盖全社会的资源循环利用体系。
2015年5月	国务院印发《中国制造2025》（国发〔2015〕28号）	提出全面推行绿色制造，推进资源再生利用产业规范化、规模化发展，强化技术装备支撑，提高大宗工业固体废弃物、废旧金属、废弃电器电子产品等综合利用水平。

时间	名称	主要内容
2015年5月	环保部发布《再生铜、铝、铅、锌工业污染物排放标准》(GB 31574—2015)(公告2015年第27号)	标准规定了再生有色金属(铜、铝、铅、锌)工业企业生产过程中水污染物和大气污染物排放限值、监测和监控要求,对重点区域规定了水污染物和大气污染物特别排放限值。
2015年6月	财政部、国家税务总局联合发布《关于印发<资源综合利用产品和劳务增值税优惠目录>的通知》(财税[2015]78号)	纳税人销售自产的资源综合利用产品和提供资源综合利用劳务(以下称销售综合利用产品和劳务),可享受增值税即征即退政策。明确了再生铜、铝、铅行业的退税比例为30%,废旧轮胎、废橡胶制品退税比例为50%。
2015年6月	质检总局、商务部、海关总署发布公告《关于旧机电产品进口管理有关问题的公告》(公告2015年第76号)	明确由口岸检验检疫机构逐批依据相关产品国家技术规范的强制性要求实施现场检验。经检验,凡不符合安全、卫生、环境保护要求的,由检验检疫机构责令收货人销毁,或出具退货处理通知单并书面告知海关,海关凭退货处理通知单办理退运手续。
2015年6月	工信部发布公告《汽车有害物质和可回收利用率管理要求》(公告2015年第38号)	要求汽车生产企业作为污染控制的责任主体,应积极开展生态设计,遵循易拆解性和可回收利用性的设计原则,采用合理的结构和功能设计,选择无毒无害或低毒低害的绿色环保材料和易于拆解、利用的部件,应用资源利用效率高、环境污染小、易于回收利用的绿色制造技术;积极构建绿色供应链,在全产业链控制有害物质使用,落实材料标识要求。各级汽车零部件和材料供应商应如实提供产品的材料和有害物质使用信息,以利于汽车生产企业对汽车有害物质和可回收利用率的跟踪与分析。
2015年8月	中华人民共和国主席令第三十二号《中华人民共和国促进科技成果转化法(2015年修订)》	新修订《促进科技成果转化法》,就是要加大加快大学、科研机构的成果向企业、向社会转化的速度,转化的效率以及转化的利益机制分配。

时间	名称	主要内容
2015年8月	发改委等四部门发布《关于印发国家循环经济教育示范基地管理办法的通知》（发改办环资〔2015〕2071号）	教育示范基地是指利用自身生产设施展示本区域、本行业、本领域的循环经济链条，向社会公众宣传循环经济理念，推广循环经济典型模式，由国家发展改革委会同教育部、财政部、文化和旅游部（以下简称四部委）确认为国家循环经济教育示范基地的单位。管理办法明确了教育示范基地的申报、审查、建设、运营、验收等事宜。
2015年9月	中共中央、国务院印发《生态文明体制改革总体方案》（中发〔2015〕25号）	提出到2020年，构建起由自然资源资产产权制度、国土空间开发保护制度、空间规划体系、资源总量管理和全面节约制度、资源有偿使用和生态补偿制度、环境治理体系、环境治理和生态保护市场体系、生态文明绩效评价考核和责任追究制度等八项制度构成的产权清晰、多元参与、激励约束并重、系统完整的生态文明制度体系，推进生态文明领域国家治理体系和治理能力现代化，努力走向社会主义生态文明新时代。
2016年1月	工信部发布《关于公布国家资源再生利用重大示范工程的通知》（工信部节〔2015〕468号）	湖北金洋冶金股份有限公司、江西自立环保科技有限公司、贵研资源（易门）有限公司等单位被确定为确定了国家资源再生利用重大示范工程
2016年1月	国家发改委、环保部、工信部发布《再生铅行业清洁生产评价指标体系》（公告2015年第36号）	指标体系规定了再生铅行业清洁生产的一般要求。本指标体系将清洁生产指标分为六类，即生产工艺与装备要求、资源和能源消耗指标、资源综合利用指标、污染物产生指标、产品特征指标和清洁生产管理指标。 本指标体系适用于再生铅企业的清洁生产审核、清洁生产潜力评估、清洁生产绩效评定和公告、环境影响评价、排污许可证、环境领跑者等管理制度。

时间	名称	主要内容
2016年2月	国务院关于印发实施《中华人民共和国促进科技成果转化法》若干规定的通知（国发［2016］16号）	从促进研究开发机构、高等院校技术转移，激励科技人员创新创业，营造科技成果转移转化良好环境三方面落实《中华人民共和国促进科技成果转化法》，打通科技与经济结合的通道，促进大众创业、万众创新，鼓励研究开发机构、高等院校、企业等创新主体及科技人员转移转化科技成果，推进经济提质增效升级。
2016年3月	质检总局、国家标准委印发《关于培育和发展团体标准的指导意见》（国质检标联［2016］109号）	明确培育发展团体标准，是发挥市场在标准化资源配置中的决定性作用、加快构建国家新型标准体系的重要举措。 提出到2020年，市场自主制定的团体标准发展较为成熟，更好满足市场竞争和创新发展的需求。
2016年5月	国务院发布《土壤污染防治行动计划》（国发［2016］31号）	提出加强工业固体废物综合利用。对电子废物、废轮胎、废塑料等再生利用活动进行清理整顿，引导有关企业采用先进适用加工工艺、集聚发展，集中建设和运营污染治理设施，防止污染土壤和地下水。
2016年5月	商务部、发展改革委、工信部等六部门联合发布《关于推进再生资源回收行业转型升级的意见》（商流通函［2016］206号）	指出顺应"互联网+"发展趋势，着力推动再生资源回收模式创新，推动经营模式由粗放型向集约型转变，推动组织形式由劳动密集型向劳动、资本和技术密集型并重转变，建立健全完善的再生资源回收体系。提出树立行业发展的新理念，推广"互联网+回收"的新模式，探索两网协同发展的新机制，探索提高组织化的新途径，探索逆向物流建设的新方式，鼓励应用分拣加工新技术等重点任务。
2016年5月	中共中央、国务院印发《国家创新驱动发展战略纲要》（中发［2016］4号）	《国家创新驱动发展战略纲要》提出，到2020年进入创新型国家行列，基本建成中国特色国家创新体系，有力支撑全面建成小康社会目标的实现；到2030年跻身创新型国家前列，发展驱动力实现根本转换，经济社会发展水平和国

时间	名称	主要内容
2016年5月	中共中央、国务院印发《国家创新驱动发展战略纲要》（中发〔2016〕4号）	际竞争力大幅提升，为建成经济强国和共同富裕社会奠定坚实基础；到2050年建成世界科技创新强国，成为世界主要科学中心和创新高地，为我国建成富强民主文明和谐的社会主义现代化国家、实现中华民族伟大复兴的中国梦提供强大支撑。
2016年5月	国家发展改革委 财政部关于印发《国家循环经济试点示范典型经验的通知》（发改环资〔2016〕965号）	发改委、财政部等部门对部分重点领域工作开展中期评估，并对试点示范中的探索和做法进行了总结分析，形成了一批有益的典型经验。
2016年6月	国务院发布《关于营造良好市场环境促进有色金属工业调结构促转型增效益的指导意见》（国办发〔2016〕42号）	指出提高再生有色金属回收利用技术和装备水平，鼓励企业提高再生有色金属的使用比例。
2016年6月	工信部印发《工业绿色发展规划（2016-2020年）》（工信部规〔2016〕225号）	提出加强资源综合利用，持续推动循环发展。明确加快推动再生资源高效利用及产业规范发展。围绕废钢铁、废有色金属、废纸、废橡胶、废塑料、废油、废弃电器电子产品、报废汽车、废旧纺织品、废旧动力电池、建筑废弃物等主要再生资源，加快先进适用回收利用技术和装备推广应用。积极发展再制造，围绕传统机电产品、高端装备、在役装备等重点领域，实施高端、智能和在役再制造示范工程，打造若干再制造产业示范区。
2016年7月	国务院印发《"十三五"国家科技创新规划》（国发〔2016〕43号）	确定了主要任务：一是增强原始创新能力；二是构筑先发优势；三是依托大众创业、万众创新平台，强化企业在科技创新中的主导作用；四是加快科技体制机制改革步伐，充分调动科技人员积极性。

时间	名称	主要内容
2016年7月	中共中央办公厅、国务院办公厅印发《关于进一步完善中央财政科研项目资金管理等政策的若干意见》（中办发〔2016〕50号）	指出要简化预算编制，下放预算调剂权限；提高间接费用比重，加大绩效激励力度；明确劳务费开支范围，不设比例限制；改进结转结余资金留用处理方式。项目实施期间，年度剩余资金可结转下一年度继续使用；自主规范管理横向经费以及完善中央高校、科研院所差旅会议管理等。
2016年7月	财政部印发《中央级公益性科研院所基本科研业务费专项资金管理办法》（财教〔2016〕268号）	规定科研院所基本科研业务费中支持40岁以下青年科研人员牵头负责科研工作的比例，一般不得低于年度预算的30%。基本科研业务费项目实施期间年度剩余资金可结转下一年度继续使用。
2016年8月	教育部、科技部发布《关于加强高等学校科技成果转移转化工作的若干意见》（教科〔2016〕3号）	鼓励高校与企业、研究开发机构及其他组织联合建立研究开发平台、技术转移机构或技术创新联盟，共同开展研究开发、成果应用与推广、标准研究与制定。提出高校科技人员在履行岗位职责、完成本职工作的前提下，征得学校同意，可以到企业兼职从事科技成果转化。
2016年9月	工信部等四部委发布《绿色制造工程实施指南（2016—2020年）》	明确以再生资源规范企业为依托，加快再生资源技术装备改造升级，深化城市矿产示范基地建设，推动再生资源产业集聚发展，实现再生资源产业集约化、专业化、规模化发展。到2020年，资源循环利用产业产值达到3万亿元。开发资源综合利用适用技术装备。 实施再生资源产业专项。重点开展废旧材料、废旧机电产品等资源化利用，实施废钢加工配送系统，废有色金属、稀贵金属清洁分质高值化利用，废塑料自动分选及高值利用，废旧瓶片制高档纤维，废油除杂重整，废弃电器电子产品整体拆解与多组分资源化利用，报废汽车、船舶、工业设备绿色智能精细拆解与高效分选回收，建筑垃圾生产再生骨料等技术改造升级。到2020年，主要再生资源利用率达到75%。

时间	名称	主要内容
2016年9月	工信部发布《关于开展绿色制造体系建设的通知》（工信厅节函〔2016〕586号）	提出到2020年，绿色制造体系初步建立，绿色制造相关标准体系和评价体系基本建成，在重点行业出台100项绿色设计产品评价标准、10～20项绿色工厂标准，建立绿色园区、绿色供应链标准，发布绿色制造第三方评价实施规则、程序，制定第三方评价机构管理办法，遴选一批第三方评价机构，建设百家绿色园区和千家绿色工厂，开发万种绿色产品，创建绿色供应链，绿色制造市场化推进机制基本完成，逐步建立集信息交流传递、示范案例宣传等为一体的线上绿色制造公共服务平台，培育一批具有特色的专业化绿色制造服务机构。
2016年9月	科技部、质检总局、国家标准委发布《关于在国家科技计划专项实施中加强技术标准研制工作的指导意见》（国科发资〔2016〕301号）	指出根据专项项目（课题）预期成果的应用范围和技术成熟度等特点，在加强知识产权保护的同时，可考虑研制国际标准、国家标准、国家标准化指导性技术文件、行业标准或地方标准。支持在研或已结题验收的专项项目（课题）产出应用前景广、市场需求大的成果转化为技术标准，加速科技成果产业化、市场化应用进程。
2016年10月	工信部发布《有色金属工业发展规划（2016—2020年）》（工信部规〔2016〕316号）	提出大力发展循环经济，充分利用"互联网+"，依托"城市矿产"示范基地和进口再生资源加工园区，创新回收模式，完善国内回收和交易体系，突破再生资源智能化识别分选、冶金分离、杂质控制和有毒元素无害化处理等共性关键技术和装备，提高有价元素回收和保级升级再利用水平。支持以废杂铜为原料生产高值铜加工产品，支持废旧易拉罐保级利用示范工程的建设和推广，支持利用现有矿铜、铅、锌冶炼技术和装备处理含铅、含铜、含锌二次资源。

时间	名称	主要内容
2016年10月	财政部、教育部关于印发《中央高校基本科研业务费管理办法》（财教〔2016〕277号）	提出重点支持40周岁以下青年教师提升基本科研能力；支持在校优秀学生提升科研创新能力；支持优秀创新团队建设；开展多学科交叉的基础性、支撑性和战略性研究；加强科技基础性工作。
2016年10月	工信部印发《产业技术创新能力发展规划（2016—2020年）》（工信部规〔2016〕344号）	提出健全以企业为主体、市场为导向、政产学研用相结合的产业技术创新体系，着力突破重点领域共性关键技术，加速科技成果转化为现实生产力，提高关键环节和重点领域的创新能力。提出6大重点任务，包括完善产业创新体系、强化企业技术创新主体地位、加大共性关键技术开发力度、提升企业知识产权运用能力、完善综合标准化体系等、培育区域创新能力等。
2016年11月	国务院印发《"十三五"生态环境保护规划》（国发〔2016〕65号）	提出促进绿色制造和绿色产品生产供给。从设计、原料、生产、采购、物流、回收等全流程强化产品全生命周期绿色管理。推动循环发展。依托国家"城市矿产"示范基地，培育一批回收和综合利用骨干企业、再生资源利用产业基地和园区。健全再生资源回收利用网络，规范完善废钢铁、废旧轮胎、废旧纺织品与服装、废塑料、废旧动力电池等综合利用行业管理。尝试建立逆向回收渠道，推广"互联网+回收"、智能回收等新型回收方式，实行生产者责任延伸制度。
2016年11月	环保部、科技部发布《国家环境保护"十三五"科技发展规划纲要》（环科技〔2016〕160号）	指出，加强固体废物资源化利用技术研究，研发废弃液晶显示器、废锂电池、废晶体硅太阳能电池板、废旧荧光灯、废旧稀土、汽车尾气废催化剂等废物中贵重金属回收和污染控制，以及建筑废物、废塑料、废橡胶和废玻璃等的高附加值资源化循环利用关键技术。研究废物生产者责任延伸制度建立的关键支撑技术。

时间	名称	主要内容
2016年11月	国务院印发《"十三五"国家战略性新兴产业发展规划》（国发〔2016〕67号）	提出深入推进资源循环利用，发展再制造产业，完善资源循环利用基础设施，推动资源循环利用产业发展壮大。促进"城市矿产"开发和低值废弃物利用。提高废弃电器电子产品、报废汽车拆解利用技术装备水平，促进废有色金属、废塑料加工利用集聚化、规模化发展。积极开展废旧动力蓄电池、回收利用，推广稀贵金属高效富集与清洁回收利用、电动汽车动力蓄电池梯级利用等。支持发展再制造产业，加强机械产品再制造无损检测、绿色高效清洗、自动化表面与体积修复等技术攻关和装备研发，加快产业化应用。
2016年12月	工信部发布《再生铅行业规范条件》（公告2016年第60号）	新增建设再生铅项目时，厂址与危险废物集中贮存设施与周围人群和敏感区域不少于1公里，明确规定"废铅蓄电池预处理项目规模应在10万吨/年以上，预处理-熔炼项目再生铅规模应在6万吨/年以上。增加了对预处理产物利用方式、配套环保设施和技术的要求。量化了对回收环节的约束，如"废铅蓄电池破损率不能超过5%"。
2016年12月	国家发改委、科技部等四部门印发《"十三五"节能环保产业发展规划》（发改环资〔2016〕2686号）	提出加快开发报废汽车和废旧电器电子产品的智能拆解和拆解物自动化分选等关键技术装备，研发废旧塑料的改性改质技术。开展报废动力蓄电池资源化利用及无害化处理技术。研发推广生物表面处理、自动化纳米颗粒复合电刷镀、自动化高速电弧喷涂等再制造产品表面处理技术和废旧汽车发动机、机床、电机、盾构机等无损再制造技术，突破自动化激光熔覆成形、自动化微束等离子熔覆、在役再制造等关键共性技术。开发基于监测诊断的个性化设计、自动化高效解体、零部件绿色清洗、再制造产品疲劳检测与服役寿命评估等技术。

时间	名称	主要内容
2016年12月	环保部发布《铅蓄电池再生及生产污染防治技术政策》（公告2016年 第82号）	源头上鼓励废铅蓄电池再生企业推进技术升级，提高再生铅熔炼各工序中铅、锑、砷、镉等元素的回收率，严格控制重金属排放量。再生过程鼓励采用离子交换或离子膜反渗透等处理技术回收利用废铅蓄电池内的废酸。并要求在废塑料、废隔板纸和废橡胶的分选、清洗、破碎和干燥等工艺中应采用节水、节能、高效、低污染的技术和设备。
2016年12月	环保部发布《废电池污染防治技术政策》（公告2016年 第82号）	适用于各种电池在生产、运输、销售、贮存、使用、维修、利用、再制造等过程中产生的混合废料、不合格产品、报废产品和过期产品的污染防治。重点控制的废电池包括废的铅蓄电池、锂离子电池、氢镍电池、镉镍电池和含汞扣式电池。
2016年12月	国务院办公厅印发《生产者责任延伸制度推行方案》（国办发［2016］99号）	率先确定对电器电子、汽车、铅酸蓄电池和包装物等4类产品实施生产者责任延伸制度，到2020年，生产者责任延伸制度相关政策体系初步形成，产品生态设计取得重大进展，重点品种的废弃产品规范回收与循环利用率平均达到40%。到2025年，生产者责任延伸制度相关法律法规基本完善，重点领域生产者责任延伸制度运行有序，产品生态设计普遍推行，重点产品的再生原料使用比例达到20%，废弃产品规范回收与循环利用率平均达到50%。
2016年12月	科技部印发《国家重点研发计划资金管理办法》（财科教［2016］113号）	与原科技计划资金管理办法相比，将会议、差旅、国际合作交流费合并为一个科目，该科目支出预算不超过直接费用预算10%的，不用提供编制测算依据。完善了燃料动力费管理要求，取消了单独计量的限定条件。大部分直接费用科目调剂，由课题承担单位受理批准。完成课题任务目标并通过财务验收，且承担单位

时间	名称	主要内容
2016年12月	科技部印发《国家重点研发计划资金管理办法》（财科教〔2016〕113号）	信用评价好的，结余资金在财务验收完成后两年内由承担单位统筹安排用于科研活动的直接支出。提高了间接费用的比例，直接费用扣除设备购置费后的比例上限，由原来的20%、13%、10%提高到20%、15%、13%。取消了间接费用中的绩效支出比例限制。明确参与项目研究的研究生、博士后、访问学者以及项目聘用的研究人员、科研辅助人员，如项目层面聘用的财务助理等，均可开支劳务费。劳务费预算据实编制，并不设比例限制。
2016年12月	国务院印发《"十三五"节能减排综合工作方案》（国发〔2016〕74号）	提出促进资源循环利用产业提质升级。依托国家"城市矿产"示范基地，促进资源再生利用企业集聚化、园区化、区域协同化布局，提升再生资源利用行业清洁化、高值化水平。实行生产者责任延伸制度。推进动力蓄电池梯级利用和规范回收处理。大力发展再制造产业，推动汽车零部件及大型工业装备、办公设备等产品再制造。规范再制造服务体系，建立健全再生产品、再制造产品的推广应用机制。到2020年，再生资源回收利用产业产值达到1.5万亿元，再制造产业产值超过1000亿元。
2017年1月	国家发改委、统计局等四部门印发《循环经济发展评价指标体系（2017年版）》（发改环资〔2016〕2749号）	资源循环利用（综合利用）指标的选择，在城市指标方面，重点从再生资源回收、城市典型废弃物处理、城市污水资源化等方面进行考察，包括主要再生资源回收率、城市餐厨废弃物资源化处理率、城市建筑垃圾资源化处理率、城市再生水利用率等指标。
2016年12月	工信部、商务部、科技部印发《关于加快推进再生资源产业发展的指导意见》（工信部联节〔2016〕440号）	要求以再生资源产业转型升级为主线，以创新体制机制为保障，加强法规标准建设，提升产业技术装备水平，提高再生资源产品附加值，加快推动再生资源产业绿色化、循环化、

时间	名称	主要内容
2016年12月	工信部、商务部、科技部印发《关于加快推进再生资源产业发展的指导意见》（工信部联节〔2016〕440号）	协同化、高值化、专业化、集群化发展。在废有色金属、废塑料、废弃电器电子产品资源化利用等重点领域，依靠技术创新驱动，实现规模化发展。
2017年3月	财政部、科技部等四部门发布《关于进一步做好中央财政科研项目资金管理等政策贯彻落实工作的通知》（财科教〔2017〕6号）	要求加强结余资金统筹管理。对于完成任务目标并一次性通过验收的项目，验收结论确定的结余资金全部留归项目承担单位使用，由其统筹用于本单位科研活动的直接支出。2年后（自验收结论下达后次年的1月1日起计算）结余资金未用完的，按规定原渠道收回。未一次性通过验收的项目，结余资金按规定原渠道收回。
2017年3月	国务院办公厅转发《生活垃圾分类制度实施方案》（国办发〔2017〕26号）	提出推动建设一批以企业为主导的生活垃圾资源化产业技术创新战略联盟及技术研发基地；要求严格落实国家对资源综合利用的税收优惠政策；鼓励回收利用企业将再生资源送钢铁、有色、造纸、塑料加工等企业实现安全、环保利用。
2017年4月	科技部发布《"十三五"先进制造技术领域科技创新专项规划》（国科发高〔2017〕89号）	提出在资源循环利用核心技术方面，突破典型机械装备及零部件智能再制造和流程行业在役再制造关键技术，推动再制造成套技术与装备水平上台阶及产业模式创新，培育形成从旧件到再制造产品的循环产业链，提高再制造效率及其产业附加值。掌握大宗材料高效、精细化、高附加值资源化技术和装备，推进资源再生利用产业规范化、规模化发展，逐步扩大产业规模，提升资源化效率及其产业附加值，培育形成新的经济增长点。
2017年4月	科技部、发展改革委等十五个部委联合印发《"十三五"国家技术创新工程规划》（国科发创〔2017〕104号）	明确提出：引导联盟开展产业技术研发创新，强化联盟在制定技术标准、编制产业技术路线图、加快技术转移和成果转化、构建和完善产业创新链等方面的重要作用。探索依托

时间	名称	主要内容
2017年4月	科技部、发展改革委等十五个部委联合印发《"十三五"国家技术创新工程规划》（国科发创〔2017〕104号）	联盟成员单位建设国家科技创新基地，鼓励联盟在自愿基础上构建协同创新网络，搭建联盟自组织与协同互动的桥梁与平台，促进联盟交流，引导联盟健康发展。发挥联盟示范带动作用，鼓励承担国家重大科技计划和任务的实施。
2017年4月	国家发改委等十四部门联合关于《循环发展引领行动》（发改环资〔2017〕751号）	指出要促进再生资源回收利用提质升级，完善再生资源回收体系。推动传统销售企业、电商、物流公司等利用销售配送网络，建立逆向物流回收体系。支持再生资源企业利用互联网、物联网技术，建立线上线下融合的回收网络。鼓励再生资源企业与各类产废企业合作，建立适合产业特点的回收模式。因地制宜推广回收机、回收超市等回收方式。支持再制造产业化、规范化、规模化发展，推动重点品种再制造。严格质量和标识管理，推进汽车零部件、工程机械、大型工业装备、办公设备等的再制造。继续推进大型轮胎翻新。继续开展机电产品再制造试点，支持再制造企业技术升级改造。
2017年5月	科技部、环保部等五部门印发了《"十三五"环境领域科技创新专项规划》（国科发社〔2017〕119号）	内容涵盖大气污染成因与综合控制、水环境质量改善与生态修复、土壤污染防治与安全保障、退化生态环境恢复与生态安全调控、废物综合管控与绿色循环利用、化学品风险控制与环境健康、环境国际公约履约、核与辐射安全监管、环境基准与标准体系建设、重点区域生态环境综合治理等方向。在废物综合管控与绿色循环利用重点任务主要包括典型工业固废源头减量与清洁利用技术、城镇与农林生物质废物资源化与能源化利用技术、新兴城市矿产精细化高值利用技术、固废资源化管理决策支撑技术。

时间	名称	主要内容
2017年5月	科技部、国土资源部、水利部印发《"十三五"资源领域科技创新专项规划》（国科发社［2017］128号）	提到再生资源回收利用，主要开展报废汽车、废轮胎、废塑料、废纸、废矿物油等废旧消费品资源收运与清洁再生利用基础理论、废弃电子产品回收和增值化利用、难处理废弃高分子产品清洁再生、废旧钢铁再生利用、再生有色金属二次资源清洁循环和保质利用、城市矿山开发利用、废旧稀有稀散稀土金属高效分离提取等方面的研究。在机电产品再制造方面，针对推进高端再制造、智能再制造和在役再制造过程中需要解决的重大技术，面向航空发动机、燃气轮机、盾构机等大型成套设备及复印机、医疗设备、模具等，重点开展再制造表面工程、增材制造、疲劳检测与剩余寿命评估等关键技术研究。
2017年5月	工信部印发《工业节能与绿色标准化行动计划（2017—2019年）》（工信部节［2017］110号）	明确到2020年再生资源利用等领域制修订标准300项，鼓励社会组织和产业技术联盟协调相关市场主体共同制定满足市场和创新需要的标准，是标准化工作改革的既定方向。
2017年6月	科技部、质检总局、国家标准委联合发布《"十三五"技术标准科技创新规划》（国科发基［2017］175号）	明确支持企业、科研机构、高等院校等依托产业技术创新战略联盟、行业协会（学会）等社会团体，建立和完善利益共建共享和知识产权保护相关机制措施，及时将创新技术和产品制定为联盟标准或团体标准。
2017年6月	科技部、财政部关于印发《国家重点研发计划管理暂行办法》（国科发资［2017］152号）	国家重点研发计划按照重点专项、项目分层次管理。重点专项是国家重点研发计划组织实施的载体，聚焦国家重大战略任务，以目标为导向，从基础前沿、重大共性关键技术到应用示范进行全链条创新设计、一体化组织实施。项目是国家重点研发计划组织实施的基本单元。项目可根据需要下设一定数量的课题。

时间	名称	主要内容
2017年8月	国务院办公厅印发《禁止洋垃圾入境推进固体废物进口管理制度改革实施方案》（国办发［2017］70号）	提出严格固体废物进口管理，2017年年底前，全面禁止进口环境危害大、群众反映强烈的固体废物；2019年年底前，逐步停止进口国内资源可以替代的固体废物。通过持续加强对固体废物进口、运输、利用等各环节的监管，确保生态环境安全。保持打击洋垃圾走私高压态势，彻底堵住洋垃圾入境。提高国内固体废物回收利用率。加快国内固体废物回收利用体系建设，建立健全生产者责任延伸制，推进城乡生活垃圾分类，提高国内固体废物的回收利用率，到2020年，将国内固体废物回收量由2015年的2.46亿吨提高到3.5亿吨。
2017年8月	环保部等六部门发布《关于联合开展电子废物、废轮胎、废塑料、废旧衣服、废家电拆解等再生利用行业清理整顿的通知》（环办土壤函［2017］1240号）	要求督促地方清理整顿电子废物、废轮胎、废塑料、废旧衣服、废家电拆解等再生利用活动；取缔一批污染严重、群众反映强烈的非法加工利用小作坊、"散乱污"企业和集散地，增强人民群众获得感；引导有关企业采用先进适用加工工艺，集聚发展，集中建设和运营污染治理设施，防止污染土壤和地下水。
2017年8月	国税总局印发《关于进一步加强再生物资回收行业增值税管理有关问题的通知》	要求各级国税机关务必高度重视再生物资回收行业出现的相关税收问题，认真梳理、排查本地区存在的税收风险隐患，剖析问题产生原因，切实采取有力措施，加强行业税收管理。问题突出的重点地区，国税机关要主动向当地政府汇报有关情况，积极争取理解与支持，加强与财政、公安等部门的沟通配合，形成管理合力，进一步规范行业税收秩序。
2017年8月	科技部印发《国家重点研发计划重点专项项目预算编报指南》和《国家重点研发计划重点专项项目预算评估规范》（国科发资［2017］261号）	明确了重点专项项目预算由收入预算与支出预算构成。收入预算包括中央财政资金和其他来源资金（包括地方财政资金、单位自筹资金和从其他渠道获得的资金）。对于其他来源资金，应充分考虑各渠道的情况，不得使用货币资金之外的资产或其他中央财政资金作为资金

时间	名称	主要内容
2017年8月	科技部印发《国家重点研发计划重点专项项目预算编报指南》和《国家重点研发计划重点专项项目预算评估规范》（国科发资〔2017〕261号）	来源。支出预算应当按照《国家重点研发计划资金管理办法》确定的支出科目和不同来源分别编列，并与项目研究开发任务密切相关。
2017年8月	环保部发布《固体废物鉴别标准 通则》（公告2017年第44号）	实施本标准可促进固体废物资源化再生和生态循环技术的发展，提高固体废物综合利用和处置效率，使其向综合利用产品转换更通畅。
2017年9月	国务院印发《国家技术转移体系建设方案》（国发〔2017〕44号）	首次提出了国家技术转移体系的概念，最突出的特点是设计出了一个体系框架，着力对现有技术转移体系做出进一步的优化和完善，把促进科技成果转移转化的现有工作和各个环节勾连起来，使之更加适应科技创新规律、技术转移规律和产业发展规律。还明确了进一步促进科技成果转移转化的改革突破方向，优化政策环境。提出了"两步走"的目标：第一步，到2020年，适应新形势的国家技术转移体系基本建成，有利于科技成果资本化、产业化的体制机制基本建立；第二步，到2025年，结构合理、功能完善、体制健全、运行高效的国家技术转移体系全面建成，科技成果的扩散、流动、共享、应用更加顺畅。
2017年10月	国务院办公厅印发《关于积极推进供应链创新与应用的指导意见》（国办发〔2017〕84号）	提出建立逆向物流体系，鼓励建立基于供应链的废旧资源回收利用平台，建设线上废弃物和再生资源交易市场。落实生产者责任延伸制度，重点针对电器电子、汽车产品、轮胎、蓄电池和包装物等产品，优化供应链逆向物流网点布局，促进产品回收和再制造发展。
2017年10月	工信部发布《关于加快推进环保装备制造业发展的指导意见》（工信部节〔2017〕250号）	指出在资源综合利用装备方面，重点研发基于物联网与大数据的智能型综合利用技术装备，研发推广与污染物末端治理相融合的综合利用装备。在废旧电子电器、报废汽车、废

时间	名称	主要内容
2017年10月	工信部发布《关于加快推进环保装备制造业发展的指导意见》（工信部节〔2017〕250号）	金属、废轮胎等再生资源领域研发智能化拆解、精细分选及综合利用关键技术装备，推广应用大型成套利用的环保装备。加快研发废塑料、废橡胶的改性改质技术，以及废旧纺织品、废脱硝催化剂、废动力电池、废太阳能板的无害化、资源化、成套化处理利用技术装备。
2017年10月	国家发改委等三部门印发《关于推进资源循环利用基地建设的指导意见》（发改办环资〔2017〕1778号）	提出到2020年，在全国范围内布局建设50个左右资源循环利用基地，基地服务区域的废弃物资源化利用率提高30%以上，探索形成一批与城市绿色发展相适应的废弃物处理模式，切实为城市绿色循环发展提供保障。
2017年10月	工信部印发《高端智能再制造行动计划（2018—2020年）》（工信部节〔2017〕265号）	提出到2020年，突破一批制约我国高端智能再制造发展的拆解、检测、成形加工等关键共性技术，智能检测、成形加工技术达到国际先进水平；发布50项高端智能再制造管理、技术、装备及评价等标准；初步建立可复制推广的再制造产品应用市场化机制；推动建立100家高端智能再制造示范企业、技术研发中心、服务企业、信息服务平台、产业集聚区等，带动我国再制造产业规模达到2000亿元。
2017年11月	环保部发布《限制进口类可用作原料的固体废物环境保护管理规定》（国环规土壤〔2017〕6号）	明确了申请进口限制进口类固体废物许可应当具备的条件，提出申请进口限制进口类固体废物的企业应当为实际从事加工利用的企业，具有加工利用所申请进口固体废物的场地、设施、设备及配套的污染防治设施和措施，并符合国家或者地方环境保护标准规范的要求。符合建设项目环境保护管理有关规定。依法依规应当取得排污许可证的，应在规定时限内申领排污许可证，并严格按证排放污染物。不得委托其他企业代理进口等规定。

时间	名称	主要内容
2018年1月	住房城乡建设部印发《关于加快推进部分重点城市生活垃圾分类工作的通知》（建城〔2017〕253号）	要求2020年底前，46个重点城市基本建成生活垃圾分类处理系统，基本形成相应的法律法规和标准体系，形成一批可复制、可推广的模式。在进入焚烧和填埋设施之前，可回收物和易腐垃圾的回收利用率合计达到35%以上。2035年前，46个重点城市全面建立城市生活垃圾分类制度，垃圾分类达到国际先进水平。
2018年1月	教育部等六部门发布《关于在学校推进生活垃圾分类管理工作的通知》（教发厅〔2018〕2号）	要求各地教育部门要加大科研经费投入，积极支持生活垃圾分类科研项目立项。高等学校要充分发挥在科学研究和社会服务的传统优势，大力开展垃圾减量化、资源化、无害化研究，推动厨余垃圾处理等技术创新，促进科研成果转化，提高生活垃圾分类处理能力和生活垃圾资源化率，力争为社会提供可借鉴、可推广的生活垃圾分类处置实用技术。
2018年1月	工信部等六部门联合发布《新能源汽车动力蓄电池回收利用管理暂行办法》（工信部联节〔2018〕43号）	提出落实生产者责任延伸制度，汽车生产企业承担动力蓄电池回收的主体责任，相关企业在动力蓄电池回收利用各环节履行相应责任，保障动力蓄电池的有效利用和环保处置。坚持产品全生命周期理念，遵循环境效益、社会效益和经济效益有机统一的原则，充分发挥市场作用。国家支持开展动力蓄电池回收利用的科学技术研究，引导产学研协作，鼓励开展梯次利用和再生利用，推动动力蓄电池回收利用模式创新。
2018年2月	工信部、科技部等七部委发布《新能源汽车动力蓄电池回收利用试点实施方案》（工信部联节函〔2018〕68号）	明确到2020年，建立完善动力蓄电池回收利用体系，探索形成动力蓄电池回收利用创新商业合作模式。建设若干再生利用示范生产线，建设一批退役动力蓄电池高效回收、高值利用的先进示范项目，培育一批动力蓄电池回收利用标杆企业，研发推广一批动力蓄电池回收利用关键技术，发布一批动力蓄电池回收利用相关技术标准，研究提出促进动力蓄电池回收利用的政策措施。

时间	名称	主要内容
2018年3月	环保部审议通过《关于全面落实〈禁止洋垃圾入境推进固体废物进口管理制度改革实施方案〉2018—2020年行动方案》《进口固体废物加工利用企业环境违法问题专项督查行动方案（2018年）》	要坚定不移、不折不扣地落实好这项工作。要着眼于推动高质量发展，统筹考虑行动方案目标任务，全面提升我国固体废物污染防治水平。要加强部门间协调沟通，加大信息共享及联动执法力度，建立长效工作机制。要进一步完善监管制度，强化洋垃圾非法入境管控，深入实施全过程监管，确保各项任务落实到位。
2018年5月	国家发改委、住建部发布《关于推进资源循环利用基地建设的通知》（发改办环资〔2018〕502号）	明确资源循环利用基地建设不铺新摊子，主要利用现有资源，报备的基地原则上应是在建基地，具备相关建设规划、取得基地建设用地和项目前期开工手续。要包括基地的公共基础设施及平台项目、各类再生资源循环利用项目等。经两部委备案的基地，在建设期内，可按照中央预算内投资生态文明建设专项管理暂行办法申请补助。
2018年5月	中共中央、国务院印发《关于进一步加强科研诚信建设的若干意见》	提出，科技计划管理部门要加强科技计划的科研诚信管理，建立健全以诚信为基础的科技计划监管机制，将科研诚信要求融入科技计划管理全过程。加强立项评审、项目管理、验收评估等科技计划全过程和项目承担单位、评审专家等科技计划各类主体的科研诚信管理，对违背科研诚信要求的行为要严肃查处。不得弄虚作假，骗取科技计划（专项、基金等）项目、科研经费以及奖励、荣誉等；不得有其他违背科研诚信要求的行为。
2018年6月	中办、国办印发《关于深化项目评审、人才评价、机构评估改革的意见》	提出完善项目指南编制和发布机制。国家科技计划项目指南编制工作应采取有效方式充分吸收相关部门、行业、地方以及产业界、科技社团、社会公众共同参与。项目体量应大小

时间	名称	主要内容
2018年6月	中办、国办印发《关于深化项目评审、人才评价、机构评估改革的意见》	适中，目标集中明确，合理设置课题及参加单位数量，确保下设各课题任务紧密关联形成有机整体，避免拼凑组团和执行中的碎片化。建设完善严重失信行为记录信息系统，对纳入系统的严重失信行为责任主体实行"一票否决"，一定期限、一定范围内禁止其获得政府奖励和申报政府科技项目等。
2018年7月	工信部发布《新能源汽车动力蓄电池回收利用溯源管理暂行规定》（公告2018年第35号）	提出，对动力蓄电池生产、销售、使用、报废、回收、利用等全过程进行信息采集，对各环节主体履行回收利用责任情况实施监测。在本规定施行12个月内将相关溯源信息补传至溯源管理平台。进行厂商代码申请和编码规则备案，对本企业生产的动力蓄电池或梯次利用电池产品进行编码标识。报废汽车回收拆解企业应在接收报废新能源汽车，并出具《报废汽车回收证明》后15个工作日内上传信息；梯次利用企业应在梯次利用电池产品出库后15个工作日内上传信息；再生利用企业应在废旧动力蓄电池接收入库后30个工作日内上传信息。
2018年7月	国务院发布《关于优化科研管理 提升科研绩效若干措施的通知》（国发〔2018〕25号）	要求赋予科研人员更大的人、财、物自主支配权，减轻科研人员负担，充分释放创新活力，调动科研人员积极性。提出简化科研项目申报和过程管理。合并财务验收和技术验收。推行"材料一次报送"制度。赋予科研人员更大技术路线决策权。赋予科研单位科研项目经费管理使用自主权。避免重复多头检查等多项措施。

时间	名称	主要内容
2018年7月	工信部等七部门发布《关于做好新能源汽车动力蓄电池回收利用试点工作的通知》（工信部联节函〔2018〕68号）	确定京津冀地区、山西省、上海市、江苏省、浙江省、安徽省、江西省、河南省、湖北省、湖南省、广东省、广西壮族自治区、四川省、甘肃省、青海省、宁波市、厦门市及中国铁塔股份有限公司为试点地区和企业。
2018年8月	生态环境部发布《排污许可证申请与核发技术规范 有色金属工业—再生金属》（公告2018年第33号）	规定了再生有色金属排污单位排污许可证申请与核发的基本情况填报要求、许可排放限值确定、实际排放量核算、合规判定的方法以及自行监测、环境管理台账与排污许可证执行报告等环境管理要求，提出了再生有色金属污染防治可行技术要求。
2018年9月	科技部印发《关于科技创新支撑生态环境保护和打好污染防治攻坚战的实施意见》	强调，要全面贯彻党的十九大精神，以习近平新时代中国特色社会主义思想为指导，紧紧围绕统筹推进"五位一体"总体布局和协调推进"四个全面"战略布局，充分发挥创新驱动是打好污染防治攻坚战、建设生态文明基本动力的重要作用，统筹推进技术研发、应用推广和带动产业发展，探索环境科技创新与环境政策管理创新协同联动，支撑引领生态环境保护和打好污染防治攻坚战，培育和壮大环保科技产业，引领美丽中国建设。
2018年11月	科技部等五部门发布《关于开展清理"唯论文、唯职称、唯学历、唯奖项"专项行动的通知》（国科发政〔2018〕210号）	明确科技部要重点清理科技计划项目、人才项目、国家科学技术奖励以及所属事业单位职称评审等活动中涉及"四唯"的做法。教育部要重点清理学科评估、"双一流"建设、人才项目等活动中涉及"四唯"的做法。人力资源社会保障部要重点清理职称评审等活动中涉及"四唯"的做法。对各类考核评价条件和指标中涉及"四唯"的内容进行调整，具体表现形式包括但不限于评价指标体系、评价手册、评审细则等。

时间	名称	主要内容
2018年11月	国家发改委等四十一个部门联合印发《关于对科研领域相关失信责任主体实施联合惩戒的合作备忘录》（发改财金〔2018〕1600号）	联合惩戒对象为在科研领域存在严重失信行为，列入科研诚信严重失信行为记录名单的相关责任主体，包括科技计划（专项、基金等）及项目的承担人员、评估人员、评审专家、科研服务人员和科学技术奖候选人、获奖人、提名人等自然人，项目承担单位、项目管理专业机构、中介服务机构、科学技术奖提名单位、全国学会等法人机构。
2018年12月	科技部等三部门印发《进一步深化管理改革 激发创新活力确保完成国家科技重大专项既定目标的十项措施》（国科发重〔2018〕315号）	十项措施包括明确课题申报和批复程序要求；减少实施周期内的各类评估、检查、抽查、审计等活动；精简课题验收程序；实现信息互联共享；赋予重大专项科研人员更大的技术路线决策权；进一步优化概预算管理方式；开展基于绩效、诚信和能力的重大专项科研管理改革试点；完善以增加知识价值为导向的激励措施；加大特殊人才薪酬激励力度；弘扬科学精神，转变科研作风。
2018年12月	生态环境部、商务部、国家发改委、海关总署等四部委关于调整《进口废物管理目录》的公告（联合公告〔2018〕第6号）	将废钢铁、铜废碎料、铝废碎料等8个品种固体废物（见附件），从《非限制进口类可用作原料的固体废物目录》调入《限制进口类可用作原料的固体废物目录》，自2019年7月1日起执行。
2018年12月	科技部印发《国家重点研发计划项目综合绩效评价工作规范（试行）》（国科办资〔2018〕107号）	明确国家重点研发计划项目实施期满后，项目管理专业机构（以下简称专业机构）应立即启动综合绩效评价工作。项目因故不能按期完成须申请延期的，项目牵头单位应于项目执行期结束前6个月提出延期申请，经专业机构提出意见报科技部审核后，由专业机构批复。项目延期原则上只能申请1次，延期时间原则上不超过1年。

时间	名称	主要内容
2018年12月	生态环境部印发《关于促进生态环境科技成果转化的指导意见》（环科财函〔2018〕175号）	对生态环境科技成果转化范畴进行了清晰明确的定义，提出构建科技成果转化综合服务平台、提升科技成果转化创新能力、健全科技成果评估体系、开展科技成果推广应用、建设科技成果转化示范区等五项重点任务；指出各有关部门应健全科技成果转化工作体系，进一步加强对科技成果转化工作的统筹、协调、指导和监督，依托科技成果转化综合服务平台开展科技成果转化和推广工作。
2019年1月	国家发改委与工信部联合印发《关于推进大宗固体废弃物综合利用产业集聚发展的通知》（发改办环资〔2019〕44号）	提出，到2020年，我国将建设50个大宗固体废弃物综合利用基地、50个工业资源综合利用基地，基地废弃物综合利用率达到75%以上，形成多途径、高附加值的综合利用发展新格局。
2019年1月	中央全面深化改革委员会第六次会议审议通过了《关于构建市场导向的绿色技术创新体系的指导意见》	指出绿色技术创新是绿色发展的重要动力，是打好污染防治攻坚战、推进生态文明建设、促进高质量发展的重要支撑。要以解决资源环境生态突出问题为目标，坚持市场导向，强化绿色引领，加快构建企业为主体、产学研深度融合、基础设施和服务体系完备、资源配置高效、成果转化顺畅的绿色技术创新体系，推动研究开发、应用推广、产业发展贯通融合。
2019年1月	科技部、财政部印发《关于进一步优化国家重点研发计划项目和资金管理的通知》（国科发资〔2019〕45号）	自发布之日起施行，《国家重点研发计划管理暂行办法》（国科发资〔2017〕152号）、《国家重点研发计划资金管理办法》（财科教〔2016〕113号）和改革前计划有关管理办法等相关规定与本通知要求不一致的，以本通知为准。
2019年1月	生态环境部等9部委联合印发《废铅蓄电池污染防治行动方案》（环办固体〔2019〕3号）	要求建立铅蓄电池相关行业企业清单，分别建立铅蓄电池生产、原生铅和再生铅等重点企业清单；严厉打击非法生产销售行为；对列入铅蓄电池生产、原生铅和再生铅企业清单的企业，依法实施强制性清洁生产审核，两次清洁生产审核的间隔时间不得超过五年。推进铅酸蓄电池生产者责任延伸制度等。到2020年，铅蓄电池生产企业通过落实生产者责任延伸制度实现废铅蓄电池规范收集率达到40%；到2025年，废铅蓄电池规范收集率达到70%；规范收集的废铅蓄电池全部安全利用处置。

时间	名称	主要内容
2019年1月	生态环境部、交通运输部联合印发《铅蓄电池生产企业集中收集和跨区域转运制度试点工作方案》（环办固体〔2019〕5号）	提出到2020年，试点地区铅蓄电池领域的生产者责任延伸制度体系基本形成，废铅蓄电池集中收集和跨区域转运制度体系初步建立，有效防控废铅蓄电池环境风险；试点单位在试点地区的废铅蓄电池规范回收率达到40%以上。
2019年1月	工信部等三部门印发《关于加强绿色数据中心建设的指导意见》	要求加强废旧电器电子产品处理。加快高耗能设备淘汰，指导数据中心科学制定老旧设备更新方案，建立规范化、可追溯的产品应用档案，并与产品生产企业、有相应资质的回收企业共同建立废旧电器电子产品回收体系。在满足可靠性要求的前提下，试点梯次利用动力电池作为数据中心削峰填谷的储能电池。推动产品生产、回收企业加快废旧电器电子产品资源化利用，推行产品源头控制、绿色生产，在产品全生命周期中最大限度提升资源利用效率。
2019年2月	发改委等7部门发布《绿色产业指导目录（2019年版）》（发改环资〔2019〕293号）	包含汽车零部件及机电产品再制造装备制造，包括高效环保拆解清洗设备，纳米颗粒复合电刷镀、高速电弧喷涂、等离子熔覆等关键装备，微纳米表面工程、高密度能源的先进材料制备与成型一体化装备等装备制造。资源再生利用装备制造，包括再生金属制造装备，废橡胶、废塑料及轮胎翻新无害化再生利用装备，废旧机电产品无害化再生利用装备，报废汽车拆解和再生利用装备，废旧新能源汽车动力蓄电池回收利用装备，废旧太阳能设备再生利用装备，废旧纺织品无害化再生利用装备，废矿物油再生利用装备，废弃生物质再生利用装备，玻璃、废纸等非金属材料无害化再生利用装备等装备制造。
2019年5月	国家发改委、科技部印发《关于构建市场导向的绿色技术创新体系的指导意见》（发改环资〔2019〕689号）	提出支持龙头企业整合高校、科研院所、产业园区等力量建立具有独立法人地位、市场化运行的绿色技术创新联合体。发挥龙头企业、骨干企业带动作用，企业牵头，联合高校、科研院所、中介机构、金融资本等共同参与，依法依规建立一批分领域、分类别的专业绿色技术创新联盟。更大力度实施绿色技术领域产学研合作协同育人项目，支持联盟整合产业链上下游资源，联合开展绿色技术创新技术攻关研究。

再生资源产业技术创新战略联盟成立十年大事记

中国再生资源行业创新十年

（2009年～2019年3月）

基于国家大力发展战略性新兴产业的需要，中国再生资源产业技术创新战略联盟（以下简称"联盟"或"本联盟"）于2009年在北京成立。本联盟是国家科技部认定的国家试点联盟、国家A级产业技术创新战略联盟、国家科技计划组织管理优秀组织单位、国家重点研发计划重点专项项目组织申报的推荐单位，是为再生资源等战略性新兴产业提供全方位创新服务的新型技术创新组织。受到了国家有关部门、再生资源行业产业界和学术界的高度认可。

本联盟自成立以来，围绕国家战略性新兴产业的发展需要，以构建再生资源产业技术创新链为主线，集聚科技资源推进产学研用深度结合，实现科技与经济紧密结合，提升产业核心竞争力。突破了一批行业关键共性技术，开发了一批先进实用装备，打通了技术成果大规模产业化应用的渠道，为我国再生资源产业可持续发展提供了强有力的科技支撑。目前，本联盟作为国家科技部试点联盟工作联络组及试点联盟协同发展网的发起单位之一，正积极推动和营造试点联盟可持续发展的良好政策环境。

现将再生资源产业技术创新战略联盟成立十年大事记梳理总结如下。

2009年

10月27日，为贯彻落实科技部等六部委《关于推动产业技术创新战略联盟构建的指导意见》精神，再生资源产业技术创新战略联盟在北京正式成立，会议同期举行联盟第一届理事会暨专家委员会会议，选举产生了联盟第一届理事会、专家委员会、秘书处组成人选。本联盟的成立标志着我国再生资源科技进步和产业发展将进入一个新的发展阶段。

2010年

2月26日，联盟官方网站（http://www.ciar.org.cn/）和联盟秘书处邮箱（ciar@ciar.org.cn）正式开通。利用网络信息技术促进联盟成员单位、专家委员信息、资源整合与共享，进一步加强各成员单位交流合作及联盟对外宣传。

5月22日，联盟一届理事会二次会议暨高层论坛在湖南省长沙市召开。联盟专家委名誉主任、中国工程院黄崇祺院士、科技部社发司、工信部节能司、湖南省科技厅、湖南省长沙市有关领导应邀出席大会，联盟理事会成员及联盟专家委委员近80位代表出席会议。

6月1日，科技部下发《关于选择部分产业技术创新战略联盟开展试点工作的通知》，正式确定本联盟为国家试点联盟。

6月25日，联盟在广州组织召开废旧电子电器领域"十二五"产业技术路线图研讨会。会议针对废旧电子电器拆解分类及预处理技术、再生利用与深加工技术、再制造和再利用技术、公共服务技术与平台、工程应用及产业化等方面存在的问题、发展的趋势等展开了热烈的讨论，最终形成了"废旧电子电器领域'十二五'产业技术路线图"框架图。

7月10日，联盟在青岛组织召开废旧高分子材料（废橡胶轮胎塑料）领域"十二五"产业技术路线图研讨会。参会专家结合各自关注领域就国内外废旧橡胶、轮胎、塑料综合利用的最新研究进展和发展趋势进行了详细阐述，并对科技部、国家发改委、工信部等国家相关部委重点支持的领域重点做了探讨，最终形成了"废旧高分子材料（废橡胶轮胎塑料）领域'十二五'产业技术路线图"框架图。

8月10日，联盟在北京组织召开废旧有色金属领域"十二五"产业技术路线图研讨会。参会单位依据自身的优势和特点，围绕新时期、新形势下废旧有色金属循环利用产业的全局性、综合性、战略性、前瞻性的重大科学问题，针对再生有色金属高效预处理技术、清洁循环利用技术、节能环保技术、技术标准规范、公共服务评价与技术平台建设等方面展开了热烈的讨论，最终形成了"废旧有色金属领域'十二五'产业技术路线图"框架图。

9月10日，科技部社会发展科技司在京主持召开了由联盟申报的国家科技支撑计划"典型废旧金属产品循环利用关键技术与应用研究"项目可行性论证会。

论证专家组认真听取了项目可研报告编写组对项目可行性研究报告及项目经费概算的介绍，经质疑和认真讨论，一致认为该项目符合国家科技支撑计划定位与要求，对于推动废旧金属循环利用和废旧机电产品再制造具有重要意义，一致通过了"典型废旧金属产品循环利用关键技术与应用研究"项目可行性研究报告的论证评审，项目将启动实施。

9月29日，联盟在装甲兵工程学院组织召开废旧机电产品再制造领域"十二五"产业技术路线图研讨会。参会单位依据自身的优势和特点，围绕新时期、新形势下废旧机电产品再制造产业的全局性、综合性、战略性、前瞻性的重大科学问题，针对高效拆解技术、高效绿色清洗技术、剩余寿命评估与检测技术、公共服务技术平台建设等方面展开了热烈的讨论，最终形成了"废旧机电产品再制造领域'十二五'产业技术路线图"框架图。

10月29日，联盟在北京主持召开了国家科技支撑计划"典型废旧金属产品循环利用关键技术与应用研究"项目课题专家评审会。课题评审专家组认真听取了各课题承担单位的详细汇报，肯定了各课题的立项意义，并针对课题研究目标、研究内容、任务设置、技术路线以及经费预算等提出了中肯的意见和建议。专家组一致同意项目八个课题的评审，并建议尽快开展各课题的相关工作。

11月3日，科技部在北京召开产业技术创新战略联盟试点工作座谈会，时任科技部党组书记、副部长李学勇（现任第十三届全国人民代表大会教育科学文化卫生委员会主任委员）到会并做了重要讲话，再生资源产业联盟在会上做典型交流发言。分别从再生资源产业发展的技术进步问题、构建产业技术创新链的思路、做法、取得的成效及对产业技术创新战略联盟发展的建议等几个方面做了汇报。

2011年

2月12日，2011年全国科技工作会议在京召开。时任中共中央政治局委员、国务委员刘延东到会做重要讲话，并为"十一五"国家科技计划工作先进集体和个人授奖。联盟被科技部授予"十一五"国家科技计划组织管理优秀组织奖。

3月24日，联盟一届理事会第三次会议暨子牙循环经济高层论坛在天津子牙循环经济产业区成功召开。讨论通过了增选张文海院士为联盟专家委员会名誉主任，增选北京科技大学等26家单位为联盟理事会理事单位，增选张深根等26位代表为联盟理事会理事等6项提议。并正式发布了"十二五"我国废旧有色金属、废旧电子电器循环利用产业、废旧机电产品再制造、废旧高分子材料循环利用产业技术路线图。

4月23日，联盟主办的第一届全国稀贵金属及电子废弃物综合利用科技创新高层论坛在江苏常州召开。会议紧密围绕国家"十二五"废旧电子电器领域产业技术路线图，对相关领域的科学、技术、工艺、装备及产业政策法规等进行了深入研讨，并推广了我国稀贵金属及废旧电子电器领域最新科技成果。会议期间，还举行了江苏省电子废弃物资源循环工程中心、中央财政专项"有机污染物（POPs）分析测试中心"、江苏技术师范学院资源循环研究院等揭牌仪式。

5月25日，联盟受科技部委托，在北京组织召开了《国家废物资源化科技工程"十二五"专项规划》咨询论证会。规划明确提出了我国"十二五"期间废物资源化科技工程发展的优先领域和重点任务，提出了在废物资源化领域应取得的重大突破和预期重大标志性成果，具有较强的指导性。通过该专项规划的组织实施，引领和支撑战略性新兴产业发展，提升国家自主创新能力，为建设创新型国家提供强有力的科技支撑。

6月，由联盟等六家试点联盟发起的产业技术创新战略联盟试点工作联络组正式成立。联络组确定了主要工作方案和常态化合作交流机制、政策研究、宣传外联等三个工作方向，划分了政策研究、宣传外联、办公室等若干工作小组，并于6月26日组织召开了试点联盟健康发展交流座谈会。

6月30日，联盟组织成员单位及专家委员一行26人赴意大利、法国开展为期

10天的考察，联盟与意大利再生铅协会建立战略合作关系，先后考察了意大利梅洛尼工程设计公司、Eco-Bat工厂和意大利安奇泰克技术有限公司设备制造厂。通过此次考察，再生资源产业联盟与意大利、法国再生金属行业组织、主要再生金属企业建立了沟通关系，搭建了合作平台，提升了联盟影响力和知名度。

7月18日，第四次全国社会发展科技工作会议在京召开，全国政协副主席、时任科技部部长万钢出席并发表重要讲话。会议由时任科技部党组副书记、副部长王志刚（现任科技部党组书记、部长）主持，时任科技部副部长王伟中（现任广东省委副书记、深圳市委书记）作了全国社会发展科技工作报告。再生资源联盟应邀向大会介绍了联盟自成立以来取得的积极进展、推进联盟工作的经验体会，受到了科技部领导的赞扬。

9月29日，受科技部社发司和21世纪议程管理中心的委托，联盟在京组织召开了2012年度国家科技支撑计划"废旧稀土及贵重金属产品再生利用技术及示范"项目交流会。项目各课题单位主要牵头单位结合项目总体目标、课题研究主要任务，介绍了各自单位及前期科技工作基础情况。

2012年

2月14日，科技部在北京组织召开了由联盟组织的"十二五"863计划"废旧稀土及贵重金属产品再生利用技术及示范"项目课题任务书审查会。该项目7个课题负责人分别从课题总体目标、主要研究内容、考核技术指标等方面向专家组进行了汇报，重点介绍了各课题重点研究的前沿核心技术或关键共性技术、技术难点、技术路线等，并就主要技术指标、主要经济指标和社会指标等方面进行了说明。专家组一致决定通过该项目7个课题任务书内容，并就更好地实施各课题分别提出了针对性建议。

3月20日，由联盟主办的"第四届中国再生铅产业发展高峰论坛暨铅蓄电池行业铅污染防治技术研讨会"在北京召开。大会解读了产业发展的最新政策法规，进一步明确我国铅污染防治面临的形势，交流了典型再生铅和蓄电池行业企业铅污染防治经验，提出了行业关键共性技术及装备研发需求，为推进《再生有色金属产业发展推进计划》《重金属污染综合"十二五"规划》等国家相关规划的实施提供技术支持。

5月8日，由联盟参与制定的《废物资源化科技工程"十二五"专项规划》（国科发计〔2012〕116号），正式由科技部、发改委、工信部、环保部、住建部、商务部和中科院等七部门联合印发。《规划》明确提出了"十二五"期间废有色金属、机电产品再制造、电子废弃物、废旧高分子材料等再生资源，以及工业固废、垃圾与污泥等废物资源化科技工程发展的优先领域和重点任务，提出了在废物资源化领域应取得的重大突破和预期重大标志性成果，具有较强的指导性。

6月19日，联盟一届理事会第四次会议暨高层论坛在云南省昆明市召开。大会审议并通过了《关于邀请高层专家担任联盟专家委员会名誉主任的提议》等四项议案。召开四个领域小组讨论会，以科技部等七部门发布的《废物资源化科技工程"十二五"专项规划》为指导思想，按照各领域"十二五"产业技术路线图，凝练了各领域"十二五"时期的科技创新需求、确定了四个领域成员合作意向，探讨了依托联盟平台建立再生资源行业产学研的创新平台、技术工程研发中心等思路和工作方案。会议期间，"中国再生资源产业技术创新战略联盟城市矿产工程技术中心"正式揭牌，同时启动了"十二五"863计划"废旧稀土及贵重金属产品再生利用技术及示范"项目。

8月28日，由联盟组织的国家科技计划项目经费管理培训会在北京召开，会上重点解读了"十二五"期间国家科技计划经费管理改革的思路和主要措施，就深化科技经费管理改革方面做了详细解读。并就国家科技计划项目预算编制、执行、控制，组织会计核算、财务管理、项目财务验收等各个环节做了详细介绍，重点就财务验收的考核指标和注意事项向大家做了细致的讲解和分析。

9月27日，由联盟主办的"第二届全国稀贵金属及电子废弃物综合利用科技创新高层论坛"在江苏常州举行。本次论坛紧密围绕国家"十二五"废旧电子电器领域产业技术路线图，结合《废物资源化科技工程"十二五"专项规划》《废弃电器电子产品回收处理管理条例》等相关政策法规，分析了我国电子废弃物、稀贵金属、稀土废弃物资源综合利用的发展趋势，深入研讨了相关领域的科学、技术、工艺、装备和产业政策等热点问题，并向相关企业推介了我国稀贵金属及电子废弃物再生利用领域的最新科技成果。

9月29日，科技部社会发展科技司在北京召开了由联盟组织的"十一五"国家科技支撑计划"废旧机电产品及塑胶资源综合利用技术与装备开发"重大项目验收会。专家组一致同意项目通过验收。项目多项研究成果已经转化应用于废旧机电产品再制造、废旧电子电器循环利用、废旧高分子材料综合利用领域，具有重大推广应用价值，为加快我国再生资源行业节能减排与循环经济发展提供了强有力的科技支撑。

2013年

1月15日，科技部办公厅发布《关于公布2012年度产业技术创新战略联盟评估结果的通知》，正式评估认定再生资源联盟为国家A级联盟。

3月21日，联盟应邀参加在澳门举行的2013澳门国际环保合作发展论坛及展览，论坛由澳门特区政府主办，国家发改委、科技部、环保部等部门支持。时任科技部副部长王伟中（现任广东省委副书记、深圳市委书记）、社发司参赞孙成永亲临再生资源联盟展位视察指导。

6月2日，联盟组织成员单位、专家委员一行36人赴德国、比利时进行为期9天的商务考察活动。考察团一行重点考察了Mercedes-Benz Daimler factory、TechProtect GmbH、1WEEE Services、Scholz AG、Umicore等国际知名企业，并与德国、比利时有关企业、行业组织负责人进行了座谈。进一步增进中国与德国、比利时同行业的了解、产学研合作，以及经贸往来，寻找合作机会，提高我国再生资源行业国际化水平。

9月17日，联盟在天津子牙循环经济产业区管委会举办第三届全国稀贵金属及电子废弃物综合利用科技创新高层论坛暨院士专家行活动，参会代表围绕《废物资源化科技工程"十二五"专项规划》，结合国家科技部的总体部署，就"十三五"稀贵金属及电子废弃物综合利用领域技术发展进行了深入探讨。会议认为，"十三五"期间全行业要注重科技与产业的紧密结合，进一步提高废旧电子电器破碎分选、稀贵金属精细分离提纯、废旧电子电器产品全组分回收利用技术装备集成及产业化。

9月26日，"十二五"863计划资源环境技术领域"废旧稀土及贵重金属产品再生利用技术及示范"项目课题中期现场检查会在昆明市召开。各课题负责人分别就项目各课题研究进展、经费使用、组织管理措施、存在问题等进行了汇报。专家组审阅了汇报材料，认真听取了各课题的汇报，对汇报过程中发现的问题进行了质询和讨论，同时提出了相应的改进措施和建议。

10月24日，科技部社会发展科技司在江苏省宜兴市组织召开了由联盟牵头组织的"十二五"国家科技支撑计划"电子废弃物清洁化处理与利用技术研究及示范"项目可行性研究报告专家论证会。论证专家组认真听取了项目可行性研究报告，并就项目的意义、总体目标、研究内容、课题设置、技术路线、考核指标、技术难点与创新点、预期成果及经费概算等进行了质询和评议，对项目研究内容、项目经费概算等进行了认真论证。论证专家组一致认为项目的可行性论证合理，课题设置比较科学，经费配套使用符合规定，建议尽快启动。

2014年

4月5日，联盟组团赴美国参加ISRI年会并开展再生有色金属国际交流活动。代表团先后考察了Alpert & Alpert公司、American Iron & Metal公司、GEEP公司、

TRIPPLE集团、Omnisource公司等，并与ISRI主席Robin Wiener女士展开深入交流。

9月17日，科技部社会发展科技司在北京召开"典型废旧金属综合利用及废旧机电产品再制造关键技术与应用研究"项目验收会。项目验收专家组听取了项目汇报、审阅了验收材料，经充分质询和讨论，一致同意通过项目验收。该项目重点突破了废杂铜火法精炼直接制杆、废铝易拉罐保级还原、废旧采煤机械设备绿色清洗及关键零部件再制造、铁路内燃机车涡轮增压器激光再制造等49项关键技术。

11月27日，联盟在北京组织召开国家科技支撑计划"电子废弃物清洁化处理与利用技术研究及示范"项目启动会。项目技术负责人周全法教授从项目的背景、目标任务与考核指标、组织实施和经费预算等方面做项目开题报告。各课题负责人分别重点介绍了课题的基本情况和明年的工作安排。

2015年

8月7日，联盟在江苏徐州召开国家科技经费管理培训暨项目交流会，会议邀请财务专家针对项目经费管理展开培训，并对检查函反馈的问题展开交流讨论。通报了《科技部社会发展科技司关于反馈"十二五"废物资源化国家科技重点专项项目执行情况检查意见的函》的内容，根据专家意见与各课题负责人详细讨论了整改方案，并就项目下步工作思路达成共识。

10月29日，科技部863计划资源环境领域办公室在北京组织专家对由联盟组织实施的国家863计划"废旧稀土及贵重金属产品再生利用技术及示范"项目进行验收。项目验收专家组一致同意通过项目验收。该项目重点突破了废旧稀土永磁电机、废旧稀土荧光灯、含铂族金属废催化剂、废高温合金等稀土及贵重金属产品再生利用技术、产品和标准。

11月，国家科技部发布了《国家重点研发计划试点专项2016年度第一批项目申报指南的通知》(国科发资[2015]384号),文件中明确推荐项目的四类单位,产业技术创新战略联盟是其中的一类。根据试点专项的领域,从曾被评为A类的试点联盟以及在几次活跃度评价中排名靠前的试点联盟中,我联盟成为组织申报试点专项的推荐26家单位之一。

2016年

2月27日,联盟第二次成员代表大会在京召开。本次大会选举产生了联盟新一届理事会和专家委员会,选举李士龙同志担任理事长,选举中国科学院院士、发展中国家科学院院士沈保根担任专家委员会主任委员,选举尚辉良同志担任秘书长。会议还表彰了联盟第一届理事会期间积极参与联盟工作的6家优秀成员单位和6位突出贡献专家。

4月8日,科技部发布国家重点研发计划试点专项2016年度第一批项目申报指南以来,已陆续发布多批次重点专项申报指南。根据国家重点专项所涉及的领域,科技部从曾被评为A类的试点联盟以及在前几次活跃度评价排名靠前的试点联盟中,批准我联盟成为组织申报国家重点专项的推荐单位,并发放了用户申报专用账号。

4月27日,受科技部社发司委托,联盟在浙江长兴组织召开了国家科技支撑计划"电子废弃物清洁化处理与利用技术研究及示范"项目课题中期进展交流会。该项目8个课题组分别汇报了课题进展、科技成果、经费使用情况以及执行过程中存在的问题。

4月28日,联盟在浙江长兴组织召开"十三五"电子废弃物及稀贵金属综合利用科技战略和技术路线图研讨会。与会代表一致建议面对新常态下产业发展新形势、新动向,应考虑提升电子废弃物及稀贵金属综合利用的经济效益,要高度重视环保,加强技术协同和装备集成发展,进一步推动电子废弃物及稀贵金属综合利用产业真正实现"转废为宝""化弃为盈"。

6月21日，联盟会同合肥工业大学在安徽省合肥市召开了"十三五"机电产品和汽车零部件再制造产业技术路线图研讨会。与会代表结合各单位再制造技术研究工作进展，分别围绕再制造产业关键技术、应用示范、标准规范、再制造产品评估、检测，以及再制造商业模式等方面进行了热烈讨论，并提出了一系列建设性意见和建议。

7月8日，中国产业技术创新战略联盟协同发展网建设工作启动会在国家科技部召开。会议讨论通过了联盟协发网章程、组成理事会（临）并进行分工和近期任务布置工作。联盟协发网是在科技部创新发展司的指导下，由国家产业技术创新试点联盟联络组和16家联盟发起筹备，以146家国家试点联盟为基础，探索建立以新兴互联网技术为依托、面向社会开放的网络化协同平台，以"服务联盟、支撑政府、协同合作、自律发展"为宗旨，形成交流、协同、自律的机制和组织新形态。

8月27日，由联盟主办的"2016中国再生铅与铅酸蓄电池产业协同创新发展高层论坛"在安徽省阜阳市召开。会议邀请多位专家围绕铅酸蓄电池与再生铅产业上下游联动发展、科技成果转移转化、产学研合作、生产者责任延伸制等热点做专题报告。会议还宣读了《关于加强再生铅产业行业自律绿色发展倡议书》。

9月23日，联盟会同南开大学在天津市组织召开"十三五"废旧高分子材料资源化产业技术路线图研讨会。分别结合各自研究方向对"十三五"期间废橡胶、废塑料，以及其他废旧高分子材料资源化领域科技创新发展思路进行了充分讨论，并就技术开发、装备制造、创新平台、标准规范、技术政策等方面提出了具体建议。

10月13日，联盟组织技术装备考察团赴美国、加拿大考察调研。重点拜访了美国华盛顿州商务处，重点围绕中美两国再生资源产业政策、技术装备，以及清洁能源等方面展开会谈。就有关政策、贸易合作、技术交流等进行深入交流。双方合作空间大、前景广，联盟希望华盛顿州商务处组织相关单位来华交流访问，进一步加强双方战略合作。

11月25日，由联盟组织的"十三五"再生有色金属产业技术路线图暨科技创新战略研讨会在河北省定州市召开。与会代表结合各单位自身科研优势，围绕再生金属产业基础研究、关键技术装备、成果转化、标准规范、创新平台建设等方面展开热烈交流讨论，并提出了许多具有可操作性的建议和意见，进一步拓展了产业技术路线图编制思路。

2017年

3月2日，联盟在浙江大学组织召开国家科技支撑计划"电子废弃物清洁化处理与利用技术研究及示范"项目及课题进展交流会。本次会议创新会议形式和内容，全程公开，对接成果，除"电子废弃物清洁化处理与利用技术研究及示范"项目8个课题承担单位技术骨干人员外，还邀请了行业内有意向开展技术成果对接合作的重点企业代表参加会议。项目8个课题负责人在会上分别汇报了课题进展、目标完成和经费使用情况，与会代表就有关技术问题相互交流探讨，互相取长补短。

3月30日，联盟二届理事会第二次会议在云南省大理州召开，同期召开2017年学术年会。会议审议通过了《关于增选联盟成员单位及联盟理事人选的议案》等议案，并发布了废旧有色金属循环利用产业、废旧高分子材料资源化利用产业、废旧机电产品再制造产业、废弃电器电子产品资源化产业等四大领域"十三五"产业技术创新路线图。学术年会主要聚焦废旧有色金属循环利用、电子废弃物综合利用、废旧高分子材料资源化、废旧机电产品再制造等联盟四大领域基础研究、技术装备开发及应用、污染控制及清洁生产、规范标准制定、典型示范案例等多方面开展交流和研讨。再生资源联盟专家委员会主任、中国科学院沈保根院士等29位专家在会上做了精彩的学术报告。

5月18日，在江苏理工学院与常州市钟楼区共同举行江苏理工学院大学科技园开园仪式的重要时刻，联盟长三角科技服务中心在常州市正式挂牌成立。开园仪式前，联盟分别与泰兴市、泰州市姜堰区、常州市、常州市鼓楼区及新北区等政府部门有关领导、企业家代表进行交流座谈，商讨进一步深化合作的愿望和工作。

6月28日，联盟废弃电器电子产品资源化联合创新平台在上海正式揭牌，该平台由联盟牵头，上海第二工业大学、江苏理工学院、清华大学、南开大学、中国环境科学研究院、中国科学院生态环境研究中心、中国科学院过程工程研究所、北京工业大学、中国瑞林工程技术有限公司、扬州宁达贵金属有限公司、森蓝环保（上海）有限公司等12家单位倡议发起，具体承建机构为上海电子废弃物资源化协同创新中心。

8月17日，联盟赴德国、瑞典开展为期10天的技术交流考察活动。技术装备交流团先后访问了德国舒尔茨集团（Scholz Group）、瑞典皇家冶金研究院（Swerea MEFOS）、瑞典查尔姆斯理工大学（Chalmers University of Technology）等全球知名单位，并与奥图泰集团（Outotec）、瑞典Stena公司等全球知名企业围绕二次资源循环利用技术装备研发及合作进行了对话和交流。

9月28日，联盟再生资源富氧熔池熔炼技术创新中心在河南金利集团挂牌成立。高富氧熔池熔炼技术应用和再生资源富氧熔池熔炼技术创新中心计划投入1.5亿元建设工业试验炉及烟气处理系统、氧站、化验室等配套设施，完善纯氧侧吹熔池熔炼炉处理再生铅技术，将烟气浓度提高2%～3%，由脱硫工艺改为烟气一转两吸自热制酸工艺，进一步节能减排，实现资源综合利用，避免二次污染。此外，还将进行纯氧侧吹炉熔炼回收锑、处理电镀污泥、线路板、锌浸出渣、垃圾回收有价金属试验，以及含镍、锂、钴等其他金属的再生资源纯氧侧吹熔池熔炼试验。

11月29日，由联盟、包头市人民政府、内蒙古自治区科技厅、内蒙古科技大学联合主办的"稀土及稀贵金属等战略金属二次资源循环利用科技创新成果现场交流会"在包头市召开，会议邀请多位专家学者分别就稀土回收以及电子废弃物、废动力锂电池、废旧电机、废液晶屏、报废汽车失效催化剂、废旧高温合金等废弃物中含有的稀贵金属再生利用等最新科研成果及应用情况进行了分享与交流。

12月18日，因事业发展需要，联盟秘书处乔迁新址，同时启用联盟新的微信公众号（china-ciar）。此次乔迁不仅优化了工作环境，激发了联盟秘书处员工的工作热情，提高了工作效率，更为联盟日益壮大，更好服务再生资源产业科技创新事业，实现长远发展迈出了坚实而又重要的一步。

2018年

4月14日，联盟技术装备交流团一行47人抵达美国，开展为期10天的再生资源领域技术装备交流及考察对接活动。联盟交流团先后考察了Alco Iron & Metal公司、MTB集团、Metalico，Inc公司、UP State Shredding公司、Gershow Recycling公司，并在ISRI会议期间，与ISRI主席Robin K.Wiener及国际事务负责人Adina Renee Adler举行了会晤。

6月6日，联盟2018年年会在雄安新区成功召开。本次大会内容丰富，重点聚焦绿色再制造、废电路板、复杂铜基多金属、废电磁线、废铝易拉罐、废铅蓄电池、废旧动力电池、高温合金废料、热镀锌锌渣、废碳纤维复合材料与汽车轻量化、再生铸造铝硅合金变质等废旧有色金属循环利用、电子废弃物综合利用、废旧高分子材料资源化、废旧机电产品再制造四大领域技术创新及装备应用等有效融合的实践经验，以及有关融资服务及资本运作管理，积极推动金融资本与再生资源科技成果转化深度融合。

6月7日，联盟二届三次理事会暨专家委员会会议在雄安新区成功召开。会议审议通过了《关于调整和充实再生资源联盟理事会的议案》等5个议案。会议期间再生资源联盟分别与北京丝路国际产能合作促进中心、光大汇益伟业投资管理（北京）有限公司、TD产业技术创新战略联盟、合新信息科技有限公司等四家单位签署了战略框架合作协议。

8月15日，中国科学院物理研究所、中国再生资源产业技术创新战略联盟、内蒙古科技大学、浙江申联环保集团有限公司在北京联合召开申联环保再生资源综合利用研究中心筹建工作启动会。四方将进一步加强产学研深度合作，瞄准共性瓶颈技术、核心技术，合作开展危废及工业固废等再生资源综合利用技术、装备与产品的开发研究、小试、中试以及成果转化等科研与生产系列活动，联手打造危废及工业固废资源化科技创新平台，提升自主研发实力水平并形成综合竞争力，以创新驱动引领再生资源产业高质量发展。

9月17日，联盟组织成员单位、专家委员及行业骨干企业等40多位产学研各界代表，赴江西省现场调研再生资源产业科技创新进展暨技术合作对接活动。先后走访调研了江西省科学院应用物理研究所、中国瑞林工程技术股份有限公司、丰城市循环经济产业园、江西格林美资源循环有限公司、江西泰和百盛实业有限公司、江西宏成铝业有限公司、江西明大铝业有限公司、江西红庆金属集团有限公司、江西金洋金属股份有限公司、江西瑞林稀贵金属科技有限公司、江西万泰铝业有限公司、江西自立环保科技有限公司、江西保太有色金属集团有限公司等知名科研机构和企业。

10月9日，科技部社会发展科技司在北京召开由联盟组织的"十二五"国家科技支撑计划"电子废弃物清洁化处理与利用技术研究及示范"项目验收会，专家组一致同意项目通过验收。该项目开发出安全高效的动力电池模组分离（拆解）技术装备；研发出基于废铅酸蓄电池铅膏湿法浸出及低温焙烧直接制备超细铅粉的新技术，开发了梯级车间微负压集尘和高效烟尘集成处理系统；研发出废电路板玻璃纤维布中金属与非金属高效解离、金属单质离子液体高效剥离及污染控制、稀贵金属回收-深加工一体化、废热塑性塑料原位扩链修复和改性等关键技术；开发了含铅电子玻璃搭配炼铅技术，无害化拆解液晶显示器和回收铟和无害化处置废荧光灯中汞的技术；开发出废电磁线表面涂层分离回收铜线控制工艺技术。

11月11日，联盟会同京津冀蓄电池环保联盟组织15家成员单位的21人赴日本开展了为期8天的商务活动。考察交流团一行先后访问了三井金属矿业株式会社竹原制炼所、东邦亚铅株式会社契岛制炼所、株式会社大阪铅锡精炼所、杰士汤浅株式会社等4家日本电池生产和再生铅行业的百年老店。实地调研了4家企业的生产线，并与日方企业主要负责人围绕日本铅蓄电池生产及再生铅行业政策法规、先进的技术装备、企业管理经验，以及废电池回收体系建设等方面进行了详细交流。

12月8日，联盟长三角资源环境研究院暨常州工学院资源环境研究院成立大会在江苏省常州市隆重召开。中国工程院院士、联盟专家委员会名誉主任黄崇祺，中国科学院院士、联盟专家委员会主任沈保根，常州市政府相关领导以及联盟成员单位、专家委员代表、行业骨干企业的200多名资源环境领域知名专家和企业家出席大会。

12月12日，联盟组织联盟成员、专家委员及行业骨干企业等30多位代表，赴湖南省开展专题调研及技术合作对接活动。先后走访调研了中南大学、湖南万容科技股份有限公司、汨罗循环经济产业园、湖南省同力循环经济发展有限公司、湖南桑德同力环保科技有限公司、湖南省新基源新材料科技有限公司、汨罗市立德有色金属有限公司、汨罗万容固体废物处理有限公司、湖南晨威高科有限公司、湖南三兴精密工业股份有限公司、湖南银联湘北铜业有限公司、湖南金石分选智能科技有限公司、株洲鼎端装备股份有限公司、湖南江冶机电科技股份有限公司等知名科研机构和企业。

12月，科技部正式公布了国家重点研发计划"固废资源化"重点专项2018年度项目立项清单，由联盟负责推荐的"退役动力电池异构兼容利用与智能拆解技术"项目成功获批。本项目由联盟成员单位、我国锂离子蓄电池以及动力电池行业龙头企业天津力神电池股份有限公司牵头。联盟理事，清华大学核能与新技术研究院徐盛明教授为项目负责人，项目总经费5893万元，其中中央财政经费2693万元，实施周期为4年。

2019年

1月24日，国家重点研发计划"固废资源化"重点专项2018年度项目启动会在北京召开。科技部社会发展科技司、资源配置与管理司、科技监督与诚信建设司，中国21世纪议程管理中心等有关单位领导，联盟专家委员会主任、中国科学院院士沈保根，联盟代表应邀出席会议，并就"固废资源化"重点专项实施及2019年度指南方向提出了建议。

1月28日，科技部社会发展科技司邓小明副司长一行莅临联盟秘书处调研指导工作。他高度肯定再生资源产业技术创新战略联盟成立十年来推动资源循环利用行业可持续发展所做的突出工作，希望联盟在构建以市场为导向的绿色技术创新体系中继续发挥积极作用，为政府部门决策提供参考，为我国固废资源化和循环经济发展做出应有贡献。

2月23日，由联盟指导的松赫环保科技产业园暨年处置30万吨废蓄电池及含铅废物综合利用项目正式开工建设。该项目将超威集团逆向物流回收的废铅蓄电池作为原料，生产加工成再生铅和塑料颗粒产品后，再作为原料用于河北超威公司生产新电池，成功打造电池"生产-回收-再生"的绿色循环产业链。

3月8日，联盟会同联合国开发计划署、生态环境部对外合作与交流中心、安阳市岷山有色金属有限责任公司就联合国开发计划署"再生金属行业绿色生产及产业技术创新发展示范项目"的项目框架、设计原则、项目预期产出及实施途径等有关细节进行了交流探讨，并确定了相关事宜。

3月19日，根据科技部成果转化与区域创新司的意见，中国产业技术创新战略联盟协同发展网、产业技术创新战略联盟试点工作联络组继续组织开展了2018年度的试点联盟活跃度评价工作并发布了评价结果。再生资源产业技术创新战略联盟获得2018年度国家试点联盟活跃度综合评分满分100分，连续三年保持高活跃度，特评为A级示范联盟，再创佳绩。再生资源联盟被认为基本已经探索出了适合本联盟发展的有效机制并不断壮大，在组织机构规范、协同创新发展、产业辐射支撑、交流合作推广等各方面表现突出，运行机制和经验值得其他联盟推广。